勿使前辈之遗珍失于我手
勿使国术之精神止于我身

内家醍醐

刘杨 著

北京科学技术出版社

图书在版编目（CIP）数据

内家醍醐 / 刘杨著 . — 北京 : 北京科学技术出版社 , 2023.10

（功夫探索丛书）

ISBN 978 – 7 – 5714 – 3113 – 6

Ⅰ . ①内… Ⅱ . ①刘… Ⅲ . ①内家拳—研究 Ⅳ . ① G852.1

中国国家版本馆 CIP 数据核字（2023）第 116000 号

作　　者： 刘　杨
策划编辑： 胡志华
责任编辑： 胡志华
责任校对： 贾　荣
责任印制： 张　良
装帧设计： 志　远
出 版 人： 曾庆宇
出版发行： 北京科学技术出版社
社　　址： 北京西直门南大街 16 号
邮政编码： 100035
电话传真： 0086 – 10 – 66135495（总编室）
0086 – 10 – 66113227（发行部）
网　　址： www.bkydw.cn
印　　刷： 北京盛通印刷股份有限公司
开　　本： 710 mm × 1000 mm　1/16
字　　数： 348 千字
印　　张： 22.75
版　　次： 2023 年 10 月第 1 版
印　　次： 2023 年 10 月第 1 次印刷
ISBN 978 – 7 – 5714 – 3113 – 6

定　　价： 119.00 元

编辑者言

《潜确类书》卷六十载：

李白少读书，未成，弃去。道逢老妪磨杵，白问其故。曰："欲作针。"白感其言，遂卒业。

李白聪颖，他能"感其意"，并付诸有效的行动。

学功夫，最难的恐怕不是下不了苦功，而是不能"感其意"。

以前，武者多椎鲁不文，常借用日常之物、劳作之事来表达其意，这倒不失为朴素的好办法。世代同乡同里，风俗早就渗进血脉里，所见所感自然无须多费口舌。悟性好的，能"感其意"而化于自身，肯花工夫，功夫终究能上身。

但，离了此情此景，凭几句口诀、几篇拳谱，很难推断出其具体练法。

到如今，科学昌明，武术传承之法也不再局限于口传、身授、心记，图文、视频等都可作为记录手段。书刊之丰富，前所未有。可是，不论是手抄本，还是出版物，抑或是师徒之间的授受，隔山、隔纸、隔烟的困惑从未消失。

这其实是一个匪夷所思的现象。

即使受限于文言之于白话的难懂、方言之于普通话的障碍、授者与受者水平高低之不同，功夫，总归是"人"这一个统统是躯干加四肢的有形之体承载下来的，怎么会变成一门难以自明的学问呢？

于是，不泥古、不厚今，剖开表象，觅求功夫的实质，找到具体而有效的训练方法，让更多人受益于其健养之效，进而对防卫有一定裨益，乃至获得修养之资粮，就是"功夫探索"这套丛书的缘起。所以，不限年代，不限国别，不论是借助多学科的现代分析，还是侧重明心见性的东方智慧，只要是对功夫这种探究人体运动的学问有精诚探索的读物，都在本丛书所收之列。

当然，我们已知的科学不能穷尽功夫的原理，更不能穷尽人体的奥秘。

正因为如此，我们不应排斥先贤的智慧，更不应止步于此。

共勉。

2019 年 9 月

序

传承了五千年的中华文明，蕴含着丰富的精湛技艺，其中有文艺亦有武艺，而传统拳术乃武艺之一也。传统拳术门类虽数不胜数，但练习的根本原则不外乎对身体的改造及对精神的修炼。刘杨的新书《内家醍醐》对弘扬中华拳术的方法、解读内家拳修炼的理论与实践有着独特的见解。

传统的东西需要我们不断发掘、归纳、总结，切不可故步自封。传统的，尤其是优秀的技艺需要我们一代代人传承下去，并不断地发展、丰富及完善。本书的内容正是本着以上宗旨对内家拳理论给予层层阐述。

刘杨是个善于思考的习武者。对于前辈们留下的丰富遗产，他细嚼慢咽，从中品出真味，以朴实、浅显的语言阐述明了，以便于现代人去理解和实践。

以上数语，小小感悟，权作刘杨新书之序。在此，祝新书成功出版，并祈望广大内家拳爱好者从中获益。

阮济云咏春（广州）陈庆君

2022 年 8 月 8 日

前　言

本书并非是要发些陈词滥调之言，说些云山雾罩、不着边际的话语，亦非单纯地寻章摘句、咬文嚼字、死抠字眼。

本书不是为一家一门著书立传之作。本书的主要目的是在拙作《内家拳的正确打开方式》（以下简称《方式》）的基础上，和大家一起进一步探究内家拳功法体系的建构过程。

《方式》侧重于理论，试图帮助初学者建立一个对于内家拳的认知框架，大致属于认识论范畴。本书则尝试着对内家拳的各种具体功法进行归纳整理，帮助初学者更好地理解内家拳术的思想脉络、技术要素和训练流程，从而建立一个自己修炼的技术框架，基本上属于方法论范畴。

简单来说，本书想回答初学者的以下疑问：

一门内家拳法大致由哪些功法组成？

这些功法是按照什么逻辑编列成一个体系的？

体系化的功法能够产生什么样的效果？

上述问题也可以理解为：

我要学一门内家拳大概需要练习哪些功法？哪些是非练不可的？哪些是锦上添花的？

功法这么多，我先练哪些，再练哪些？每个阶段中哪些功法是重点，哪些功法是辅助？

我练到什么程度算是练成了？练成了能有什么效果？

上述疑问每个内家拳爱好者在练习之初都会遇到。如果能早点搞清楚这些问题，训练效率肯定会大大提高。

为了尽可能地把这些问题阐述清楚，书中选取了一些比较能体现内家拳功理的功法、拳式，作为直观的案例供大家参考。这些功法、拳式是笔者经十年寻师访友、十年代师授艺总结出来的比较有代表性的技术，可以说是“门里人”练的东西。但是，我希望大家不要花费过多的精力去关注、探究这些具体的功法——内家拳的体系、主线、逻辑才是本书想要强调的重点。

如果大家看完这本书后只记得“噢，原来宋氏形意拳的劈拳里还有这么个诀窍”，或者“啊，原来孙存周先生嫡传的太极拳架还有那么个秘要”，那么我觉得就有点买椟还珠了。就像文学作品一样，没听说谁把前人的名句串联起来就能攒出一篇惊世大作。大家练内家拳应当有自己的目标，然后有自己的取舍。练出一点实在功夫胜过收集十种秘传功法。所以，千万不要变成“功法收藏家”。

本书的具体内容，从纯技术角度而言，其实就是给内家拳的“内功”训练捋出一条主线来。这条主线可以归纳为构建内型－形成内动－引发内劲三个阶段。其中，构建内型主要靠桩功，形成内动主要靠拳架，引发内劲是内动在神意激发下加速运行产生的自然结果，而支持三者的底层技术要素是易筋和洗髓的功夫。

本书的章节排列是按照一个内家拳练习者的“长功”顺序安排的。也就是说，一个没有功底的普通人开始练内家拳时应该先练习易筋经功法，同时可以了解和涉猎洗髓经功法。

对于筋骨有一定体认之后，可以开始进行桩功训练，逐步构建内型。

待到内型初步稳定，则可以开始选择一种适宜自己的拳架进行盘练，比如形意拳、八卦掌、太极拳等，以建立相应的内动模式。

等内动模式已经圆熟之后，则可尝试内劲外放。内劲能随意输出，则这门拳法可称达标。

当一门拳法的基础夯实后，如果想百尺竿头更进一步，则应当及时升级拳架、强化劲力，或者参研另外一门拳法，以弥补原先拳架的短板。

拳学的最终目标是使各种劲力叠加融合，迈向浑圆境界，同时推动自身运动能力走向极致……

按照这条线索练习内家拳，训练的总目标和阶段性目标会很明确，选取的训练方法也会更有针对性。一般的内家拳爱好者只要找到一个比较系统、完整的师承，参考本书的模块化训练思路，根据自己的时间和精力，把师门所传功法梳理一下，坚持练习数年，基本上都能具备一定的“功夫”，断不致虚耗青春。

本书的表达方式可能稍嫌口语化，因为很多表述源自我们自己求学时师长的随缘点化，以及我们后来在推广内家拳的实践中保留的原始教学资料。当时很多内容是一问一答式的。我们把问答的内容收集起来后，本打算加以整理，但是发现这种鲜活的表述方式可能更容易让读者身临其境，所以就没有再特意去修饰。此外，本书意在和大家探讨内家拳的训练思路，而不是整理出一份××拳标准教程，所以用这种近于随笔或札记的风格，可能更利于读者发挥自己的理解力和想象力。若行文之中有疏漏跳脱、词不达意之处，希望大家谅解。

笔者见识浅陋，所书为美芹之献，却系肺腑之言，还望诸君勿哂。

目录

第一章

内功辨析

本书面向内家拳的初学者，主要进行一些内家拳基础概念的介绍，所以第一章我们还是得从一个俗不可耐的问题开始：什么是内家拳？

关于这个问题，不说一千个读者心中就有一千个哈姆雷特吧，一千个内家拳练习者至少能给出一百个答案。

如果和稀泥式地承认谁说的都有道理，那么本书就没有存在的必要了。所以，我们还是要先假设有一个最大公约数的答案，至于大家认不认可，可以在看完本书之后再做判断。

我们姑且对内家拳下一个定义：内家拳是以内功体系为支持的拳法。

这个定义包含以下三层含义。

一是要承认内功的存在。毕竟，没有内功，还谈什么内家拳呢？这个无须多言。同时，我们还要认识到内功是可以被准确定义、正确理解、理论化研究、系统化掌握的东西。不必一听“内功”二字就云里雾里地往玄学上想。

二是内功要形成完整的体系，至少要达到“逻辑闭环、体系自洽”的程度。传统武术中的各家拳法谁家没有点伸筋拔骨的功夫？谁家没有点吐纳导引的法门？如果说有一两项内功就算内家拳，那么又成了天下各家拳法都可以算是内家拳了。所以说，我们必须选取那些已经形成了比较成熟的内功体系的拳法作为研究对象。

三是内功体系要能构建起这门拳法的应用体系。也就是说，作为一门内家拳法，不仅要有内功，而且它的应用技术也是要由其内功体系派生出来的。内功与应用技术两者是一体两面的，统一于这门拳法对于人体改造的成果，如此才能说是真正的自成一家。不能练一套用另外一套。

如果大家能暂时认可这个内家拳的定义，那么，下面咱们就可以开始研究具体的技术问题了。

第一节 何为内功

其实在《方式》一书中，我们就对内功进行过一些论述，只是分散在各个章节之中。这次我们要把这些内容再整理一下，帮助初学者建立一个系统的概念。

在《方式》一书中我们提出，要从整体上建立对人体的认知，即在“气一元论”的基础上将人体看作由筋骨、气血、经络、脏腑、神意五个子系统构成的一个巨系统。所以，从人体构成的原理上讲，内功指的是对人体五大系统（筋骨、气血、经络、脏腑、神意）进行改造的方法。

在传统武术理论中，伸筋拔骨、拧筋转骨、摩筋擦骨、润筋开骨、接骨斗榫、筋骨合槽归位等说法大致指的是锻炼筋骨的功法。

无极功、丹田功等功法侧重于涵养或强壮精气血。

周天功、呼吸吐纳、导引术等功法主要练的是经络和脏腑。

观想、意念假借、劲意、静功等明显是神意训练的方法。

当然，首先，这个分类只是原理上的、纯理论层面的解析。在实际操作中，各种功法多是融合叠加的，很少有某种功法单纯只练人体的某一系统，而丝毫不涉及其他方面。所以，大家对这种分类解读只是先从理论上作以了解。

其次，从表现形式上看，内功可表现为桩功（分动桩、静桩）、打坐、盘拳走架，还有一些专项功法，如活身法、伸筋法、拍打功、摸劲法，等等。

这个分类方法对初学者而言其实也没有太大意义。所有内家拳大致都是由这些功法形式组成的，只不过不同拳种、不同支派在动作姿势、要领、功法强度等方面有些差异。大部分练习者就是根据自己的身体素质、个人爱好，选取自己生理、心理上比较亲近的功法而已。各种形式之下的本质就是对人体五大系统的系统化改造。

最后，从实际操作上看，拳学中的内功其实可以归纳为构建内型－形成内动－引发内劲的方法。这才是内家拳的练习者要认真去研究和练习的具体内功修炼方法。

具体来说，就是练习者按照自己所修习的拳法的指导思想，对自己的身体进行改造，从而在体内形成新的筋骨结构。这个新结构是由体内骨节、肌肉、筋腱、筋膜重组而成（具体内容我们在后面的章节再论述）。但是旁人从我们的身体外形上看似乎我们并没有发生太大变化，因此叫作内型。

内型的运动由新结构中的丹田－脊柱这个中枢发动，经肩轴、胯轴转换，在桩架表层结构上的某个点、某条棱、某个面释放力量，所以四肢、躯干的外形动作幅度非常小，因此叫作内动。

内动产生的力量是从体内的力源产生的，沿着劲路（筋骨链条）传导到桩架表层的力点才爆发出来，其中大部分行程是在人体内，所以叫作内劲。

内劲能够发之于外，再配合能够发挥此类劲力之优势的用法、技巧，以应对临敌时的各种变化，基本上就可以成为一门拳法了。

看到这里，可能有的读者会觉得这种解释太不玄妙、太不神秘、太不震撼、太不……

但是从笔者多年来学习、实践和教学的经验来看，这种解释虽然不够广博、不够精深、不够玄妙，但是对于普通人来说已经足以指导其开展初级乃至中级阶段的拳术训练了。

首先，这套理论从逻辑上是自洽的。

练习者在习拳初期常见的理论问题，比如，什么叫筋骨，什么叫内气，什么叫周天，什么叫丹田，为什么要练放松，为什么要站桩，为什么要练拳架，为什么刚开始盘拳时宜慢不宜快……基本都能够在这个逻辑框架下给予适当的解释。

按照这套理论练习内家拳，不至于出现某天师父嘴里突然蹦出来一个名词、一句歌诀或一项心法，徒弟百思不得其解，甚至可能很多年都不明白这个词、这句话是哪几个字，想表达的到底是什么意思，或者对同一句话，师兄弟之间在理解上会产生分歧、争执的情况。

其次，这套理论基本上能够给传统内功中的各种功法做一个清晰的排序，也就是解决先练什么、后练什么的问题。这个排序原则的底层逻辑是人体改造的一个基本流程。

功法可以随便编排，但是人体改造有自己的一套规律，是逐层起效的，不是说先练高级功法就能取得高层次的效果。按照人体改造的顺序练功，可以大大提高出功夫的效率。

说到这里，不得不提一句：过去有些师父传拳时随意性很大，往往会出现脱节、跳级或乱序的情况。比方说，某一天，师父一时兴起，向你传授了本门一项很高级的功法或技法，而你却苦练多年而不能运转如意。此后，可能是在某个不经意的场合，比如听师父或师兄弟闲聊时，或者和其他门派的朋友交流时，才发现原来是差一项基本功，或者缺一个细节上的小要领，又或者是和另一项功法的顺序颠倒了。有时候可能就这么一两句话，就绊住了你几年甚至十几年。

最后，这套理论和它的配套技术，每一步都是可操作、可检验、可复制的。大家会发现，这套理论中的三要素全部是形而下的、具体而物质的。

内型出来没有？看自己身上的骨架结构变化和经筋挑起来的程度，有就是有，没有就是没有。

内动做得对不对？看身体上枢纽和关键节点的联动形态。已经会动且动作到位的，旁人肉眼可见。即使刚开始时内动幅度不够，旁人看不清也没关系，让检验者用手按住相应的部位，练习者骨节、筋肉在皮下一动，检验者立刻就能直接感受到。

内劲出来没有？那就更简单了，让检验者戴好护具，或者用右胸、中腹、肩侧等肌肉坚实的部位接一下就行了。疼不疼、透不透，还能感觉不出来吗？

所以说，练功者只要按照这个理论框架下的流程和要领操练，肯定能取得对应的成果。区别就是，时间精力投入多、训练强度高的人，可能进步就快一点，成就就大一点；训练耗时少、强度低的人，进步就慢一点、成就就小一点。如此而已。

至于内家拳的内气、神意等形而上的元素，其实在这个理论框架内也是有其位置的，具体内容在后面章节中我们会提到。总的来说，内气、神意之于内型、内动是附着其上、隐含其中、贯穿始终的，所谓“阴在阳之内，不在阳之对”。所以，我们在初建框架的时候就不把它们单独拿出来讲了。

这套比较具象化的内功练法，我们姑且称之为内家拳学的内功体系吧。

第二节　内型 – 内动 – 内劲与常见内家功法的对应关系

我们暂定拳学内功的主要框架就是内型 – 内动 – 内劲，那么我们具体当如何去练呢？这就是本书所要重点论述的内容，从本节开始我们将一步步为大家讲解。

先要明确一下，我们并不是新创了一套内型功、内动功、内劲功，而是把传统的内家功法按照人体改造的进阶次序划分为三个阶段，并且强调了每个阶段的训练重点。

所以，具体修炼方法还是要采用传统的各项内家功法。

我们先把修炼阶段和具体功法之间的对应关系初步梳理一下，以免大家看到后面的章节时又陷入“探索武林各大门派功法秘籍”的思维惯性中去。

我们把内家拳法中的功法粗分为四类：易筋、洗髓类功法，桩功，拳架，各类专项功法（属于以上三类功法的辅助、补充，但是也非常重要）。四者彼此之间是相互关联的。

一、易筋、洗髓功夫是内功体系的基石

对于内家拳的发展来说，易筋、洗髓经功法及理论的融入可以视为一个重要的里程碑。它为内家拳清晰地指明了内功训练的原理、原则、对象、方

法，为内家拳学内功体系的构建奠定了基础。

1. 易筋、洗髓经的理论体系及术语、概念为内家拳的人体改造工程提供了理论基础

易筋、洗髓经的重要价值在于其关于人体锻炼的理论，即构成人体的要素是什么；由此推导出如何改造人体这些构成要素；进而又推导出人体改造的目标是什么、要达到怎样的效果。

易筋、洗髓经在理论层面比较明确地回答了以上问题。

2. 易筋、洗髓经的功法为拳学所需的人体改造思想提供了具体的操作方法

易筋、洗髓经对人体的锻炼有一些具体的方法：通过姿势特殊的功架拉伸经筋；通过自我按摩的方法揉炼内膜；通过打坐入静的方法固本培元，增强神经敏感性、提高感知能力，乃至开启智慧等。这些功法给内家拳前贤设计拳学内功的形式和方法提供了模板和范例。至今，在内家拳的某些经典拳架中仍然能看到易筋经功架的影子。

反过来说，当我们练习内家拳的某些具体功法遇到疑难问题时，反本溯源地研究《易筋经》和《洗髓经》这两部功法，就更能理解很多拳学功法的本质。例如，通过《易筋经》的思路来看形意拳，通过《洗髓经》的思路来看八卦掌，以这两种功法的主旨来审视形意拳和八卦掌的各种功法、技术动作及锻炼要求，便能发现这两种拳的立意和主旨，更容易参透这两种拳的“源代码”。

二、桩功是构建内型的高效手段

易筋、洗髓经的本意是强化筋骨，是为了祛病、健身，并不是为武学服务的。武者看中了易筋、洗髓经的强化筋骨的功能，把它吸收进来，变成了中国传统武术的有机组成部分。在这个过程中，原始的易筋和洗髓类功法肯定会为了适应武学发展的需要进行一些调整、做一些改变。

桩功就是易筋和洗髓类功法逐步拳学化的产物。它一方面继承了易筋和洗髓类功法在强化筋骨方面的特长和优势，另一方面又兼顾了拳学所需的优化人体结构的问题。桩功练出来的新的筋骨结构就是内型。

打个比方，原始的易筋和洗髓类功法好比是普通炼钢厂，只要把钢炼出来就行了，成品可能是个钢锭，也可能是根钢条。但是桩功好比兵工系统的炼钢厂，在最后轧钢的时候就要考虑下一步要制造的是哪种兵器。如果是造大炮，那就要把成品制成圆钢，准备钻孔，做无缝钢管；如果是造坦克装甲，那就要制成钢板……这样效率就会相对提高。

所以说，桩功其实是处于功法和拳法之间的交集领域。

因此，当初学者接触到“桩功”这个词时，一定要重视，甚至要警惕。一定要深究这个桩功到底是偏向练功还是偏向练拳。因为在过去的拳法传承中，桩功像个筐，什么都可以往里装。今天，桩功这个大概念已经包含了非常复杂的乃至混乱的信息。

当年，王芗斋先生向世人公开传播桩功时揭示了其中一部分奥秘。他在自己的学术体系中明确表示：桩法其实分为养生桩和技击桩，两类桩法的训练目的和内在要求其实是不同的。比如，同样外形的浑圆桩，养生和技击是两种截然不同的练法。

其实桩功细分起来何止两类。

放松安静、固本培元、涵养气血的桩可归为一类，如无极桩。

伸筋拔骨以求筋长骨坚、骨节灵活是一类，如浑圆桩、三盘落地桩。

调配间架、排兵布阵、统合周身三盘九节的又是一类，如形意拳之三体式、八卦掌的推磨式、太极拳的手挥琵琶式。

摸劲试力、以意行拳的是一类，如意拳的分水、扶按、扶云、托婴等桩。

布形候气、实战临敌的是一类，如上下子午、矛盾、狮子张口等桩。

但是过去前辈或是为了保密，或是为了强调本门桩功的重要性或高境界，并不加以区分，甚至有意识地把很多内功训练内容都塞到一个桩形里。

所以，练习者在练习桩功的时候首先要清楚桩功是塑造内型的。内型是下一步功法——拳架的基础。不同拳种的拳架需要不同的内型。这样，站桩时才能确保修成正确的内型。

在向老师学习桩法的时候一定要问清楚现阶段重点练什么。您是看我身体弱，让我站桩强身；还是看我天生筋骨条件好，让我伸筋拔骨、拉开间架？不清楚具体训练内容就盲目傻站，不说南辕北辙吧，至少浪费时日是肯定的。

以我们继承的桩功训练体系而言：无极桩类主要用来涵养气血，浑圆桩类主要用来强筋壮骨、初建间架，子午桩、三体桩类主要用来构建内型。

后续其他的功能完全可以交由更适宜的功法来承担。

三、拳架是训练内动的主要方法

常人往往难以理解内家拳的拳架训练。比如，练习形意拳的五行拳，直愣愣地站一会儿，直通通地打一拳，又站一会儿，再打一拳，姿势单调，动作乏味，节奏缓慢。

而八卦掌的基础八掌则是身体上上下下的关节都拧成一个很别扭的姿势，接着就是转圈，连个发力的动作都没有，让人完全想象不出这个拳怎么致用。

太极拳就更独特了。人们常说“百打百破，唯快不破”，太极拳盘架偏偏讲究一个“慢”字。人们都说“两点之间直线距离最短”，太极拳盘架偏偏强调一个“圆”字。

其实内家拳的拳架是具有易筋和洗髓效果的桩架与真正技击时运用的拳式之间的一个过渡功法。总体上来说，它更偏向于练功夫用的功架，当然其中也考虑到了以后技击的需要，保留了部分拳的要素，所以称之为拳架。

练习者站桩有得，内型初步稳固，但是运动起来时身体的用力习惯还是普通人的运动模式。此时骤然加速，内型必然散乱。所以，要通过行拳走架让内型反复地磨合，尤其是站桩时没有彻底锻炼到的体内筋、骨、膜、经络的细微之处，要进一步打磨、微调。然后还要练习从这个桩架慢慢变化到那个桩架。这个练习过程至少要持续到身体彻底适应新的运动模式为止，即在高速运动中还能保持桩态，并能做剧烈的转折变化。

可以说，内家拳运动模式的本质是内动。传说中神奇的内劲其实也是内动产生的一种力学效果，而不是外形上采用了什么动作。所以，练习内家拳一定要重点钻研其拳架，搞清楚每个拳架的作用，然后彻底完成其中包含的内动训练。

四、内劲是内功训练的最终成果

从拳术应用的目的来看，内功训练的终极目标就是生成内劲。再往后便是拳法的内容，也就是应用层面的训练了。至于内功产生的其他一些“神奇”功效，其实与拳学无关。如果有兴趣，闲暇时可以去探索一下，但是对于拳学训练来说完全没必要去考虑。

理论上讲，拳架练好了，内动做对了，自然会产生某一拳种的内劲。但是，对于还没有系统学习过内家拳、没有亲身体验过内劲的初学者来说，脑海里对内劲的印象可能还是来自武侠小说或影视作品，如“用掌轻轻一按，就在木头桌子上留下一个手掌印”，或者“从丹田处提起一股能量，沿着经络送到手上，然后从掌心或指尖吐出去便能够穿石破壁”之类。

所以，这里要特别讲解一下内劲的性质和表现形式。

内劲是一种复合性质的力量，是人体五大系统经过桩功－拳架的训练整合后综合起效的产物。简单来说，它包含以下几个方面。

1. 经内功改造后的人体自然具备的特性

例如，内家劲力中最基础的松沉劲儿来自站桩后筋骨密度的提高、质量的增加，还有肌肉放松和经筋放长后肢体各部分重心的改变。

举个例子，站过桩的人的手掌会变得特别厚实、沉重，握拳之后前臂像木柄，拳头像铁锤头，重心在拳心处。这时如果他把手甩到受力者身上，产生的打击效果像用锤子砸人。

还有结构力，它是由桩架结构形成的。比如，三体式站得对不对，检验标准之一是前手能不能被人轻易推动。这个效果的产生是因为手臂根部的筋腱和脊柱连通，而脊柱又“插”在骨盆里，而骨盆又被后腿从下向上的筋骨结构的支撑力托住。也就是说，三体式练习者的体内隐藏着一个从后脚跟直通前臂肩胛骨的牮柱式筋骨结构。检验者推练习者前手的力量，其实是被这个结构直接传导到地面了，所以出现了“推不动”的效果。由此拓展开，内家拳的“六面力”“支撑八方面”等效果都是由体内三维立体的多向支撑结构产生的，并不是练习者主动向各个方向做劲。

这类劲力其实更像是人体桩架结构自带的一种特殊属性。它不同于一般人的打拳踢腿，要专门做出踢、打的动作才能产生相应的劲力，动作结束后，劲力就消失了。

这个怎么理解呢？大概可以参考锤头的沉重、刀刃的锋利，是器物自身的材料和形制决定的。你就是把刀、锤放在桌子上，这种特性也依然存在，跟你是否挥动刀、锤无关。

2. 内动的特殊运动形式产生的特殊效果

一般人一听到发劲就联想到打击。其实在常见的搏击技术中，打击也不是唯一的发力形式。战胜对方的方式是多种多样的，如擒拿、摔跌、绞技这些技术，它们采用的并不是打击力。

内家拳里同样含有类似的技术元素，或者用来控制对方肢体，或者用来撕开对方间架，或者用来破坏对方平衡。比如，形意拳拳手出手时总爱用前臂骨的骨棱磙锉对方手臂的皮肉，所以有出手如锉、回手如钩的说法。八卦掌的白猿扳枝是利用躯干的沉坠劲，加上自身走转运动自带的旋转效果，撅对方肘部。太极拳的缠丝圈是用经筋缠、绞、拧对方的肢体关节，而靠法是用自己的躯干撞击对方的重心。

但是这些用法还远称不上特殊。

内劲的特殊性是可以把这种控制性劲力与打击性劲力合二为一，是打中有拿，拿中有打，而不是先拿后打，或者先打后拿。而这种劲力的物质载体就是内家拳架中“起钻落翻、拧裹缠绕”的内动模式。

这个如果不好理解，大家可以参考一下枪法。一般枪法是“拦、扎”或“拿、扎”这么个节奏。而内家枪法却是在拦、拿的同时就扎，或者说是在扎的同时用拦、拿技术控制对方的枪杆。明明只有一根枪杆，却通过特殊的螺旋运动同时完成了控制和攻击两种劲力释放效果，即拳谱中所谓“顾打合一”之说。“顾打合一”还不够，而是“顾打本一”，本来就是一个东西。这对初学者直观理解“内劲是多种劲力叠加”的概念是非常具有参考意义的。

3. 意象、劲诀等心法与身体运动相结合产生的特殊效果

内劲是有灵性的，类似书法和写意画，具代表性的如形意拳的十二形。以龙形练法中的“龙行大走”为例，因为步幅特别大，所以初学者刚练的时候往往特别容易动作僵硬，看起来像蚂蚱在蹦跶。而老先生指点的时候会说：龙又不是走兽，所以不能想着自己是在地上练，而是要在空中练，起为“腾云”，落为“降雨”。思想认知一扭转过来，动作的韵味就变了，身上（特别是脊柱）就有点神龙游空、一波三折的磅礴气势了。

内劲还带有“战术思维”，它不是单纯的力量释放。也就是说，内劲并不一味追求力量的绝对值，而是要综合考虑采用什么样的技术、配合什么性质的力量来取得预期的战术效果。所以，内家拳讲究劲诀，也就是用劲的窍门。

下面是内家拳老前辈总结的歌诀，供大家体会：

走避开合顺，翻腾定化粘。
提顿搬扣拧，截拿崩按拦。
挂捋滚摇错，冷惊静绵缠。
挤靠趟拓就，伏起吸空盘。
挑顶钻云领，经劲敛沉含。
挪闪纵横正，分拨一寸间。
运转须神固，动变精气涵。
八法十四要，琢磨待师传。

可能很多朋友看了以后有一种高深莫测的感觉。到底是怎么回事呢？

打个比方，解放军步兵著名的“三三制”战术。要是外行人看，不就是一群人冲上去，然后，看到有的人在开枪、有的人在卧倒、有的人在奔跑。好热闹啊，如此而已。

而内行人一看，这是三人一组，三组一班，构成了一个相互配合的整体突击阵形。虽然看起来都是在奔跑、开枪，但是，一组的职责是进攻，一组的职责是掩护，还有一组的职责是支援。到下一波次，梯队之间的职责又产生了交替。这才能被称作步兵班组突击战术。

把这种战斗过程放到一个拳手身上，就是内劲的运用。

如果你还是不太明白，也不用着急，可以把整本书看完，再来思考这个问题。现阶段只要把“内劲就是发力”这个成见打消就行。

综上所述，虽然内家拳的拳种、分支众多，功法浩如烟海，但是我们还是可以从训练体系的角度梳理出一个基本框架。这个内型－内动－内劲理论姑且算是我们的一个视角，供大家参考。

本书的后续内容基本上就是对这个训练体系框架的拓展和细化。一些具体的问题，我们会在后续章节中予以解说。

第三节　帮助普通人理解内功的思维工具

关于内功的理论，有内家拳传承、有一定功底的人可能会比较好理解。大多数从未系统学习过内家拳的人，可能看了还是如坠五里雾中。所以，我们单独介绍一种理解内家拳和内功概念的“方便法门”。

中医有云：“用药如用兵，医人如治国。”传统武术的人体观基本源自中医的人体理论。所以，修炼内家拳不妨先把自己的身体看作一个国家，然后从治理国家、发展国防的角度来思考和理解内家拳的练功思路。

说到这里，你会发现“内家拳修炼”这个看起来很神秘、很陌生的课题其实可以转化为一个我们用社会常识即可理解的问题。

练习者的主体意识中的“我”就相当于这个国家的君主。“我”的身体就相当于这个国家，其中包括了自然和社会两方面的要素。

习武相当于这个国家要建设国防事业，也就是要把这个国家的各种资源和功能转化为战斗能力，其目的就是要应对可能发生的战争。

内家拳作为武术的一种，相当于君主选择的一种独特的建军之路。

先构建这样一个简单的认知框架，然后我们再去解读内家拳的各种构成要素和功法理论，这时你会发现，很多含糊不清甚至违背人体运动“常理”的概念和说法就比较好理解了。

一、如何看待人体的五大系统

对于普通人来说，这个国家（身体）是什么样子的呢？

筋骨就是自然国土、山川平原。肌肉相当于生活在国家里的百姓。

精气神，就是国家的自然资源和社会资源，是能转化为社会财富的东西。

经络，相当于资源，或者说物资循环交换的通道，如同道路和江河。

脏腑，相当于国家的工业部门，负责各种资源的加工、存储和运输。

神意，相当于君主与执行部门。

这五大系统的运行机制、相互关系和协作机制就相当于这个国家的生产方式和社会组织形式。

二、内功对人体五大系统的实用化改造

1. 易筋经功法对人体的作用

易筋经的改造对象主要是人体的骨骼、筋、膜。这相当于从国土中开采矿石，然后冶炼钢铁。然后就是打造盔甲和兵器，把老百姓武装起来。

肌肉就是普通老百姓。

筋、膜就相当于士兵的盔甲。

骨节锋棱就相当于士兵的刀剑。

没有披甲持刀，再强壮的老百姓也不能称其为士兵。所以古代衡量一个国家的军事力量，要用“甲士”这个概念。

因此，易筋经功法把筋、膜作为训练的主要内容，而内家拳继承了这一思路，注重易骨、易筋。不是不重视肌肉，而是把肌肉纳入筋骨锻炼的整体训练框架中。肌肉训练的重点也是以提高爆发力为主。关于筋、膜在《易筋经》中的阐释，可以参考《方式》第七章第二节，在此不再赘述。

2. 洗髓经功法对人体的作用

《孙子兵法》云：“军无辎重则亡，无粮食则亡，无委积则亡。”俗话也说：“兵马未动，粮草先行。”甲士再精，兵士再壮，如果士兵吃不饱饭，也没有

战斗力。所以，一个国家想加强军事建设，物产要丰富、仓储要充足、运输要通畅。国富才能兵强。

洗髓经的改造对象就是人体的气血、经络、脏腑。洗髓经功法对于内家拳的意义相当于建设军队后勤系统的方法。涵养气血，就像鼓励耕种、多打粮食；强化五脏，就像储备物资、充实仓库；疏通经络，就像修路、修交通壕，确保粮食和其他物资能顺利送到军营，保证战士们在训练或战斗期间能吃饱吃好。

所以，别看内家拳叫作“拳”，但是功法体系里面很大一部分是养生功、强身功。

3. 桩功对人体的作用

一群老百姓吃饱了、练壮了，披上甲、拿上刀剑就能成为一支军队了吗？肯定还不行。

军队首重纪律，没有军纪约束，再多的人也只是一群乌合之众。到了战场上，不能谁想冲锋就冲锋，谁想后退就后退。所以，平时训练就必须培养士兵的纪律意识。只有做到令行禁止、整齐划一，才可以说，这群老百姓从思想上已经转变为军人了。

然后，作为军人，个体要有专业的军事技能，集体要会熟练配合运用各种战术。战术的具体体现就是阵形。冲锋用锋矢阵、防御用圆阵、包抄敌人用鹤翼阵……而且阵形得稳固，得能扛得住敌人的冲击，同时还必须灵活多变，不能站在原地不动，要“聚散如常为上”。

此外，打仗不光是一线作战士兵的事，后勤和技术兵种也得是精兵强将。

所以，大家看一下桩功的训练内容。

拳学中的站桩（除了纯粹的养生桩）首先就是训练周身骨节卡榫、经筋贯通，使这一身三盘九节整体连通，达到所谓的“形整”。

然后就是训练桩架变化。对于接敌时常用的各种桩架形态，平时练功时就得一个个认真练。比如，冲击对方间架时用锥形结构的子午桩，撕开对方间架时用钳形结构的扶按桩，消解对方冲击时用菱形结构的小天星桩，等等。

此外就是养丹田气、通周天循环，要让气血充足，而且流注全身，补充筋骨练功时的消耗。有些前辈年轻时功夫很好，却英年早逝，或晚年多病，就是太偏重于练，养的方面做得不足，如同国家穷兵黩武，透支了国力。

4. 拳架对人体的作用

拳架的作用就像军事演习，是对一支军队作战能力的综合检验。如果说站桩如同一支军队在操场上排阵形、走队列、慢慢地熟悉阵形变化之道，那么拳架就是把这支军队拉到野外去，模拟实战时在急行军、冲锋、厮杀、撤退等高强度对抗场景下各种阵形的变化。

所以说内家拳的套路其实不是真正的套路，它不是为了把这一拳种、门派的动作串联起来，它练的是拳架的连续变化，比如形意拳里的“马前三箭”，即钻、劈、崩组合，不是随意打三下。钻拳是“问”，相当于派一哨人马，冲一下敌阵，试探对方的反应。劈拳是“顾”，相当于全军压上，逼近对方阵营，挤压对方的运动空间。崩拳才是真正的“打”，是整体爆发，是重击手，相当于集合重兵突击对方的中军大帐。

这一节的内容看似聊天，与具体的功法、技术没有实际关系，其实这是我们从众多老师处搜集的内家拳心法的汇总。师父们经常用各种例子讲解练功、做拳中的道理。我们有时候看拳谱、功法、拳式，有不明白的地方，经师父们这么一讲解就豁然开朗了。其实练内家拳，单纯的技术困难并不可怕，可怕的是思维障碍难以突破。有的时候一个念头转不过来，真可能会束缚你，使你多少年不得寸进。

所以我们特意将这个思想工具分享给大家，供大家理解、梳理内家功法的层次和逻辑。当然，大家也不必拘泥于我们举的军事训练的例子。经商的朋友可以用管理公司的思路，当老师的朋友可以用管理班级的道理。总的来说，内功训练体系就像是人体内部各个部位、器官、系统构成的小世界、小社会的“组织行为学”。

俗话说，“隔行如隔山”，但是隔行不隔理。大家用自己熟悉的思维方式、思考工具去理解、分析内家拳，其实比硬去钻研拳谱、拳诀强。《方式》和本书都是想帮助大家先把整体思维框架建立起来，把思路打通，大家此后再在功法训练方面勇猛精进，才能更高效地掌握内家拳这门“知行合一”之学。

如果大家能先理解了这一点，再看后面关于具体功法的各个章节，应该就不会产生过多误解。

第二章

易筋经

前文我们强调过，易筋经既是内家拳内功理论的源头之一，又是人体改造的基础步骤，所以，当本书开始介绍具体功法时，理所应当地把它放在第一位，而且会不惜篇幅地对它进行分析和解读。

关于易筋经的基础知识和部分功法，在《方式》中已经简略地做了一些介绍，但有读者朋友反馈说希望看到更详细的练习方法。所以，本书会把易筋经十二式的后九式功法完整地介绍给大家。

提前强调一下：本书介绍的易筋经功法是在内家拳门里流传的，有武学方面的理论内容和技术设计，与其他流派传承的易筋经体系有所不同。

所以，本书对易筋经功法的所有分析和解读仅限于笔者的个人观点，仅供大家参考，也不否定、排斥其他易筋经功法的解读。望读者不要有任何误解。

第一节 拳学内功中易筋经的立意

易筋经最初是作为调理人体的功法出现的，并且自成体系，其原始出处不可考，有达摩创始说，也有道家源头说，不一而足。但不管源头如何，易筋经功法的本质是不变的，它是通过特殊的动作调理肌体、强化筋骨，以应对日常生活的各种活动、弥补衰老对人体功能造成的种种伤害。

这种伤害是日积月累、潜移默化的，因为普通人在生活中很少去关注自己身体运动的状态所以难以发觉。

大家刚看到这个提法的时候可能是一头雾水——我天天都这么生活，怎么还伤害到自己了？

其实，大家反思一下，自己在日常生活中身体的各种行为、状态有多少是舒适、畅快的呢？

尤其是学生和上班族，大多是在巨大的社会压力下本能地被动而行，自己既无主动把控的意识，也缺乏主动改变的方法。比如，久坐、熬夜、长时间书写、长时间看手机、长时间盯着电脑屏幕等，慢慢身体就会歪斜、扭曲。身姿长时间不正就会逐渐影响到肌腱、神经，甚至压迫内脏。最后，“鼠标手”、肩周炎、颈椎病、椎间盘突出等问题就会出现。大家所知道的多种现代都市病、亚健康状态往往源于此。

所以说，日常生活中的各种身体运动形式难免会逐渐伤害我们的身体，但好在这些问题是我们长时间使用身体不当造成的，我们完全可以通过调整使用身体的方式来慢慢纠正。

古人曾经也面临同样的问题，并且也尝试去解决这些问题。因此，修身养生类功法及其理论在我国历史上很早就出现了，且一直传承至今。所以，我们现在能看到大量的养生法资料及各种实用的功法。易筋经就是其中的优秀成果之一。

笔者之所以推崇易筋经，是因为从内家拳角度来说，易筋经功法成功地解决了内家拳功力训练中的一系列关键性技术问题。

一、解决了内家拳的“入内”问题

前文提到了修炼拳学内功的目的是为了有效地改造身体。改造身体的具体项目其实就是改造人体的五大系统，即筋骨、气血、经络、脏腑和神意。

但是我们怎么能确保自己体内的五大系统得到了切实的改造呢？

改造的前提是要能感知到自己体内的五大系统。这对普通人来说其实是非常困难的，因为普通人的感知是向外的，而非向内的。

五大系统中最表层、最易于感受到的是筋骨系统，但平时我们并不会关注它。除非我们的手腕崴了、脖子扭了或者脚崴了，疼痛感才会让我们意识到，噢，原来筋骨受伤了这么难受啊！等伤好了，我们慢慢又会“忘了疼”。

有形的身体部分尚且会被我们忽视，更何况无形的气血、经络了，甚至有许多人否定它们的存在。

所以说，内感知是一种能力，必须用专门的方法去培养和锻炼。

因此，内家拳前辈把内家拳的修炼进度分为两个阶段。前一个阶段是以外导内、以形导气，也就是靠正确的外形动作来调整内部五大系统。这是为还没有培养出内感知能力的初学者准备的。你感知不到自己的内里没关系，按照前辈精心设计的功架或拳架运动，所谓“形正则气顺，势正则力顺”，如此慢慢地自然会影响、锻炼到内里。等内里的变化积累到一定程度而产生很明显的“动静”了，你就可以感知到了，进而可以驾驭它们，由此便进入后一个阶段，即以心行气、以气导形，变成以内御外了。到了这个层次便可以自主地锻炼和运用体内五大系统。这才可以算是功夫“登堂入室”了。

这个由外而内的关键性转变就叫作功夫“入内”。

这一关跨不过去，就得依赖拳架外形来获得锻炼效果，而且练出来的功力并不完全听自己的使唤。

而跨过了这道门槛，那就是“从心所欲不逾矩”。王芗斋先生把这个阶段的锻炼要领称为“不求形骸似，但求神意足”。

从理论上讲，认认真真站桩或者盘架，迟早可以“入内”，但是桩和拳包含的信息太多，初学者的注意力很容易被外在的调形要领所吸引，很难把感知力完全集中在自己体内的变化上。这时候易筋经的作用就突显出来了。

在拳学修炼的框架内，易筋经首要的功能和意义在于引导我们平时流散于外的意识回归自身、深入体内，帮助我们真正地辨识自身。易筋经在培养我们建立内感知、辨识自身能力方面的价值远比它作为一种拉筋健身术要大得多。

这里需要强调的是，易筋经是从身心两方面锻炼我们的这种辨识自身的能力的，而不是仅练习动作以强化肉身而已。这一点请大家一定注意！

具体来说，练习易筋经，先是通过动作将我们的肢体伸展到“要抻着筋”或“要拧到筋”的临界点上，即再过一点儿可能就会拉伤。在这个临界点上，我们会清晰地感知到自己筋骨的存在，从而引导我们的意识加强对自己的肉身内部状态及变化的关注。

在此基础上，我们的意识会逐层深入，逐渐感知到体腔内的骨节、筋膜，进而感知到气的存在和运行，从而感知到经络……

与此同时，我们又能通过这一过程“意识”到自己意识的存在与运行。例如，我们的注意力是否集中，我们的意识是否能够精准感知到身体的细微变化、是否能够精确支配肢体运动，等等。当我们分神、懈怠的时候，我们的动作就会不到位、走样，对体内的感知就会减弱、中断，甚至消失。这时我们就会自我觉察：啊，我的意识开小差了，注意力不集中了。

这个观点可能跟常见的易筋经解读角度不同，但这却是我们深入理解易筋经的入手处。从这个角度思考，我们就更能理解易筋经的深层内涵，进而真正理解为何易筋经功法在内家拳体系中如此受重视，甚至被推崇到“圣经”的层次。

二、解决了整体锻炼、锻炼整体的方法问题

《方式》一书中，我们提出了内家拳“整劲为魂”的原则，而整劲又是由整体运动产生的。

整体运动就意味着筋、骨、膜、肉、气、血、脏腑、意、神等所有人体构成要素都动起来。

这怎么动？

在日常的运动中，我们很难找到一种锻炼形式能让我们把这些要素都调动起来。

靠拳架慢慢磨也是一个办法，但是训练周期长，而且练习者的功夫不能“入内”的话，很难保证能把五大系统全部锻炼到。

易筋经的解决办法是先把所有人体构成要素纳入一个整体框架，即筋骨结构。通过人体筋骨结构这个“一”的运动，把其他四个要素都唤醒、带动起来。

这也就是易筋经明明五大系统都要练，而偏偏从命名上要突出强调“筋”这个概念的原因。

从人体结构的构成方式来看：

（1）人体是由骨架撑起来的。骨架是由一块块骨头组成的。每一节骨骼外面都包裹着骨膜。骨膜是筋膜的一种。骨节和骨节之间是由韧带和关节囊连接的，韧带和关节囊属于筋。

（2）每块肌肉其实是由肌纤维组成的，外面包裹着肌内膜。肌内膜也是筋膜的一种。肌肉不是直接和骨骼连接，而是通过肌腹两端的肌腱附着在骨骼上的。肌腱属于典型的筋。

（3）在中医理论中，构成人体经筋结构的十二经筋其实是由位于身体不同部位的肌肉串联贯通的链条状人体组织。但是这根“链条”不是由肌纤维直接“长到一块儿”去的，而是通过这条线路上的肌腱、韧带和筋膜串接起来的。

（4）五脏是包裹在筋膜里面，系附在体腔内的。

（5）胸腔和腹腔之间有个横膈膜，它是一大块盘状肌肉，对用呼吸调节

体内压有重要作用。

综合起来看，只有筋贯穿我们全身内外，所以，练筋就能直接影响到其他系统。

那么，易筋经锻炼的功效强大到什么程度呢?

就易筋经功法本身来说，任何人只要坚持练就能有很好的效果，甚至跟懂不懂易筋经的道理、掌握的动作全不全都没关系。哪怕只会其中两三个动作，坚持练就会有不错的养生效果。

但是练内家拳的人对易筋经的钻研却不能止步于此。选择修炼内家拳，应该是对自己的生命质量有更高的追求，不仅仅是为了健健身、少得病，而是要获得超乎常人的健康水平和强健体魄，从而使我们的生命过程更美好、更舒适、更安全。所以，我们的目标不是拉拉筋、出出汗那么简单，而是要从根本上改造身体。这就需要我们对易筋经功法有更深刻的认识和理解。

第二节　易筋经养生健身的基本原理

一、易筋经的功理和中医医理同源

我们说，易筋经赋予我们对内感知、辨识自身的能力，但这并不是像医院做 CT、拍 X 线片那样，让咱们直接看到自己的骨头、脏腑的影像。易筋经是自有一套观测方法和判断标准的。这套方法和标准来自我国传统医学的人体认识论。

中医观察人体健康状况的关键性指标是气血。脏腑系统是气血的“工厂”和“仓库”。经络系统是气血运行的管道。经筋是经络的有形载体。神意是脏腑系统的功能。骨、肉、皮、毛是五脏系统的衍生物。

所以，中医有云：“通则不痛，痛则不通。”气血充足，证明脏腑功能好。气血循环通畅，证明经络通畅。

易筋经的功法理论与中医医理是一致的。气血、脏腑、经络（经筋）是易筋经改造人体所要把握的关键元素。

易筋经中的易是改变，筋是指经筋。易筋经就是锻炼、改造人体的十二经筋的功法。

十二经筋为手三阴、三阳经筋，足三阴、三阳经筋。其实，作为内家拳体系里的易筋经还要再加上任脉、督脉。这是我们锻炼的具体目标。

易筋经十二式是通过十二个“特殊功架”，对经筋进行辨识、塑形、构架、伸展、舒张，以达到通经络、导气血、强筋骨、壮脏腑的目的。

从这里也可以看出来，易筋经的功法逻辑是基于传统医学中的“经络－经筋”理论的，这是易筋经的理论根基，它所有的功法理论和技术手段都是建立在传统人体观的理论知识之上的。所以懂一点中医的人练本门的易筋经会更容易理解。

易筋经中对人体经筋的锻炼主要采用伸展、拧转、曲折、震荡、开合、鼓荡等方法，这些我们会在后文中讲解。

要想获得易筋经所讲的强筋壮骨的效果，不能简单地比划外形动作，而是必须将上述方法应用到位，切实地锻炼到经筋。这点并不容易做到，是易筋经的难点。所以说，这叫练“功”，要真下功夫才有好的效果。

可能会有朋友觉得，练个健身功法，还得去学中医吗？那当然大可不必。望闻问切、针灸开方之类的专业技能确实用不到，但是，对于中医的医理还是应该了解一些。

曾有一位中医朋友跟我说过，要想生活舒适，有必要懂些医学道理。即使不为自己，为了家人、亲友，也有必要懂些医理。金代张从正编撰的医书《儒门事亲》，书名就是取“唯儒者能明其理，而事亲者当知医”之意。

中医首先是研究人体内气血、脏腑、经络等系统的运行机理，然后再探索调理这些系统运行状态的方法。其中很重要的一项就是研究人体能否通过某些运动祛除疾病，使自身更健康、更强壮。

而易筋经的本质是在了解自身的基础上更精细化地掌控自身。内家拳则是在易筋经的基础上按照正确的方法使用自身。从这个层面上讲，中医的医理和内家拳的功理可以说是本质相通、一体两面的。所以，不论我们练习内家拳，还是只练易筋经，都应该了解一些医理，这样在练习过程中就可以有效地解决一些理论方面的问题，取得更好的锻炼效果。

二、内家拳拳理对易筋经功法的反哺

内家拳门派里的易筋经功法的内涵很丰富，因为研究人体结构及其运动规律是内家拳的强项，而易筋经功法恰恰是由一系列动作构成的。所以，一些内家拳的理论成果对易筋经功法是具有补充、完善作用的。

例如，本门易筋经在行功过程中就吸取了内家拳理论中的几个重要理念，如中轴、平衡、均衡等。通过这些理念，我们可以将意识对人体的辨识细化到人体筋骨结构及其运动状态层面。

有人可能说，易筋经，顾名思义，就是练筋。练易筋经时，注意拉筋就行了，有必要了解那么多原理、概念吗?

假设我们要煲一锅好汤，按理说，我们要先知道汤的配方，即主料、辅料和调味品的正确搭配。然后，要知道下料的次序和时间，还要知道不同时间段的火候，及时调节火的大小，才可能熬制成功。

练习易筋经功法也是如此。想要练出比较理想的效果，我们就需要知道这套功法是由哪些“原材料”构成的，这些“原材料”里谁是主、谁是辅、谁是调味品，它们如何搭配，在熬制过程中能起到何种效果。

如果练习者不把这些东西搞清楚，那就不叫煲汤，而叫乱炖。除了味道不好外，弄不好还会闹肚子。

别的流派的易筋经我们不便随意解读，但是内家拳门里的易筋经绝不是只靠掌握简单的伸筋拔骨要领就可以撑起一个庞大的功法体系的。

不仅如此，易筋经的功效虽然主要表现为筋骨得到了锻炼和增强，但是起效因素也绝不只是筋骨。《易筋经》原文中直截了当地说明了“炼筋必须炼膜，炼膜必须炼气”“修炼之功，全在培养血气者为大要也”。

由此可知，易筋经的养生健身功效是人体五大系统的综合性作用，而这个过程又需要相应的理论指导。这是我们必须事先弄清楚的道理。下面，我们通过本门易筋经产生健身效果的基本原理来给大家解读人体各大系统是如何在易筋经功法中发挥作用的。再次请大家注意，这是本门心法，不同于其他流派。如果见解不同，则不做争论，遵各宗所学即可。

本门易筋经养生健身的基本原理如下。

（一）主动以气血滋养筋骨，以求筋强骨壮

练习易筋经功法，如果单纯只做伸筋拔骨，确实可以拉长筋腱，间接地促进气血循环，但是不足以使筋骨强壮起来。内家拳因为拳学的需要，只是

筋骨的拉伸量增加和灵活度提高还不行，必须要提高骨骼的硬度和重量，以及筋腱的粗大程度和弹性。所以，内家功法中的易筋经强调在完成外形动作时必须同步伴有“贯气”之法，以气血滋养筋骨。气血旺盛，运行通畅，濡养全身，才能养壮人体、强壮筋骨。

这是内家拳中易筋经起效的关键。注意：这里说的气血包含气和血两个概念。有关气血的具体定义可以参看拙作《方式》，这里不再赘述。有些朋友不想看也没关系，只需记住气血是滋养人体的精华就可以了。

要引导气血灌注身体各个部位以养壮筋骨，就必须具备调动气血的能力。具体的方法是内家拳的呼吸法和功架。

易筋经功法不需要有那种“我要流多少汗、吃多少苦”的心态。虽然在伸筋拔骨的过程中人体是必然会产生酸痛感的，但这时我们要明白，强壮的筋骨是气血滋养出来的，并不是酸痛感折磨出来的。所以，做动作时不可有意地较力、使劲，甚至刻意追求酸痛感。要保持平和的心境和放松的状态。“有所求”的心态其实并不利于易筋经的锻炼。反而是站内家拳的无极桩时，那种恬淡虚无的心态更有利于气血对身体的滋养。

（二）以身体中轴为基准，建立平衡和均衡的身体结构，以取得最佳的长筋腾膜的效果

传统的易筋经伸筋拔骨主要靠动作。而本门的易筋经则借助了拳法中间架的优势，使伸筋拔骨的功效更加立体、全面、透彻。

其中，中轴、平衡、均衡三个概念出自内家拳的间架理论。

中轴（图 2-1）即身体的虚轴（虚轴的定义请参看《方式》中的第九章第三节）。

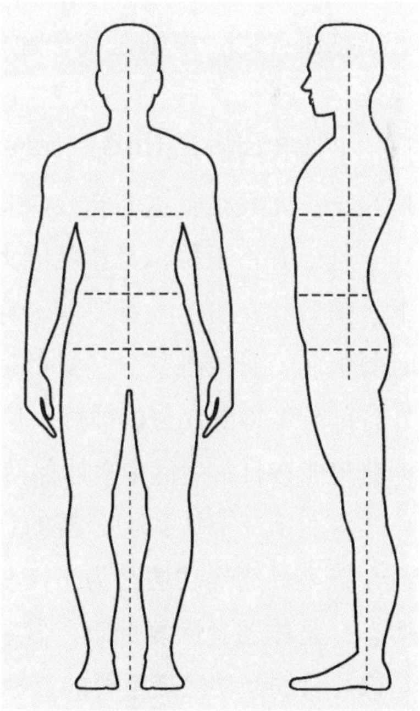
图 2-1　人体中轴

懂中医的朋友姑且将冲脉当成中轴的投影也可以，这样能有个实际的指代物，不至于因为“中轴”的概念太虚幻而无所适从、无从下手。

不懂中医的朋友也可以把脊柱（实轴）当成中轴的投影。虽然两者是不同的东西，但是实在没感觉的朋友也可以这么尝试一下，这算是没有办法的办法。

为什么练易筋经需要有中轴的概念呢？因为本门的易筋经功法始于对人体结构的搭建。

我们知道，易筋经的每一个动作都是一个功架（有关概念后文会有介绍），易筋经十二式的功法运作全部是在功架状态下进行的。而功架的构建要求我们必须有一个“中轴”的概念。功架相当于是把我们的身体塑造成一个三维立体的结构架子，所以必须有一个中轴作为核心，才能使我们的身体（包括筋骨、经络、内膜、脏腑等）在三维立体状态下充分舒展开，不至于有阻塞、蜷缩的部位。同时，中轴作为身体的标尺或参照物，使我们在运转功架时能有清晰的平衡感和均衡感，尤其是在做那些身体偏转、起落、俯仰的动作时。

总而言之，中轴是我们厘定身体架构、让我们的动作做得标准到位的保证。

平衡和均衡是由中轴引申出的两个次级概念。平衡是指身姿不歪斜，保持端正，尤其是骨盆和脊柱。骨盆是我们躯干的底座，脊柱是我们身体的支柱。这二者不歪斜，身体就能大致保持平衡。均衡是指身体在各个方向（上下、前后、左右）上都要有对称的感觉，哪边都要不过不失。身体在做动作时要饱满，身体各部分尽量都运动起来。同时，动作要舒展到位，让身体内外各部分都得到充分的锻炼。这两个概念代表了易筋经功架的重要锻炼目标，即获得能在日常生活中自然保持平衡态和均衡态的人体结构。

对照第一节中我们分析的日常生活的运动形式对身体的伤害过程可以知道，练习易筋经功法是为了恢复人体的平衡态和均衡态。这才是人体正确的体态，是体弱者恢复健康、健康者更加强壮的基本保证。比起强筋壮骨，这是修炼易筋经功法更重要的目标。

易筋经功法只要正常练习，肯定有强筋壮骨的效果，但是强化筋骨并不能保证人体的平衡和均衡。人体上下半身、左右半身本来就有强有弱，单纯强化很可能导致强弱差异加大。如果这种差异太大，反而会给身体造成新的负担。相反，守住中轴，保持平衡和均衡，我们就不难获得更高质量的强筋壮骨效果了。

现在大家看这三个概念觉得很虚，等到后面讲到功架、间架、身架等概念的时候，大家就能逐渐理解这三个概念多么重要了。

现在请先记住：中轴很重要！平衡很重要！均衡很重要！

（三）以丹田为枢纽，统合人体架构做整体运动

易筋经十二式的原始动作及指导理论是逐条进行经筋锻炼。但是这存在一个问题：人的各条经筋的敏感度不同，有的经筋很容易就有功感了，有的可能就体会不到。这对普通人健身需求的影响可能不大。但是，内家拳要求的是整动整劲，根据木桶理论，你的运动能力和劲力输出一定会受到那条较弱经筋的限制。

为了解决这个问题，内家拳就把拳学中的丹田概念和相关功夫转移到了易筋经功法里面。

1. 丹田的基本概念

内家拳中的丹田不是一个简单的概念，也并非指一个体内的能量团或者一个实体化的人体组织。它的含义比较复杂：从身体的筋骨结构角度说，这个区域位于骨盆和脊柱的交汇处，也是人体经筋网络的交汇区域。从能量角度说，它是经络（气血）的枢纽。从力学角度说，它是人体总重心所在。

一般拳学中所讲的丹田多指下丹田，即下腹部的整体空腔区域。对于这个位置，我们不必强求一个清楚的具体描述，也不必认为一定就是哪里，甚至不必非要指出一个坐标空间来。

另外，丹田是一个随着你的功力提升而生长发展的东西。根据练功的不同阶段和练习的不同科目，丹田所指代的内容是不同的。具体含义需要根据具体情况来解读。

总的来说，大家可以把丹田大致理解为一个“枢核”的综合性概念。打个比方，丹田类似于古代军队的“中军大营”。

2. 丹田的重要作用

从人体架构的整体运动角度来讲，因为从内到外的各个部位都在动，所以需要有一个“中心”来协调身体各部分的协作关系，以明确主动、从动的秩序。这个人体运动中心就是丹田。

从物质实体方面看，很多维持人体平衡和控制人体运动的关键性肌肉都位于这一区域。

如果把人体上下分区、左右分区、内外分层（深层和浅层），那么居中连接的正好是丹田。

当人体上下、左右、内外各局部做整体运动时，丹田区域的肌肉可以通过经筋控制各部分肢体，以保持动作的整体协调性。经筋是经络的载体，经络是气血的通道。锻炼和运用丹田也有助于气血从脏腑向全身推送。

从人体的力学关系看，人体的总重心位置也位于丹田。人体总重心是人体所受重力的合力作用点。人体静止直立时，重心位置一般在脐下、第三骶椎前方 7 厘米处。人体在做整体运动时，如果想保持平衡就必须对自身重心有明确的感知和精准的操控。

总体来说，腰腹区域担负着控制人体姿态、维持人体结构、掌控人体重心、操控人体运动的职能。所以，内家拳有专门的丹田功，通过控制腰腹区域，主动实现姿态控制、结构维持、重心稳定、运动协调等功能。因此，内家拳的易筋经自然也就包含了丹田功的部分内容。

3. 培养丹田的方法

要想通过丹田驱动人体间架，在进行易筋经练习时丹田最好保有基本的气感。

气感一般表现为一种温热感。如果没有气感的话，至少要时刻保持充实感。当然，这个充实不是让你强行绷紧腹肌，而是一种自然生成的状态。

如果丹田感觉发空、发瘪，甚至发凉，建议先站内家拳的无极桩或练习丹田呼吸法，以充实自身气血。具体操作时可以先从腹腔内部神阙穴后面的那个空间位置开始体认，采用丹田呼吸法（在《方式》里有介绍，这里不再赘述）。

丹田出现了充实感和温热感，代表着呼吸、气血、重心等元素都纳入易筋经功法中来了。不过要提醒大家，真正的丹田远不止这点感觉。具体的丹田状态会随着个人修为的提高而呈现出各阶段的不同特点。但是，说出来的是空的，练出来的才是真的，所以就不在这里一一介绍了。

4. 易筋经的“自然呼吸法”其实是内家拳的自然炼气法

内家拳过去被称作“自然气功”，就是说练内家拳不用专门练气功，最好连想都不要想这个问题，因为“单求气，为气所伤”。

练习者就按照拳学要领，规规矩矩练拳，自然会获得炼气的效果。其中的关键就是呼吸和动作自然配合。

这里请大家注意，呼吸和动作配合不是说吸进来、吐出去的那口气跟动作配合，很多人总爱琢磨怎么折腾那口气。

其实，呼吸是体内的一个动作，是胸腔、腹腔、膈膜共同完成的一个动作。所以，说呼吸和动作自然配合指的是体内的动作和体外的动作高度协调。这样是不是就比较好理解了？

本门的拳法讲究“松静自然、玩而求之”。所以，本门的呼吸法也是只要求自然呼吸。

修炼易筋经时也是如此。一定不要刻意地做什么顺腹式呼吸、逆腹式呼吸等。如站桩、盘架时一样，身体放松后，心神安定，呼吸绵长，若有若无，即为易筋经所需要的呼吸方法（图 2–2）。

图 2–2　如树木般不显于形的呼吸

呼吸越深长越好，外形动作越缓慢、柔和越好，让呼吸与动作自然地配合、呼应。这是一种“无为”的呼吸法，或者说是一种内在运动的放松态。正如我们的无极桩以没有要领为要领，从一无所求中产生各种身体变化。

易筋经的呼吸法虽然是从自然呼吸入手，但是不会永远停留于自然呼吸的层面。

自然呼吸只是让内部器官在完成呼吸运动时保持放松状态的一种手段，也就是避免胸部、腹部或其他部位局部紧张。随着所练功法的晋级，呼吸法也会在保持放松的前提下改变、升级、深化。

具体来说：一般人的自然呼吸是胸式呼吸。这并不错，但只是阶段性现象罢了。随着练功深入，自然呼吸会呈现为腹式呼吸。注意：这是身体自然改变的，不是练习者主观去做的。

再继续深入就会进入胸肋的开合式呼吸。

开合式呼吸继续拓展又会形成体腔的鼓荡式呼吸。这是内家拳想要的理想呼吸。

所谓理想呼吸是指整个身体都参与进来的呼吸动作。呼吸时，整个体腔从上到下（顶部到底部）、左右两侧（边到边）、从前到后（体前到体后）都要膨胀、收缩。这样才能与内家拳架的开合鼓荡之动势相匹配，达到理想练功状态。

前文我们提过，呼吸是易筋经功法中调动气血的重要手段，与气血鼓荡息息相关，其实指的是这种内外相合的理想呼吸法。这是一种功夫的境界，是随着练功深入而自然达到的，不是刻意追求就能马上做到的。

有了这种呼吸法，易筋经的调理功能才可以从身体表层的十二经筋向身体深层的内膜渗透，其过程大致如下：

表层的十二经筋可以用四肢伸展的动作锻炼。

关节等结构复杂的部位要用螺旋拧转的动作疏通。

四肢经筋与躯干的结合部，我们称作筋根，就要通过躯干拧转的动作刺激才能感知到和锻炼到。

筋根跟体腔内膜衔接过渡的地方就要配合体腔的呼吸鼓荡，从内部接引，才能打通、连接。体腔内膜、膈膜就得通过深度呼吸法才能锻炼到了。

大家看这个流程，是不是和内家拳的拳架修炼有异曲同工之妙?

以上是本门易筋经改造人体的原理的大致总结。

看完这些，你应该对“煲好易筋经这锅汤”有个大致印象了，进而对于如何正确理解易筋经功法有了一定的概念。接下来，我们就可以逐步地开始研究易筋经功法的具体内容了。

第三节 易筋经功法理论中的常用概念

本节把易筋经功法所涉及的一些基本概念向大家解释一下，以便大家在练习之前对易筋经有一个更清楚的认识。

一、“筋”的概念

易筋经所涉及的第一个概念当然是筋。

《方式》和本章前面的文字已经对什么是筋做了详细的论述。

下面我们从具体行功的角度，再把相关概念梳理一下。

易筋经刚开始要锻炼的筋主要指经筋。经筋本来是中医理论中的概念。具体的经筋的名称、走向在中医书里都有，有兴趣可以去查一查，大致知道一下就可以，不用深究，也不影响具体锻炼效果。

为何易筋经要把经筋作为锻炼人体时的目标物呢?

经筋处于我们身体的最表层，通过四肢的伸展性动作，我们可以直接锻炼它们。经筋锻炼小有所成之后就会感受和锻炼到筋膜。

《易筋经·膜论》中论述：“俟炼至筋起之后，必宜倍加功力，务使周身之膜皆能腾起，与筋齐坚，着于皮，固于内，始为子母各当。否则筋坚无助，比如植物无土培养，岂曰全功也哉。”

所谓筋膜是指包裹、悬挂、支撑身体全部结构，并与全部结构连接的结缔组织。这是一种网状的身体组织，内家拳中将人体骨架与筋膜的关系描述为“玉树挂宝衣”，即指这种状态。

经筋和筋膜在外连络骨骼、肌肉，在内包裹、支撑五脏六腑，是构建我们的躯体结构的主要组织。我们身体的正确姿态的维持、身体结构的保持有赖于经筋和筋膜良好地发挥其功能。但是普通人的经筋和筋膜是比较孱弱的，是依附于后天的骨骼－肌肉的运动模式之中的，尚未形成经筋－筋膜独立的架构。所以我们还要继续改造它。

二、“易”的概念

“易”的第一层含义，肯定是强化经筋和筋膜的强度，这毋庸多言。

它的第二层含义，就是塑造以经筋－筋膜为主的新型身体空间结构。内家拳中的内型以及由内型构成的桩架，即这种经过锻炼形成的经筋－筋膜结构。

它的第三层含义，是疏通经络，加速气血运行。

人体的各种能量和营养有赖于通过经络来送往身体各处，而经筋是经络的物质载体。假如说肌肉、骨骼、脏器等是田地，气血是水，那经络就是河流，而经筋就是河道和水渠。要引导河水灌溉田地，就必须保证河道水渠的通畅。反过来说，河道和水渠的通畅和稳固，也需要流水的冲刷和滋润，如果水流减弱了、消失了，那么水道也会淤塞、干裂，甚至变为平地。

因此，锻炼经筋和筋膜是为了疏通经络、运行气血，如同把天然的小溪拓宽成人工的运河，从而输送更多的气血以滋养全身，为改造全身奠定物质基础。

它的第四层含义，是改变身体的运动模式。

一般常识对人体运动的简单解读如下：关节是支点；四肢的骨骼可以看作运动的杠杆；肌肉是动力来源，通过收缩或舒张来支配骨骼运动；韧带作为肌肉与骨骼、肌肉与关节缔结的桥梁，并且防止运动的过度形变以及一定的扭曲耐受，可以理解为复杂杠杆中的加强缓冲构件。

而我国传统医学和内家拳理则认为是经筋和筋膜主导着人体的各种运动功能，因为关节处有关节囊；骨骼外面被骨膜包裹；肌肉纤维外面包裹着筋膜，肌肉块两端有筋腱连接着骨骼；躯干内的腔膜撑起了体腔的空间结构，为内脏提供了一个稳固、安全的存放空间。

所以，在中医和习武人眼中，人体就是一个筋膜构成的大皮囊，里面嵌套、包裹着骨骼、肌肉等零件，由经筋把它们贯穿起来。

经筋－筋膜系统才是人体运动系统的主体框架。假设我们是汽车，经筋－筋膜系统就是车的底盘和厢体，其他器官是在这个主体框架上增添的零件。所以，如同改良车体设计，我们通过对经筋和筋膜的改造，来更好地控制和增强自己身体的整体运动功能。虽然易筋经一直具有这个功效，但是到了内家拳阶段会体现得更明显。这里大家先了解这个概念即可。

易筋经之所以称为“易筋经”，而不是叫“伸筋经”“强筋经”，就是强调其整体改造身体五大系统的功效。

三、“用意”的概念

本门易筋经的功理一直强调：易筋经功法虽然是一种侧重炼体的功法，但是同时也在对意识进行锻炼。

修炼易筋经如同在掌握一种意识与身体对话的方式，好比给计算机下指令需要使用计算机语言，像 C++、JAVA，等等。而练习易筋经就是在学习一种意识指挥身体完成特定功架的语言。这个理论贯穿易筋经训练的始终，并一直延伸到内家拳拳架的训练过程中。

简单来说，在练习易筋经过程中有一个必不可少的步骤，也是一个必须经历的阶段，同时又是一种行之有效的方法：不断运用意识体察自身，清晰了解自己的身体状态，尤其是经筋和筋膜的状态，并设法与之建立起一种互动机制。

这里所说的“运用意识”并不是要求你主观想象什么、做什么，只需你放松心神，体察自身在完成易筋经功架时产生的反馈即可，这是一种被动接受身体信息的状态。

当意识体察自身的能力增强到一定程度时，身体的反馈与头脑中的反应就会建立起一种顺畅的互动关系，身体的任何微小变化，头脑都能敏锐地捕捉到。而头脑中一个瞬间的指令，身体都能精确地执行。

如果能练到这一步，证明我们的意识也已经得到了相当程度的锻炼，并初见成效。

这种能力可以为我们以后练习内家拳时尽快理解和掌握拳架的筋、骨、皮的“外”和神、意、气的“内”，以及两者之间的关联，打下坚实的基础。

四、“不用力”的概念

内家拳的要领中常有“用意不用力”的要求。这里要特别解释一下，所谓“不用力”是指不必为了追求筋腱的拉伸感、筋膜的紧绷感而故意绷紧肌肉，甚至故意憋气。

其实，做易筋经的动作时肢体运动幅度很大、强度很高，怎么可能不用力呢?

正是因为完成易筋经的规范动作已经很用力了，所以必须给初学者反复强调“不用力”这个概念。这样才能避免初学者再用多余的力。

思想上不用力，按照动作的规范做，做到位，就是恰到好处的“用力”。如果主观上再添一把力，那就过头了。以后练内家拳的拳架也要依据这个原则。

这里要额外多啰嗦一点：我们在思想上不必把肌肉和筋骨对立起来，更不要把自己的精力、注意力和脑力浪费在判断内家拳锻炼用力还是不用力上。

其实结合前文，大家应该能理解，强调“筋骨”概念是为了明辨其与肌肉的区别，并非是要与肌肉对立，更不是要否定肌肉。很多人总认为练筋骨就要弱化肌肉，这个认知是错误的。

这里再次强调，在内家拳理论中，肌肉是筋的附属物。所以，我们不把单独的肌肉块作为训练重点，如此而已。想练肌肉，可以；想追求肌肉力量，也没问题，但是一定要把它纳入人体的筋骨结构的整体框架内。比如，抖大杆子、揉石球、抖重铁链、抖大绳都是内家拳练肌肉力量的传统方法。

这一点可以用古代训练军队打比方。筋骨是盔甲，肌肉是士兵，作战是甲兵列阵而战。在将军眼里，士兵就是驱动盔甲和兵器的人形发动机，以及构成战阵的零件。每位将军当然都希望手下的士兵个个是壮汉，但是这些壮汉如果天天只练力气，而不练习披甲作战的技战术，不熟悉战斗阵形变化，那他们不过是一群身强力壮的平民而已。反过来说，如果这群士兵军纪严明、战法娴熟，将军当然希望每个士兵力气更大。

所以，大家在练习易筋经时，一方面要明确，我们锻炼的目标是筋骨，暂时不必考虑肌肉力量；另一方面，也不要因为怕肌肉用力了就连动作都不敢做到位。要有点辩证思维。

五、“功架”的概念

“功架”的概念非常重要。明确了这个概念，有助于理解本门易筋经的立意，甚至对于今后掌握各类内家功法、拳法都会有所帮助。

首先要指出，本门这套易筋经十二大式是由一个个功架构成的。

一般人看待易筋经，会觉得它是由一个个动作组成的。从普通人健身的角度来说，这样理解也不是不可以。但若是想真正地修炼易筋、易骨的功夫，就要在头脑里树立“功架”的概念。然后，根据这个概念去理解和运用后续的功理和功法才会有好的效果。

功架，顾名思义，是练功的外形姿势和动作，但它有别于常人日常生活和一般体育运动的动作。不是所有的动作都可以称为功架。

所谓功架是指可以最佳地调节人体某种运动功能或是最佳地发挥人体某方面运动能力的动作（动）或姿态（静）。请注意“最佳地”这几个字。

人体可以呈现多种姿态，也可以做出很多动作，如一般站立、扭转胳膊、伸展身体、弯曲身体，等等。所有这些动作都会牵动身体很多地方，需要深层和浅层的筋肉、骨骼等诸多部位的协调配合才能完成。

这些动作有些很简单、很基础，有的则有一定难度。如果把它们分门别类再研究一下，就会发现每一个种类的动作其实都代表着一种人体的运动功能。在现代健身领域，对人体运动功能进行评估时，也是以完成某种动作的程度作为检验标准的。这些动作并不是非要选高难度的，而是选能代表人体某一方面运动能力的。这是一样的道理。

易筋经的功架也是来源于一类代表性的动作。当然它的思路和选择标准不同于现代健身。

易筋经是以传统的经筋理论为指导。它研究和锻炼的是人体经筋协调动作的能力，通过经筋的协调，更好地发挥人体的某些运动功能和运动能力（比较直观的案例就是内家拳）。所以说，易筋经采用的动作是经过多少代人的反复实践、总结经验，最终筛选出来的。而十二式易筋经更是从全本易筋经百十个式子中优选出来的，所以不可等闲视之。

可以说，易筋经的每一式都有其道理。一式对应一套理论。

六、“间架”的概念

在大家了解了“功架”这个具体概念之后，我们还有必要专门讲解一下“间架”的问题。这并非画蛇添足。

间架俗称架子，指的是人体的空间结构布局。功架是服务于练功的空间结构。与之对应的还有拳架的内容，也就是服务于练拳的空间结构。

功架、拳架既有相通之处，又有所区别。所以，间架需要做一个详细的解说，让大家理解这个比较抽象的概念。

“间架”这个概念最初是拳里的，是内家拳“反哺”给易筋经的。因为它在易筋经体系内更侧重于练功，所以产生了“功架”的概念。

从健身角度讲，练易筋经不必有架子，怎么伸筋不是伸呢？只有做拳时才需要“拉个架子”，也就是俗话说的“把式把式，全凭架势”。这个架势在内家拳里格外受到重视，并通过站桩功加以强化，也就是我们常说的桩架。所以，我们总强调本门易筋经是内家拳门里的易筋经。

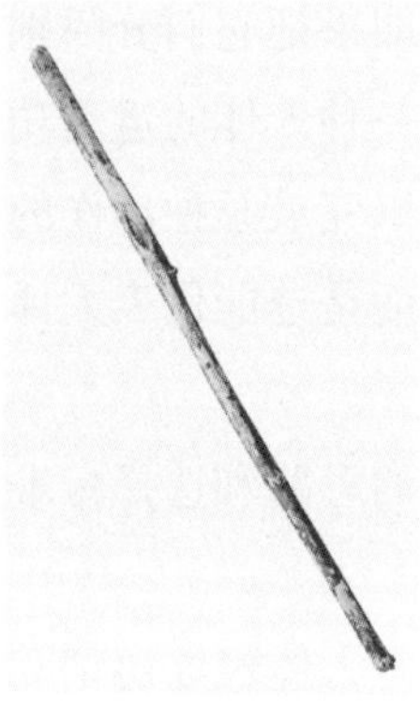

图 2-3 单线形态的棍

什么算是我们说的间架呢？大家想想，一维的结构，比如一根棍子或者一根绳子（图 2-3），无论怎么拉伸，它也没法构成“架”。

至少是交叉的两条线状物，才能算“架”，比如十字架（图 2-4）。

如果有长、宽、高三个维度的结构，那就更符合咱们头脑中“架”的概念，比如房屋的框架结构（图 2-5）。

同样，身体的结构框架也是三维的，因为我们有胸腔、腹腔，躯体不是一个完全平面。我们在建立自身结构的时候，必须考虑长、宽、高三个方向上的支撑，才能明确人体经筋、筋膜、内腔的空间位置，然后进行锻炼。这跟盖房子的道理一样，即先有了房屋框架结构，才能往上面盖屋顶、建墙面、铺地板。

图 2-4 交叉是“架”形成的基础

图 2-5 数个交叉形成复杂的“架”结构

这个三维的人体结构框架如何建立起来呢？简单来说，就是用我们的骨骼搭建起来的，这不是普通人自然的骨骼状态，而必须是人体根据“功法要领”，并且“做到位”后，所形成的立体支撑的骨架结构。

这种骨架结构，我们姑且称之为身体间架。“间架”概念之所以重要是因为人体结构的稳固、合理（符合功理要求）才是功法能正确运行的基础。

这里需要再强调一下，“功架”与“间架”概念是有区别的：间架是初级概念，就是先有了这么个“架子”。功架是高级概念，就是这个间架要能用来练功，也就是引发我们五大系统的改变。也就是说，“功架”概念向下兼容“间架”概念。

练习易筋经，不论是完成动作，还是求得功效，都必须先确定一个身体间架。在身体形成间架的基础上，再去锻炼经筋、筋膜，运行气血。只有经筋、筋膜、气血乃至我们的意识都调动起来，并统合到锻炼过程中，我们的动作才能上升到功架的层次。

我们可以做个不太恰当的比喻，这就好像种葡萄，应先搭个架子（身架），让葡萄藤能爬上去，充分生长。葡萄藤长壮了，而且爬满整个架子，等于又加固了这个架子，这个架子才能被称为葡萄架。可以结葡萄后，葡萄成为这个架子的主题——这才构成了功架。

建立间架仅仅靠骨骼还不够。骨骼是一节一节的，它自己形不成架子，必须由经筋把它们串接起来。

间架的构建首要的是挑起从脚后跟到头顶的这两条大筋，在身体上形成一个“人”字形的支撑。这两条大筋叫足太阳膀胱经筋（图 2-6）。它是从脚后跟向上，经过尾闾、骨盆后缘，上升到人体背部，左右夹住脊柱，最后直到后脑。像两根长藤把腿骨、骨盆、脊柱、颅骨串联起来。如果两脚分开，那么这个筋骨结构就像“人”字梯一样特别稳固。所以说，它是基础的身柱大筋，是身架的根本支柱。

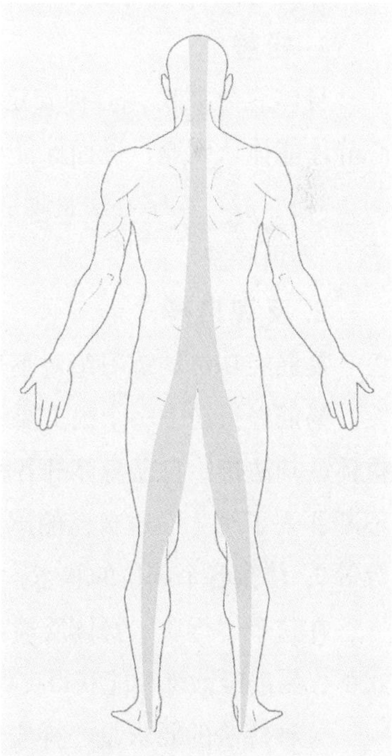
图 2-6 足太阳膀胱经筋

易筋经功法里无论练习何种姿势，这两条筋必须先挑起来。即使是做动作时，也要维持住这两条大筋，不可松软，不可有死弯子。这是基础要求。

在易筋经的要领中，凡是强调头有上顶

之意、足有下踩之意的时候就是在舒展这条大筋。

身柱大筋挑起来之后，以这个为基础，其他的经筋就好练了。

如果说从脚到头的足三阳、三阴经筋像房屋的柱子的话，那么手臂的经筋好比房屋的横梁。有了柱子和梁，这就构成了人体的筋骨构架。

这就是由间架逐步演变成功架的过程。

七、“心法”的概念

修炼易筋经，不光要学动作，还要有心法配合。所谓心法，相当于行功原则、要领。

易筋经的心法总则可以用八个字概括：形正气顺，身松心静。说白了，就是摆正身体，使气血通畅。

摆正身体则需要遵循如下细则。

1. 松静

身体充分放松，心神安定、安宁，心思专注于练功和动作上。只有身松心静才能体认到筋，进而保证行功动作锻炼到筋，而不是局部肌肉运动。

“松、静”二字心法是易筋经功法生效的保证，可以说是易筋经的“药引子”，不可轻忽。

2. 反观自身

易筋经功法的练习绝对不是把姿势一摆，咬牙坚持住就算完事了。

易筋经行功中一个很重要的要求就是“反观自身”，也称“内察”，就是注重体认功法带给自己身体的各种变化、各种体感、各种反馈。在练功的过程中不断深入了解（通过自己的感知能力）自身的各个部位（肢体、器官、筋骨，等等），体察各个部位的状态，可以更好地掌控、协调各个部位的动作。

在这个“行功－身体反馈－根据反馈微调身体运作－获得更好反馈”的模式下，易筋经锻炼才能获得良好的效果，这才是练习易筋经功法的正确方法。

这种练法的要求是心神安定，神意不受（或者说很少受）外部环境影响，注意力集中于自己的身体内部，把握身体每一处的状态、捕捉每一点细微的变化。这种练法还能很好地锻炼神经的控制能力和敏感度。

随着练习的深入，身体的控制能力会不断增强，进而重塑我们的运动模式，由“外动”演变为“内动”（易筋经本身也有内动练法），这就逐渐接近内家拳的要求了。

3. 动作到位

易筋经锻炼全身的筋骨时，周身所有的经筋、筋膜都要参与。换句话说，任何一个动作都不是局部动作，而是手脚和躯干的浅层、深层的肌肉、筋膜等共同参与的结果。为了真正锻炼筋骨，充分调动全部筋骨，每一式的易筋经动作都要尽量做到位。所谓的到位就是尽量把动作做到自己的极限程度。

这里我们需要明确：易筋经的动作都是自内而外、从根到梢地舒展筋骨，而不是很多人想象的靠三两个骨节之间，甚至梢节与根节之间的对争来抻拉筋骨，那是低效练法。

正确的行功方法，简单来说，就是伸懒腰似的感觉，只不过我们要把伸懒腰的动作做深、做透。一般人伸懒腰，不过是伸展两臂、扩胸、舒背罢了。我们则要从头到脚、从丹田到四梢伸个大大的、通透的懒腰。

易筋经动作必须练到位。只有在把“伸懒腰”动作做到位的情况下，才能全面、深入地刺激全身的筋骨。否则，要么是刺激不到筋骨，或是锻炼不到该练的地方，使易筋经沦为拉伸体操；要么是刺激不到深层次的筋、膜，导致它们得不到锻炼，功效打折。

当然，在实际操作中还是应该循序渐进，逐步随着自身的进步将功法做到位。切切注意不可操之过急，想一下就达到极限是比较危险的。尤其是平时缺乏运动的朋友，特别是老年朋友，筋硬骨脆，更要注意这点。

建议这些朋友在练习时先将动作做到自己能承受的程度，坚持一会儿，然后放松一下，适应后再尝试向到位方向突破一点点，从而一步一步稳稳地取得进展。尤其注意尝试突破时一定要缓缓从之，不要一下子加大幅度。在到达自己的极限后，停留一会儿，再放松，然后再到极限，再放松。如此反复做，直到自己能适应。一切以自己的承受能力为限度，宁可慢，不要急。

此外还有一种方法，就是刚开始练习时先选择一个自己能承受的筋骨拉伸强度。然后，维持这种练习强度，如此经过一段时间，比如三个月左右，感觉动作和功法都熟悉了，身体比以前柔软了，再尝试更大一点强度的练法。这是一个更稳妥的做法，尤其适合初学者、中老年朋友。

4. 动作连贯流畅

本门易筋经全盘共十二式。十二个姿势 / 动作并非是互无关联、孤立存在的，而是应该被视为一个整体，或者说是一个动作被分为了十二份。

故而在练习易筋经时，动作不可停顿、不可有断续。我们不是一式一式独立、间断地完成它，而是要让动作流畅连贯起来。一式完成后自然就转变到下一式，下一式是上一式自然的承接，且毫无刻意、顿挫之感。

动作连贯流畅，气血也就会流畅通顺起来，连绵的动作也意味着身体的经络和经筋的运转功能良好，同时有利于身体的协调和控制力的提高，这也意味着身体的功能在全面改善。

初期先注重动作的连贯流畅，待动作熟练后再提高要求，逐步达到“劲、意、气”一气呵成、连绵不绝的程度。简单地说就是要把易筋经当太极拳练（同样，等我们以后练太极拳的时候又要带着易筋经的功感盘架子）。

5. 行功过程中保持功态

易筋经练习对身心两个层面都有要求。有关身心的准备，前文已经介绍了，就是身松心静。

当身心的状态都达到了要求的标准，并且随着练功深入，身心逐步达到互相协调的程度，练功时精神也能集中，全身心都能投入练功之中时，身体就进入了功态。这时所获得的练习效果是最佳的。

这个功态很重要，是易筋经功法起作用的关键。

6. 时刻牢记养练法

养练法是本门易筋经功法的根本理念，非常重要，所以需要再次强调。

练习本门易筋经，切忌硬拉硬拽、蛮力拉伸式的训练，而是应以正确的功态，营造良好的、能充分滋润经筋及调和身体状况的身心环境，以促进经筋的强健，进而恢复身体、营养身体、强壮身体，故称之为养练法。

这点请有心练习者切切注意，否则谬以千里。

通过上面的解说，如果大家已经能够比较深入地了解易筋经了，那么，接下来我们就进入对易筋经功法动作的介绍。

第四节　易筋经十二式全盘动作

《方式》一书中介绍了本门易筋经前三式。很多朋友觉得不过瘾，强烈要求我们介绍全部动作。这里就全盘介绍给大家。

前三个动作已经介绍过了，这里就不赘述了，仅对前三式再补充一些必要的论述。从第四式开始再加以详细介绍。

易筋经的通用练法是每个姿势摆到位后，保持姿势不变，静待 49 个呼吸，呼吸越深长越好。这样便是调身、调心、调息皆练了。每一式的解说中如无特殊说明，都是如此训练。

一、韦陀献杵三式

所谓韦陀献杵三式就是韦陀献杵（图 2–7）、横担降魔杵（图 2–8）和掌托天门（图 2–9）三个动作。

这三个动作虽然有所区别，实则共同服务于一个目的，故常常被视作一套动作。

此三式是易筋经开始动作，有领起全篇之意。结尾处则由打躬、吊尾二式总结、升华全篇。两者一始一终，形成了完美的呼应。

此三式作为易筋经功法的起手，是以锻炼人体自身的“坐标轴”（图 2–10）（解剖平面图）为目的的。

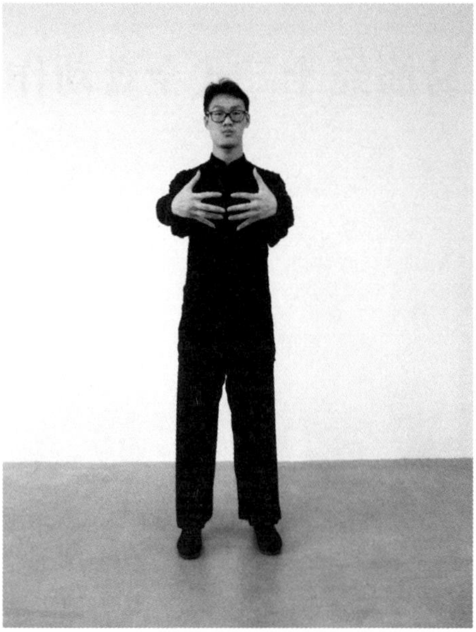

图 2-7 韦陀献杵

图 2-8 横担降魔杵

图 2-9 掌托天门

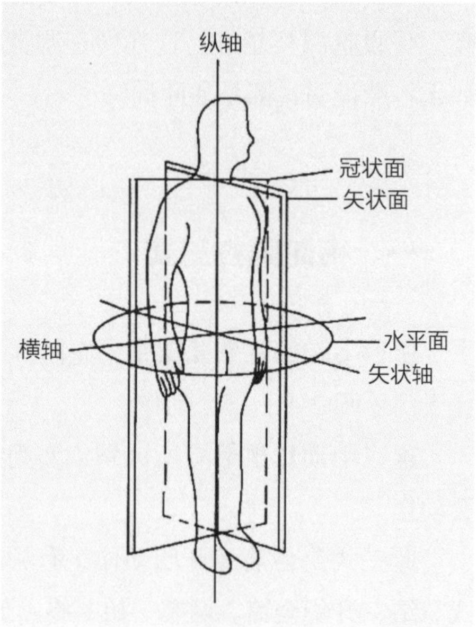

图 2-10 人体“坐标轴”

简单而言，就是通过此三式的锻炼定下人体的上下、前后、左右的基本状态。此三个方向也是人体最基本的受力和施力方向，因此是我们锻炼的基础。

我们在讲解功架的概念时曾说过：功架是指可以最佳地调节人体某种运动功能或是最佳地发挥人体某种运动能力的动作或姿态。

此三个功架就是练习人体的前后、左右、上下方向上的姿态。

其中，第一式韦陀献杵练“前后”，第二式横担降魔杵练左右，第三式掌托天门练上下。

第一式“前后”之所以加引号是因为易筋经里其实是没有一般意义上练前后姿势的，因为人体的前后方向不必特意锻炼，普通人就能掌握。普通人所欠缺的只是力不够均衡，有很多不足和有余的缺憾。

所以，本式体现的是“抱元守一”的均衡态概念，强调中正安舒、无偏无倚，而不是强化某一方向的东西。

因此，说本式练“前后”，仅是因为手在身体的前方，身体在手的后方，两者的空间相对位置如此，并不是仅练习前后方向的筋骨架子。这点望大家能完全理解。

韦陀献杵三式练完后，身体的上下、前后、左右的基本框架就确定了。

人体这三个方向的坐标轴练扎实了，在这个基础上再练后面的式子就会有收益叠加的效果。所以说，韦陀献杵三式是领起全篇的三式。

二、从第四式到第十二式

起式必须先立好足太阳膀胱经筋这条身柱大筋，这是基本要求，千万不可轻忽。

（一）第四式　摘星换斗

1. 动作讲解

本式分为左右两式，以位于背后的手为判断标准来区分左右式。练习时先练左式，即左手位于背后，右手上举的姿势。之后再练右式。

起式先将两臂向左右平伸，身体呈类似十字架形态。然后，左手从左腋下反穿向身后（有点像穿袖子时的感觉），贴于命门处；而右手则同时上举高过头顶，掌心朝下，覆于头顶。此时两肘的肘尖分别朝向身体左右方。

如此，基本姿势就算摆好了（图 2–11、图 2–12）。

图 2–11 摘星换斗（正面）

图 2–12 摘星换斗（背面）

2. 要点强调

后手的动作需要特别强调。注意要先向体侧（如果是左手，则向身体右侧）穿出，穿的动作要做到极限，在此基础上再往上够，同样够到极限。然后，在此基础上再往外（身背后的方向）撑，也要撑到极限。

做到“穿、够、撑”这三点后要保持住由这三个小动作牵引出来的筋骨活动量，再慢慢将手背贴向命门。

在内家拳中，这三个小动作连起来叫作掖（比如八卦掌中就有专门的一式——掖掌，跟这个动作颇有相近之处）。为了便于大家理解，我们举个例子：咱们过去家里可能有那种用被子一层一层堆起来的被垛。假设咱们背对着被垛站着，不回头，用手向后伸，把一块毛巾塞进被子夹层的缝隙中，这个动作就叫掖。

这个后掖手的动作必须做到位，因为这是引出筋骨活动量的手段。可以说，本式的重点同时也是最容易被忽略之处就是这个后掖手的动作。一般人练这一式时后手往往是往身后随便一背就算完了，而把训练重点放在举起来的那只手上。但本门的易筋经的锻炼要领中非常强调均衡的原则，功架中的任何细节动作都有其意义，哪一点都不可轻忽。所以，在“摘星换斗”中后掖这个动作非常关键，它是通过后掖手在我们背后的撑绷拧转来锻炼相关经筋。这一点非常重要，大家一定要重视，并且认真做到位。

本式上手是覆掌（即手心朝下），掌心劳宫穴对准头顶百会穴，此时劳宫、百会、会阴三点形成一条垂直于地面的线，从而强化“中轴”在身体内的感觉。

上举手的动作之意是：以身体中线为分界线，上举手与同侧的躯干、腿、足部形成一个整体，然后整体向身体另一侧以倾倒之势压下去。做动作时有这个意识就可以了，不必真的在外形上表露出来。有这个意识则身体与四肢就是整的，而不是散的。这样才可以充分拉伸躯干的肋侧和腿外侧的经筋，同时舒张筋膜。

下手（背于身后的手）则是劳宫对准命门，而命门则照住神阙（肚脐），三点形成一条平行于地面的直线。呼吸的深入、鼓荡引发命门与百会呼应，同时内气则随着呼吸在冲脉上形成鼓荡。

（二）第五式　倒拽九牛

1. 动作讲解

（1）首先以高位横马步姿势站立，两手左右伸展呈“十字式”姿势。此时要脊柱正直，骨盆放平，使身姿平衡，同时确保身柱大筋已张开。

（2）张开中脉，或者可以理解为找准自己的中轴，也可以说是找准自己的脊柱，以此为标准，确保身体左右两边处于平衡状态。

（3）本式动作是以中轴 / 中脉 / 脊柱（可以任选一个自己能理解的标志物）为轴，身体左右两边同时转动。

（4）本式也是分左右二式的。本书以右式（右手在上）为例讲述动作：

身体正面面向前方时为起始状态，然后身体中轴向右转动，带动身体变成正面面向右方时停止，此时右手在身前、左手在身后。

（5）在身体向右转动的同时，右手由俯掌状态被中轴的向右转动所带动而发生拧转，直到变为向上钻出的状态。手型也由掌变拳。此时右手的高度为“高不过眉，低不过口”，目视右手，右手位于身前。

（6）身体右转的同时，左手由俯掌状态被中轴的向右转动所带动而发生拧转，直到变为向下钻出的状态。手型由掌变拳。此时左手高度大约与命门齐高（或略低于命门的高度），左手位于身后。

（7）随着中轴的右转，身体站姿也由高位横马步变为高位横弓步。前腿弓，后腿伸直，保证后腿的从后脚跟到头的这条大筋充分拉伸。

如此，基本姿势就算摆好了（图 2–13）。

图 2–13　倒拽九牛

2. 要点强调

（1）本式动作是以中轴（或脊柱）拧转来带动肢体的拧裹动作的。中轴（或脊柱）的转动为根本的动作，整个式子的发动是由这个动作带动的，这是基本要点，必须注意。

（2）式子到位后，两手前后撑开，尽量在拧转状态下保持伸展，并尽自己的能力做最大的伸展。这是舒张的动作，身体不要因为拧裹的动作而变成收缩的状态（这是最易犯的错误）。

（3）式子到位后，身体重心位于两腿之间，也可以略靠向前腿一点，比如按照前六后四的比例进行重心分配。但注意重心不能压在任何一条腿上，前腿和后腿都不行。重心一旦压在腿上（由某一条腿来承重）就不能拉伸腿部筋骨了。

（三）第六式 出爪亮翅

1. 动作讲解

（1）下半身步型为高位马步姿势，上半身为“十字式”姿势，此为起始姿势。

（2）左右双掌往腋下回穿，最后收于腋下，在此过程中由掌变拳，拳心朝上，拳面朝前，肘尖朝后（图 2–14）。

（3）双拳螺旋向前推出，在此过程中由拳变掌，到位后变成立掌，指尖朝上，掌心朝前，五指张开。

（4）此时尽量做到肘窝朝上，膀根伸尽，但肘窝不要伸直，应略有一定弧度。如此，基本姿势就算摆好了（图 2–15）。

图 2–14 出爪亮翅起式

图 2–15 出爪亮翅

（5）姿势到位后，可以保持姿势不变，随着深呼吸的节奏（吸气收回，呼气推出），不露外形地收回手臂，然后再次推出，重复做七次，做得越慢越好。这是不露外形的伸缩鼓荡。

（6）不露外形的动作如果体会不佳，也可以做出动作，随着深呼吸的节奏，收回手臂，然后再次推出，也是重复做七次，做得越慢越好。这是露外形的伸缩鼓荡。

2. 要点强调

（1）手臂推出到位后，双臂既不是平行状态，也不是分开状态，而是相合相抱。这是随着双膀伸尽后自然形成的，不要刻意做。

（2）在手臂推出到位的过程中，重心可以随之下沉，高马步姿势变低一些，以自己能承受住为限。身柱大筋的“人”字架要撑起来。

高马步姿势不变，重心不沉也可以。但身柱大筋的“人”字架必须撑起来，这个是关键。

（3）在手臂推出的过程中，最好要有手臂和身体的对争，同时身体还有起落，呼吸还有鼓荡。

（4）手掌由握拳变为张开，然后再由张开变为握拳，这是通过手的抓握和张开来锻炼手掌的筋。

（四）第七式　九鬼拔刀

1. 动作讲解

（1）本式依然是由“十字式”姿势起式。

（2）本式是以在下方的手为标准区分左右式的，本书以左式为例介绍动作。

（3）由“十字式”姿势起式，左手反向往下、往身后穿出，伸向背后。在此过程中，尽量做到像“摘星换斗”式一样的“穿、撑、够”三字诀，做不到的则可以在“撑”上打些折扣。左手伸到背后之后尽力往上够，在指尖到达至阳穴（图 2-16）高度时，由掌变拳。同时，右手以用手掌摸自己后脖子的动作背向背后，在手掌到达自己脖颈时由掌变拳。

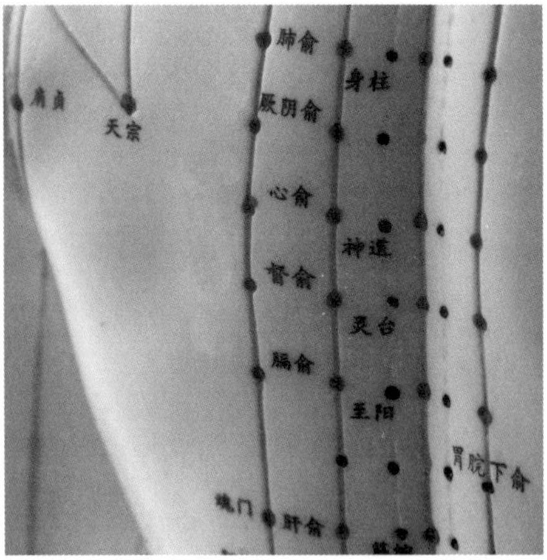

图 2-16　至阳穴位置

（4）右手（上手）握拳，拳眼朝下，此时食指贴近大椎穴（图 2–17），注意，这时整个手虚虚挨近（即，不要离自己身体太远，好像挨上，但是不要贴死）自己的脖颈，拳头好像握住自己的颈骨一样。左手（下手）握拳，拳眼朝上，食指贴近至阳穴，整个手也是虚虚挨近自己的背部，拳头好像握住自己的胸椎骨一样。

如此，基本姿势就算摆好了（图 2–18、图 2–19）。

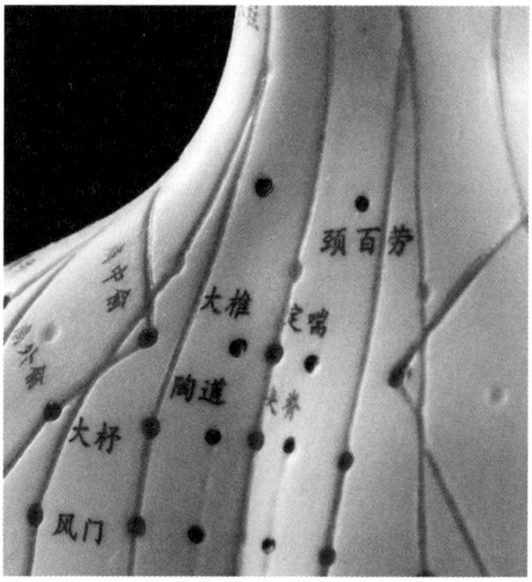

图 2–17 大椎穴位置

图 2–18 九鬼拔刀（正面）

图 2–19 九鬼拔刀（背面）

如果刚开始手做不到虚贴身体，也可以先贴上。熟练后可做到虚虚挨近。

2. 要点强调

（1）本式名为九鬼拔刀，取意两手暗含带动脊柱上下抻拉开合之势，如同拔刀和收刀，有将脊椎骨节节松开之意，但只要暗含此意即可，不可真做出劲来。同时，要注意是整条脊柱都要节节松开，不可仅是颈椎或胸椎松开。

（2）本式的另一关键点在双手上下呈“∞”形。左右手臂按照此轨迹运动，暗含上下、左右拧转开合之意，可锻炼颈项、肩胛、手臂和胸肋的经筋和筋膜。

（五）第八式　三盘落地

1. 动作讲解

（1）练本式时两脚间距应该大一些，三脚到三脚半左右的间距比较适合。

（2）十趾（包括前脚掌）抓地，脚跟踩实，拉起身柱大筋，这一点在本式中尤其重要。身柱大筋拉起，则练本式时不会伤到膝盖。身柱大筋拉不起，则膝盖会受重压，对膝盖不利。切记！

（3）本式依然是由“十字式”姿势起式。翻转手臂，转到掌心朝上。双手沿身体冠状面向上、向内合抱，当在额前相遇时，双手变为下按。双掌按到肩膀高度时分开，平行于腋窝，双手中指指尖在大约腋下高度（略低一些）相对。双掌继续下按，同时左右自然分开。

（4）双手分开后分别位于躯干左右两边，以两手掌的虎口捋着身体左右两边的腋中线继续下按，注意虎口不必贴身，但是意识里要有虎口摩擦腋中线上及附近的穴道（图 2-20）的意思。

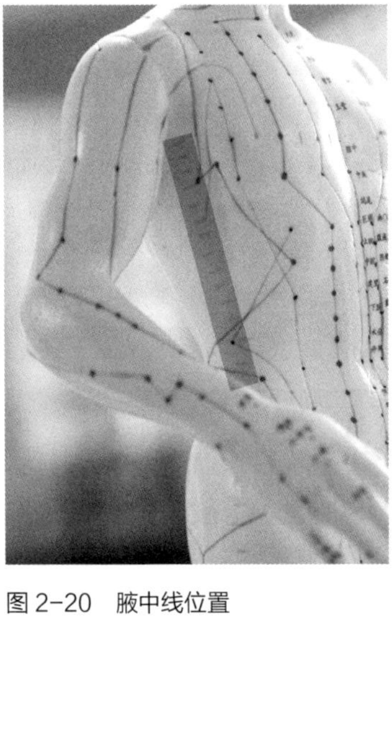
图 2-20　腋中线位置

双掌从腋下开始下按时，身体随之自然下沉。注意不要上半身往下压或下半身往下坐，而是身体直接沉下去。重心下沉，躯干高度降低，好像把躯干插到两腿中间一样，把两腿向左右两边“挤开”，这样可以保证裆胯是横向打开，而不是前后窝折的。

（6）两腿要配合躯干下沉主动向左右“让开”，这时自己会感觉腹股沟深处开了一条缝。两腿随着重心下沉而自然受力弯曲，注意是随着重心下沉而弯曲，不是主动弯曲的，这样保证腿部的经筋因重力而得到进一步伸拉，不会因为主动做弯曲动作而被折叠挤压。

（7）身架随着躯干高度降低而自然变成横马步型。开始时可以取高位横马步型，以后随着练习深入而变成中位横马步型。不必追求低位横马步，一切以自己的承受能力为限，不要急于求成。

（8）双掌最终下按到左右大转子骨旁即可。此时指尖朝前，五指张开，腋下张开，两肘张开，总之手臂不要夹紧自己身体即可。

（9）呼吸要自然，本式强度较大，注意不要因动作变化而出现憋气、努气等现象。

图 2–21　三盘落地

如此，基本姿势就算摆好了（图 2–21）。

2. 要点强调

（1）此式的重点在于重心下沉，把体重沉到脚底。动作到位后，体重沉到脚底时会有一种扎实、厚重的感觉从脚下升起，感觉身体像金字塔一样，双腿和胯（骨盆）就像是厚实的底座，一起撑起上半身。要有下半身比上半身沉实、壮实很多的感觉。

（2）从本式体认重心与呼吸之间的微妙关系，感受呼吸与重心沉实之间的呼应。随着呼吸持续，重心愈加下沉，像一个钟锤，已经入地三尺了。

重心与呼吸之间要建立一种关联。一般人是感觉不到自己的重心所在的。我们经过锻炼可以体会到重心所影响的身体部位有一种松沉的感觉，从而可以通过微调身形来调整重心。自然松出来的“沉”是可控的，否则是纯物理概念上的重心，基本不可控。

（3）两脚间距要求三脚半是为了充分打开裆部。同时，身体沉下来后一定要有胯窝，这是裆部乃至大腿根部大筋得到正确刺激的标志。

（4）本式的沉身要领暗含着身形起落的要求。不是单纯的下沉，是沉中有起。沉是明的，而起是暗的。重心有沉有起，身体也有起落，这就是脊柱的起落，同时这个起落还与呼吸一起带动周身的鼓荡开合。大家可多体会。

（六）第九式　青龙探爪

这里介绍的是一个适用率较高的功架姿势。

1. 动作讲解

（1）起式双手在胸前如捧物状，此时双手指尖相对，掌心朝上，高度大约与胸口齐或略高于胸口。

（2）两脚间距与肩同宽或比肩略宽，膝盖微屈。

（3）本式也分左右两式。这里以右式为例给大家讲解动作。首先，双手由掌心朝上变为掌心朝下，交叉后分别向身体左右方穿（伸）出。右掌在上方，向左方穿出，此为主动作；左手在右手下方，向右方穿出，此为辅动作。

图 2–22　青龙探爪

（4）右掌向左方穿出时头亦随之向左转，目视左方。

（5）身体可以略向左方转动，以不超过 45° 为限。

（6）右腿、右脚也可随之转动，以能把右半身的经筋舒张开为度。

如此，基本姿势就算摆好了（图 2–22）。

姿势到位后，静待 49 个呼吸。换式时先回到胸前捧物的姿势，然后双手俯掌下按，气沉丹田。再起“胸前捧物”动作，然后做另一侧的动作。

2. 要点强调

（1）注意两手是“穿”的动作，而不是“抱”的动作，即在身体的水平面上画一个圆的话，两手臂走的是与这个圆相切的轨迹，而不是弧形与圆重合的轨迹。但同时注意两手不可以贴紧自己的身体，须留有一定空间。

（2）两手用力须均衡，尽力向左右穿出。注意此时腋下需要空开，有一定的空间余裕，不可夹紧，否则就会窝胸、憋气。

（七）第十式 饿虎扑食

这里介绍给大家的是“饿虎扑食”的“空练法”，即不借助任何外物的练习姿势，而原本饿虎扑食式练习时是要借助地面或是墙壁的。这是因为原式练法强度太大，并不适合大多数人，而空练法则稳妥有效，适合朋友们随时随地的练习需求。

1. 动作讲解

（1）起式双脚自然平行站立。

（2）以右式（右脚在前的姿势）为例，双手抬起，向前伸出，如同做出掌亮翅式的动作一样，掌心朝前，五指分开，略与肩齐，肘尖朝下。同时，左腿向后退一步，注意不是向前迈一步，而是往后退一步。退步才能拉伸后脚跟到头顶这条经筋。前脚（右脚）的脚后跟往下踩。

（3）双手前伸、头领起身躯向上拔与左腿后伸、右脚下踩形成一组反向劲力，彼此挣拉，从而舒展全身经筋、筋膜，伸张以后半身经筋为主构成的身体“大龙”。

如此，基本姿势就算摆好了（图 2–23）。

图 2–23 饿虎扑食

维持姿势，静待 49 个呼吸。

2. 要点强调

（1）用力程度仍然以自己能做到而又不辛苦的程度为限。注意这是放松状态下的舒张用力，要找到

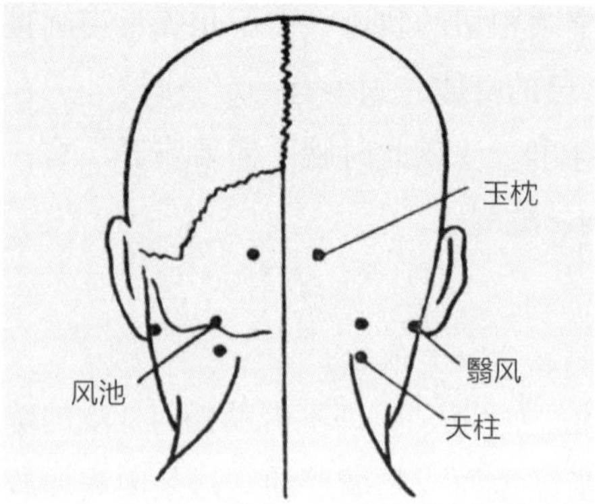

图 2–24 脑后各穴位 1

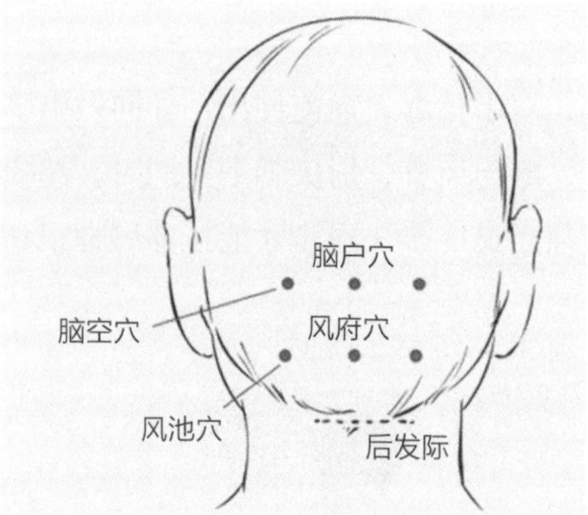

图 2–25 脑后各穴位 2

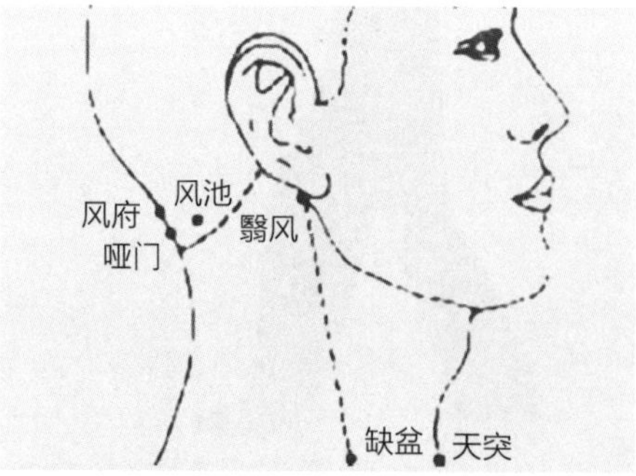

图 2–26 脑侧各穴位

“伸懒腰”的感觉，而不是紧张、费力地做动作。

（2）越练身体应该越舒展、感觉越放松才对。只要感觉到紧张、费力就是做错了。

（八）第十一式 打躬式

1. 动作讲解

（1）以高位横八字步起式。两脚间距可以大一些，有利于舒张阴阳两侧经筋，便于练习本式。

双手呈捧物姿势置于胸前，然后手掌缓缓升高，当高度超过肩部后双手左右分开，分别绕到耳后。双手位于耳后时翻转前臂，由掌心向上变为掌心朝前，然后双手捂在耳后，两手劳宫穴对准脑后风池穴，四指交叉，上顾脑户穴、玉枕穴，下顾风府穴。两手大拇指位于颈侧，扶住颈侧从翳风穴到缺盆穴这条大筋（图 2–24~ 图 2–26）。

（2）注意此时两肘左右张开，不要抱拢。

（3）口齿闭合，舌抵上腭，搭好“鹊桥”。

（4）然后缓缓躬身。注意是从髋关节大转子处（图 2–27）开始弯折身体，不是弯腰。将头探至两腿之间。

如此，基本姿势就算摆好了（图

2-28、图 2-29）。

保持 49 个呼吸后起身。两手从脑后、过头顶、经面前下按，按至胸前膻中穴高度时反转手掌变为手心朝上，呈双手捧物姿势，静静调理一下。然后，双手再次变为俯掌继续下按，按至肚脐高度，双手左右分开至体侧，继续下按至胯旁。收式即可。

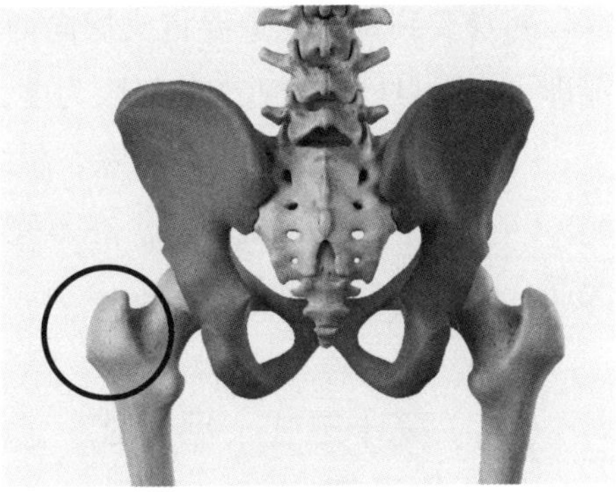

图 2-27　大转子位置

图 2-28　打躬式（正面）

图 2-29　打躬式（侧面）

2. 要点强调

（1）双手抱头，缓缓躬身下去时腰胯要放松，这点一定要注意。一边弯腰俯身，一边放松，这是同时进行的，甚至也可以说腰胯放松是俯身的基础。

注意躬身是从尾闾骨开始一节一节地从尾到头松下去形成的。千万别做成用头颈带着身体压下去。

躬身要到位，想象要将头探向两腿之间。将头探到什么程度？尽自己所能即可，以自己俯身垂头的极限为度，根据个人能力去做，不可强求。

（3）呼吸要自然均匀，越深、越缓则越好。

（4）关节保持一定曲度。在不完全伸直膝关节的前提下，尽量伸展腿部经筋。脚后跟可有意下踩。

（九）第十二式　吊尾式

1. 动作讲解

（1）高位横八字步起式，同样两脚间距可以大一些，便于练习。

（2）双手呈捧物姿势置于胸前，接着双手由仰掌变为俯掌下按。同时躬身，同样从大转子骨处开始弯折身体。

（3）双手沿着任脉下按，随着躬身，双手渐渐离开身体，向前伸去，同时双手由指尖相对变为指尖朝前。

（4）双手掌心触地，则是躬身到位。此时，两腿膝关节保持一定曲度。在不完全伸直膝关节的前提下，尽量伸展腿部经筋，同时脚后跟可以有意下踩。

（5）此时可以先静待一会儿，然后开始由低头变为头上仰，同时想象尾骨反翘而起，腰身反弓。只要想着这么做就行了，外形上则是尽自己所能去做即可，不要强求（图 2–30、图 2–31）。

在此状态下静待 49 个呼吸。起身，双手收回至胸前膻中穴高度时呈捧物姿势，静静调理一下。然后双手变为俯掌下按，按至肚脐高度，双手左右分开至体

图 2–30　吊尾式（正面）

图 2–31　吊尾式（侧面）

侧，继续下按至胯旁。收式即可。

也可以在前式（打躬式）完成后不起身，直接接续本式练习。

2. 要点强调

（1）本式的重点和难点都在于反弓身体，这是松开脊柱和锻炼脊柱两侧大筋的关键。

（2）本式和打躬式合练，一式正弓，一式反弓，即通任督二脉的一组姿势。

（3）易筋经开始便以“韦陀献杵”三式确定全身经纬格式，以领起全篇。而最后以打躬、吊尾二式通任督二脉，以收束全篇。前后呼应、节奏有序，使易筋经成为一套完整连贯的功法，而非零散姿势的合集。习练者可以多加体会此要点。

以上就是对本门所传易筋经功法的讲解。有兴趣的朋友不妨结合前面的理论讲解在做动作时亲身体认一番，希望大家都能有所收获。

第五节　易筋经对内家拳的渗透式影响

在漫长的内家拳演化进程中，易筋经对其提供了理论和技术上的支持，这是确定无疑的。内家拳的各个流派大多非常重视易筋经，其他拳法或是在自己体系内保留其功法，或是化用其功法，而增演其理论。

由于易筋经对于内家拳的锻炼实践、理论认知、功法指导等各个方面确有巨大影响，本节尝试着给大家剖析一下易筋经对内家拳的影响，希望对大家深入理解易筋经以及以后修炼内家拳能有一些帮助。

一、易筋经的筋骨理论为内家拳内功体系的建立奠定了基础

（一）在易筋经的人体认知理论指导下，内家拳明确了改善人体素质要从锻炼筋骨入手

在缺少人体科学理论和知识的时代，这点太重要了。作为一门拳术，如果不能明确支持其技术体系的身体素质和身体能力是什么，则内家拳学体系的构筑就无从谈起。正是易筋经的理论、功法和实践经验给予了内家拳搭建体系的根基。

即使不谈古代，就算是今人习练内家拳，其实也要解决这个问题。回想起笔者最初练拳的时候，如果能得到明确的理论指导，说明内家拳的各种基本功其实是在用各种各样的方法锻炼筋骨，自己的练功效率也会大大提高。

在现代体育运动中，教练也在逐渐引入筋膜训练的内容。所以说，易筋经修炼“以筋骨为要”的理论并未过时，尤其在指导内家拳练功实践上还有一定的优势。

1.“筋骨”概念表达的关于人体要素的信息更丰富、完整

“筋骨”概念其实是一系列人体要素的概念集合，而不是某个单项概念。这个概念更利于表达内家拳运动中人体结构和整体运动的复杂含义。

例如，“筋骨”二字指代的不是某一块肌肉或骨骼，它本身就含有“链条”的意义，进而上升到“间架”的意义。所以，一提到筋骨，我们的脑海中出现的就是一个人体的骨骼、肌肉、筋膜、韧带、结缔组织等诸要素的空间布局。

同时，“筋骨”概念还有功能上的含义，也就是说筋骨并不是单纯指代人体组织，同时还指代人体组织按照特定顺序集合起来后产生的各种功能，如结构支撑、力量传导、劲法转换等。这是“筋骨”概念的重要内涵之一。

“筋骨”概念的这种综合性含义使得练习者在以“筋骨”概念为指导练习内家拳时意识发出的信号类似指令集，能够同时作用于多个人体子系统，从而取得整体锻炼的效果，而不会像某些单一概念一样将锻炼效果局限在身体的某一部分上。

2.“筋骨”概念意味着一个包含了若干阶段性目标的训练过程

它从提高筋骨强度到打通经筋链，从塑造局部内型到最终的整体结构塑形成功，从简单到复杂，指导着练习者不要取得某个阶段性成果后就止步不前。

3. 用“筋骨”概念指导内家拳修炼时功力和劲力的因果逻辑非常直观

这个逻辑链的建立是随着人体改造的境界提升而自然发展出的结果（图2-32）。

在实践中，当你使用筋骨结构时，生成的便是劲力，然后根据实际需要由劲力衍生出某种具体技术，而不是靠某个技术（外形动作）发出某种劲力。

以形意拳为例，五行拳中的劈拳是先由任督小周天的运转产生劈拳劲，再通过一种劈拳系的技术动作把这个劲力作用于对方身上。比较典型的有正劈、摔劈、掏劈、十字劈等。实际上，在你正确运用任督小周天的筋骨链条

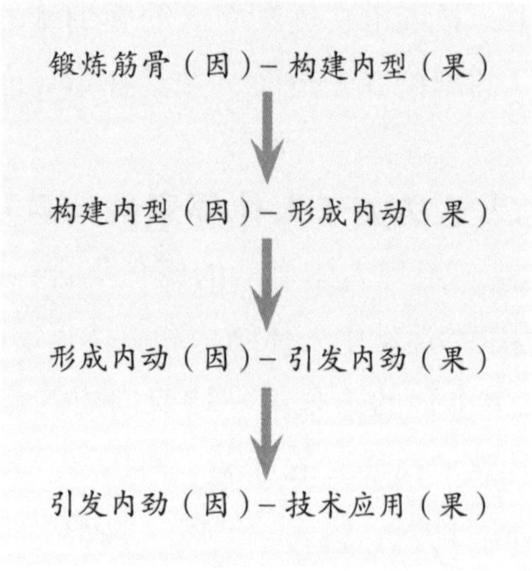

图 2-32　功力和劲力的因果逻辑链

时，这个劈拳劲就已经在躯干内形成了，即使不用那些劈拳技术，而是换成手指一点，或肩头一落，或用头、胸、腹等部位一蹭，都可以发出劈劲，甚至可以用钻拳、崩拳的外形动作来释放劈拳劲。

反过来说，如果没有筋骨功夫，那就必须通过做劈拳动作来发出一定的力量，而这种力量很死板，无法被称为劲力。

4.“筋骨”概念可以反映整个人体的运行情况

筋骨系统的表现隐含着人体其他四个系统的信息。前文介绍过，筋骨的锻炼可以改善经络、气血乃至脏腑的运行，而经络、气血、脏腑的运行又反过来滋养筋骨。它们相互作用，引发的是整个人体的变化。所以，筋骨系统其实是人体整个大系统的具象化表现，就好像军事装备能反映一个国家的国力一样。我们在理解“筋骨”概念时，要有一个“人身小天地”的整体意识，要考虑其他四大系统的运行情况。

（二）在筋骨锻炼的指导思想和方法方面，易筋经给内家拳提供了经过实践检验的功法样本

即使明确了锻炼的目标物，不知道锻炼方法也枉然。要想切实感知到、正确锻炼到筋骨则要通过比较特殊的方法（如前文提到过的松静法）。这是需要花费大量的研究时间和试错代价才能获得的。易筋经则给内家拳提供了这

方面的功法样本，尤其在实践经验方面助力更大，完善了很多实践中需要注意的细节，例如：是抻筋拔骨还是伸筋拔骨？哪种效果更利于内家拳的后续发展？在这方面，内家拳从易筋经中获益良多。

（三）高强度的筋骨如何转化为高效能的拳架，易筋经给内家拳提供了解决问题的思路和参考

对内家拳而言，筋骨锻炼的最终成果是什么？

与纯粹的养生目的不同，内家拳还是需要能应对高强度对抗、产生高速运动和实施高效杀伤的拳架。

易筋经虽然没有直接解决这个问题。但是，内家拳提出了这个问题后，还是从易筋经的锻炼成果中发现了解决问题的可能性路径。

这个“可能”就是筋骨间架，虽然易筋经功法并不能直接生成内家拳需要的拳学间架，但是已经可以产生筋骨强度较高的身体间架了。这就好比我们虽然不能造坦克，但是已经能制造履带式拖拉机了。

（四）易筋经功法对于如何建立完整的筋骨训练体系给出了一个完成度很高的答案

一个完整的内家拳体系必须要有一个配套的、完整的功法体系。易筋经在功法完整性方面可以说已经初具规模。从提高筋骨强度到打通十二条经筋链，再到十二经筋自然形成一个以筋骨为主的人体新结构。每一步都有比较成熟的操作方案。

虽然最后形成的人体新结构无法完全符合内家拳的拳架标准，但是已经可以视作一个完成度很高的原胚了。这个样本的价值和意义是重大的，是尤其为内家拳所看重的。以至于到了后世，是否具备筋骨间架结构成为内家拳与非内家拳的分水岭。

请大家注意“完整”和“体系”这两个关键词。我们在第一章开头就强调作为支撑起内家拳应用技术的功法只有成体系，而且是完整的体系，才能产生足够强大的功效。这不是一两项所谓的绝招、神功、秘技所能做到、所能代替的。

二、在寻找人体的最佳结构和运动模式方面，易筋经功法给内家拳提供了重要的样本参考

内家功法的重点是通过具有特殊锻炼效果的人体结构产生特殊的运动能力，也就是所谓的“改造生理、发挥良能”。而易筋经的功架姿势就是这类经过精心选择的人体姿态和动态。

易筋经的功架与人体结构动态的对应关系如下：

韦陀献杵——前后运动；

横担降魔杵——左右（横向）运动；

掌托天门——上下运动；

摘星换斗——卯酉（冠状面）运动；

倒拽九牛——拧裹运动；

出爪亮翅——伸缩鼓荡；

九鬼拔刀——拧转撑拔；

三盘落地——起落运动；

青龙探爪——盘卧运动；

饿虎扑食——扑纵运动；

打躬式——周天督脉（矢状面阳面半圈运动）；

吊尾式——周天任脉（矢状面阴面半圈运动）。

三、易筋经中的很多概念和术语丰富了内家拳理论

大家对比一下清代之前的古拳谱、内家三拳的拳谱和《易筋经》，可以看出内家三拳的理论与《易筋经》文本更接近。从某种意义上来说，《易筋经》相当于内家拳的注解。修习内家拳者，若觉得自己的传承体系有缺失和不理解的地方，不妨在易筋经中参悟一番。

1.“守中”的概念

《易筋经·内壮论》中提出了“守中”的概念。内家拳则有“守中用中”

的阐发。当然，“中”的概念在内家拳中拓展得更大。在不同阶段和不同条件下，有中轴 / 中脉 / 脊椎 / 中线等不同含义。

2.“五脏之气”的概念

《易筋经·膜论》中论述“务培其元气，守其中气，保其正气。护其肾气，养其肝气，调其肺气，理其脾气”。内家拳都有调和五脏之气的功法，其中以形意拳体系中的五行拳和“内五行”功法为典型。

3.“腾膜”的概念

《易筋经·膜论》中提出“气至则膜起，气行则膜张。能起能张，则膜与筋齐坚齐固矣……务使周身之膜皆能腾起，与筋齐坚”。易筋经中练习腾膜的具体方法是揉法。内家拳中则发展出了“开合鼓荡”的功法，利用呼吸运动配合外形动作以腾膜。

4.“摩筋擦骨”的概念

《易筋经·揉法》开篇中曰：“夫揉之为用，意在磨砺其筋骨也。磨砺者，即揉之谓也。”内家拳在行拳盘架之中摩经磨胫，暗含着摩筋擦骨之法，通过肢体之间适度的摩擦，按摩自身筋骨，提高其强度，并起到推动气血运行和灌注的效果。

类似的相关概念和术语还有很多，我们就不一一列举了。有兴趣的朋友可以在修炼内家拳的同时练习一下易筋经，再品读一下《易筋经》的原文，相信会有很多有趣的感悟。

四、结语

传统健身法多种多样，仅流传下来为大众所熟知的就有八段锦、六字诀、五禽戏、易筋经、洗髓经、少林内功，等等。但是只有易筋经和洗髓经最为内家拳派所重视，甚至成了内家拳体系构建的根基，关键点就在于易筋经和洗髓经功法体系内有能够搭建人体结构的因素。

其他功法从单纯健身功效角度来说，未必比易筋经、洗髓经弱，甚至有的功法因所宗的指导理论不同，在某些方面还有一些优势，但是最终并未像易筋经、洗髓经这样为内家拳所看重，原因在于在搭建人体结构这方面无法满足内家拳的需求。可能有的功法也被某些流派的内家拳用作修行辅助，甚至是锻炼强化，但是说到筑基，还得是易筋经、洗髓经。

关键还是在于搭建人体结构，大家若对内家拳有兴趣，这个知识点则不可轻忽。

第三章

洗髓经

《洗髓经》和《易筋经》是同一部经典的上、下部分。即使是对武术没什么概念的人，至少也会在武侠小说中看到《洗髓经》和《易筋经》经常是一起出现的。结果就导致很多人认为这两部“经书”是小说家创造的，并不知道它们其实来源于现实。

易筋经是现实中真实存在的功法，洗髓经也是。二者合在一起便共同构成了传统人体观中对于人体锻炼的全盘功法。如果说易筋经是主练构成人体形体的筋、骨、膜等有形部分的话，洗髓经则是主练经络、脏腑（有形部分和无形部分）和精气神等无形部分的功法。当然，这是相对而言的，并非绝对的界限分明。

易筋经的功法在上一章已经介绍过了。这里需要特别提醒一下：易筋经并不仅仅是指十二个特殊的功架动作，其本质是指一种锻炼身体的理论和方法。同理，洗髓经也不仅仅代表某些特定的功法动作，而是一种锻炼身体的理论和方法。

这些理论和方法正是内家拳“内功”的主要来源。它们反映的是传统文化对人体构成、运作、锻炼、使用的一系列认知。从易筋经、洗髓经到内家拳，可以看出前辈们对人体修炼之法不断进行实践、总结的过程。

易筋经和洗髓经在本质上一脉相承。只不过易筋经有形，好理解；洗髓经无形，难理解。所以为了便于大家理解，我们会结合易筋经，将洗髓经与之对比着进行讲解，以期能讲述得更加清楚明白。

第一节 洗髓经的立意

上文已经说了，学习洗髓经有一个最大的难点就是难于理解。

一般人很难搞清楚什么叫洗髓。虽然《洗髓经》的经文在网上就可以轻易查到，但真正理解、会练的人却比较少。大众一般也不太容易接触到洗髓经的功法和理论。刨去一些人为的主观因素影响之外，从普通人的认知和学习能力，以及功法的可操作性而言，洗髓经确实不像易筋经那么直观、那么有普适性。

这就造成了大众对洗髓经的陌生感，人们甚至连“洗、髓”二字是怎么凑在一起的都想不通。

所以聊起洗髓经，我们先要解决的问题是如何帮助大家理解“洗髓”这个概念。或者说，说起洗髓，应该让大家的意识里产生什么样的第一印象才能保证双方的认知在一条轨迹上，以便我们把后续话题继续下去。

这不是做个文字训诂或名词解释就可以完成的任务。这需要为大家解释清楚大量的知识和概念。

我们只能说尽力来理一理这个思路吧。

一、洗髓经是一种导引术

其实，这句话并不准确。应该说洗髓经与古典养生功法里的导引术有着密切的关系。洗髓经继承并发展了导引术。

但是为什么还要这么说呢？主要还是为了给大家找一个比较好理解的切入点。

如果说，初次接触易筋经的朋友可以用现代体育锻炼中的“拉伸”“拉筋”等概念来帮助理解的话，那么，初次接触洗髓经的朋友，不妨用“导引术”概念来消除“洗髓”这个陌生概念带来的隔阂感。

所以，大家不妨把“洗髓经是一种导引术”这个印象先留在脑海里，等大家真正理解了洗髓的内涵之后这个“拐杖”就可以不要了。

《庄子·刻意》中有言：“此导引之士，养形之人，彭祖寿考者之所好也。”由此可见，导引寄托着人们对养生延命的美好希冀。

其实早期的导引术是分开的，“导”指的是针对气血方面的功法，且与呼吸调理关系密切，“导”有一定的肢体动作，但是只起辅助作用，用于配合完成“调理气血”这个主要目的。而“引”则是以各种肢体动作为主的功法，当然也有一定的呼吸吐纳方面的要求，正所谓“导令气和，引体令柔”。

从这个角度上来看，洗髓经偏导，而易筋经偏引。

后来在漫长的发展过程中，二者因联系紧密、关系密切而导致界限也越来越不易分辨，逐渐合二为一，形成一个新概念了。到了近代，导引术给人的总体印象就是运用呼吸吐纳、自我按摩、肢体运动等手段的保健术（有某些流派甚至更接近内丹术）。

我们把洗髓经先理解为导引术，这基本可以表明洗髓经的功法类型和功法特点。洗髓经的功法选择、配置是对“导引”这种功法理念的具体表达。

在介绍易筋经的章节里，我们通过对易筋经的姿势、动作的解读，基本厘清了锻炼筋骨类功架的类型和特点。这就简单提供了一个此类功法的样本和标准，使我们以后遇到此类功法的时候大致能明白其功理和立意。

洗髓经中也有动功，有不少“动作”，很多人最容易犯的错误就是将洗髓经的动功目的理解得跟易筋经一样，其实洗髓经的动功原理和立意与易筋经是不同的。

洗髓经功法是由内炼脏腑、气血为主，待内在足满后，再由内渗外，以取得外练筋骨皮肉之效，并使之内外调和。易筋经则是反之，是由外练（相对的外）入手，激发起内和外的活力，然后由外练慢慢带动内炼产生一定程度的效果。这就决定了二者功法的主体是有差异的。

可能有的读者会提出疑问，在介绍易筋经章节中，不也是强调了易筋经是以气血养练筋骨的吗？不也是注重对气血的养练吗？这跟洗髓经有何不同呢？

这个问题我们可以从这个角度来看：洗髓经的动作是为了辅助气的运行而设计的，而易筋经则是以动作的牵引来松开肢体，帮助气血打开运转通路。

也就是说，一个是推着气走（洗髓经），一个是拉着气走（易筋经）。这是主动性和被动性的差别。

换句话说，洗髓经是先将气血养强大，待气血充盈后滋养全身，带来身体的强健。因此，气血是洗髓经功法的核心。

易筋经则是将筋骨作为锻炼的入手之处，这是因为筋骨是内炼和外练的“中位数”，锻炼筋骨时上可牵动经络、脏腑，下可带动筋肉、皮毛。而气血在其中作充养筋骨之用，讲究的是能够最有效地被利用，即要物尽其用。易筋经的功法核心还是养练筋骨。

可能有朋友会想：将二者优点合二为一，合并为一个功法练习行不行？这不就会有更好的效果吗？恭喜你，你想得非常对，事实也确实如此——洗髓经和易筋经合二为一，优势合并的练法古已有之，这就是内家拳。

内家拳的功法就是将易筋经、洗髓经的理论研究和实践成果合并，然后在此基础上继续深入探索而发展起来的修身炼体的功法。

二、洗髓经的着眼点在“髓”字

髓是脑髓、脊髓和骨髓的总称。髓由先天之精化生而成，并可由后天之精充养，有着充养脑髓、滋养骨骼、化生血液等功能。

骨髓、脊髓和脑髓分别对应着人的身体结构、运动系统和神经系统，进而对思维、意识和情志活动等有相当大的影响。

从这个角度我们可以认识到洗髓经所“洗练”的“髓”的第一层含义是实指“髓”，即一般意义上的骨腔中的膏状物质。第二层含义是指我们的“气血”精华。第三层含义是指制造和运行气血的五脏六腑。第四层含义涉及五脏的衍生物—— 筋、骨、皮、肉。

所以，洗髓是指“洗练”全身的意思，不过是以“髓”为代表罢了，正如易筋经以“筋”指代全身各系统而已。

至于怎么洗髓，则需要分析影响“髓”的各种元素之间的逻辑关系。

传统中医理论认为肾藏精，精生髓。骨髓、脊髓、脑髓皆有赖于肾精。髓乃精所化，而精是构成人体和维持生命活动的各种精微物质，其中尤其以肾精（先天之精）最重要。

《省言箴》有云：“精乃气之子”，精依气而生，由气所化，是人体之气所化生的精微物质。气是精的上一级概念。

从练功角度来讲，若想洗髓，则要从炼气入手。再说得细致一些，就是要从气血的涵养和运行入手。

这是因为气血是人体的两大基本生命物质，是我们内功所要修炼的最基本的生命能量，在功法理论中常常并称。气与血相辅相成，互相维系。气为血之帅，血为气之母。气中有血，血中有气，气血相依，循环不已。在实践中“气血”常用以代指人体生命能量。

《方式》一书中提到过脏腑是制造、储存、运转气血的“工厂”。所以能影响到“髓”的，除气血外，还有脏腑。而脏腑则是我们修炼内功时的最根本的人体“功能”模型。

《黄帝内经·素问》中有言：“肾主身之骨髓”，“肾不生则髓不能满”。由此可知肾脏与髓有密切关系。

《黄帝内经·灵枢》中有言：“五谷之精液和合而为膏者，内渗于骨空，补益脑髓。”脾胃为后天之本，化生五谷精微之所在，故可知脾胃与髓有密切关系。此外，肺主气，并呼吸自然之清气，产生气之精微。而心主血脉，肝藏血、生血。气、血、精、髓可以互生，故髓与五脏皆有关系。

所以说，洗髓经名曰“洗髓”，在实践中则“调动气血，内养脏腑”，此为功法的基本原理。

通过上述分析，我们还可以看出，与易筋经锻炼的对象相比，洗髓经所要锻炼的人体部位更加向“内”深入，指向更接近生命本质的部分。

《方式》一书里提出过“人体是个大机器”的理念。根据这个理念推导，易筋经侧重于打造这个机器的外壳、轴承、传动杆之类的部件；洗髓经则更侧重于机器里面的电线、电机和控制芯片等部件。两者一内一外，正好构成整个人体。

三、洗髓经锻炼的是无形躯体

从练功角度来讲，易筋经可以说练的是有形躯体，洗髓经练的是由气、血、精、神所构成的无形躯体。所以，我们仍然要坚持“整体锻炼、锻炼整体”的思路。

从构建人体结构的角度来讲，易筋经搭建的是筋骨结构，而洗髓经所搭建的姑且可以称为气血结构。

气、血、精、神通过周天、经络中的气血运行描绘出一个无形的人。这个人形结构就是所谓的气血结构（图 3-1）。这个概念如果不好理解，不妨将其想象成一个国家的能源体系——电网。卫星拍摄的地球夜景图片显示，哪里灯火通明，哪里就经济发达。

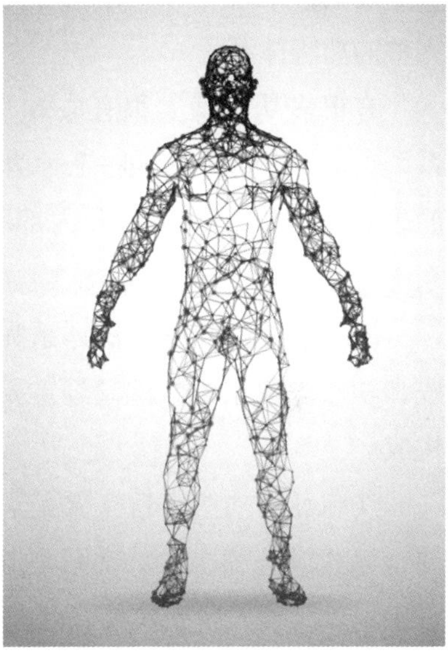
图 3-1 “气血结构”类比图

这个无形的人通过穴位、节点（关节等处）、身体的窍点（如二目、两肾、睾丸等）与有形躯体发生联系。我们锻炼（用手推拿、按摩或用功法带动气血激荡洗涤）这些部位，即可以练到这个无形的人。

正是因为洗髓经要练的是人体内的气血结构，所以我们需要对气血有所感受才能真正取得洗髓的效果，否则功效仍离不开易筋经的范畴。

气血、脏腑是洗髓的关键。

第二节 洗髓经功法的原理

洗髓经的理论和功法技术完备，内外练法有机结合，可以自成一套比较完整的功法体系。

有很多功法确实很有成效，可称是“好功法”，但是不能称为“功法体系”。体系很重要，不是任何功法都能成为体系。体系指一定范围内或同类的事物按照一定的秩序和内部联系组合而成的整体，是由不同系统组成的系统。

洗髓经是怎样的功法体系呢？按照本门（仅限本门）所传洗髓经功法构成和功法理论来说，洗髓经主要由静养功、按摩法、活身功（动功）三部分构成。

洗髓经的功法宗旨主要是运用气血滋养脏腑，从而使身体和心灵逐渐强健，以达成洗髓之效。洗髓是道家修行之语，指修道者洗去凡髓，换成仙骨之意，以比喻人脱胎换骨、彻底改变。

洗髓经并不讲求功法动作的训练强度，而更讲究功法的巧妙——必须要真实作用于气血。所以对“气血”概念不理解的人就比较难理解洗髓。锻炼起来时效率可能会很低。

下面就将本门所传洗髓经各部分功法及其理法做简要的介绍，供大家思考洗髓经功法体系时参考。

一、静功为首

刚才我们讲到了，练习洗髓经必须对气血有一定的体会才行。至少能感知到我们体内有某种流动性的东西，然后先从认识上确定那是气血，我就是要练这个东西。

那么，如何才能体会到气血呢？一般有三种情况：自身气血很健旺、很强时能直接感觉到；自身气血原本非常虚弱，这时如果用一些手段补益气血，使其由弱转强，也能感觉到；身体很放松、心很静的时候也比较容易感受到气血。

普通人对气血没有感觉，恰恰是因为不在这三种情况之列。普通人的气血水平大多处于平均线左右，或是略高，或是略低，反正都没达到可以称得上强或弱的数值，又不具备身松心静的条件，所以一般感受不到。当然，确实有一些比较特殊的情况，如个别人天生敏感，平时就能感受到气血。这样的人就不计在分类里了，因为不具有普适意义。

气血健旺和气血虚弱都不是普通人想做就能做到的，我们若想感受到气血，最佳的做法就是让身体达到身松心静的状态，这就涉及练功了，练功是达到身松心静的必然手段。

练哪种功呢？静功。静功是指一类功法，是主静之功的意思。

为何会是静功呢？因为“静”字不仅指代一种练功结果（如我们追求的身松心静），还指代一种练功手段、一种理论主张、一种练功导向。静能有效地使习练者达到身松心静的身体状态。

先贤们经过不断实践，发现静与精气神、气血、内养联系最紧密，练“内”最有效，是涵养人体气血的最佳手段。

我们在古籍中常能看到这类论述。

《道德经》有言：“致虚极，守静笃……归根曰静，是谓复命。”

《庄子·在宥》有言：“无视无听，抱神以静，形将自正。必静必清，无劳汝形，无摇汝精，乃可以长生。”

《黄帝内经》有言：“神太用则劳，其藏在心，静以养之。”“恬淡虚无，真气从之，精神内守，病安从来。”

《太玄经》有言：“故养性以全气，保神以安心，气全则体平，心安则神逸，此全生之妙诀也。"

《刘子·清神》有言："将全其形，先在理神。故恬和养神，则自安于内，清虚栖心，则不诱于外。神恬心清，则形无累矣。"

所以，往小处说，静功是洗髓经的入门功夫。先练静功有所得，待身体进入身松心静的状态，对气血确有实际感受后，再习练后续功法，则功效最佳。

往大处说，静功是（所有）内功的总纲，也是（所有）内功的根基。静功是打开人体内在的钥匙。各种各样的内功或多或少都离不开静功的作用，或是以静功筑基，或是功法里兼有静功的成分，甚至以静功作为功法主体。

大家参考我国传统文化中儒、释、道的实修体系，就会发现它们都非常重视静功的修习。

二、静功练法

这里将本门洗髓经中的静功练法简单介绍给大家，以供体认之用。以下理论是本门的观点，仅供大家参考。

图 3-2 静功（站式）

静功练法，以静为本，既不拘泥于外形姿势，也不拘泥于功法形式，或站，或坐，或卧，都可以练习，其中以站式和坐式最为常用。

1. 站式

自然站立即可。须知这不是站桩，没有站桩那么多的要求。舒适即可，以自身觉得轻松自然为标准，务必使全身没有任何紧张受力之处。双手自然下垂，既可以垂于体侧，也可以叠放于小腹之前，总之舒适自然即可。呼吸也要自然（图 3-2）。

再次强调：不必拘泥于姿势要

领，以轻松自然为标准。这不是站桩！

静功心法才是要重点关注的。静功首重心法。静功（内功）的心法就是解决该怎么调适自己的身心状态，使自己顺利进入练功状态问题的。

心法要求如下：一是精神内守，神不外溢。关注自己身体的状态（如舒适自然放松），而不受外界的影响，也不理会外界的情况。二是体会自身的平衡态和均衡态。重心均匀分布于全身，不用考虑重心在脚的哪个部分，只需均匀分布即可。身体不前俯后仰、左歪右斜。保持平衡，同时周身放松，做到均衡。三是体会周身舒适自得，渐渐感觉自身不存在了，这才最妙。

2. 坐式

不必拘泥姿势，尤其是不强求一定要盘坐（单盘或双盘），当然，能做到更好。可以随意自然坐下，既可以散盘，也可以双腿自然垂下。坐于床上或椅子上均可。注意双腿垂下时不要悬空，要能接触到地面。

双手可以自然放于腿上或抚于膝盖之上，结手印也可以，总之不要拘泥。注意身体要自然舒展，坐姿端正。呼吸自然。

总之，一切以舒适自然为要。

静功心法整体与站式一致。注意脑子里什么都不要想（不要有任何杂念），专心体悟自身的身心放松、安定，如果能领会“傻站”“傻坐”之意则最难得。

收功时，起身散散步就行，行一遍自我按摩法再收功则更好。

本门静功可随时练习，不怕时间短，也不受环境影响，能站可站，能坐可坐。有整段时间专门练习一两个小时当然最好，没有完整时间，练习 5~10 分钟也行。

这个不是靠耗时间为上的功法，关键在于能不能进入身松心静的状态。如果能进去，练习 1 分钟就有 1 分钟的收获，练习 5 分钟就有 5 分钟的收获。如果不能进去的话，练 2 小时也没用。

再次提醒大家注意：静功与站桩理论不同，不可混淆。

三、自我按摩法

自我按摩法并不神秘，市面上流传的也很多，如坐式按摩法、床上按摩法、床上八段锦，等等，也有打着古传养生功名义的，有很多种。可能平时大家或多或少都接触过一些自我按摩法，只不过它们没有打出“洗髓经”的名号罢了，但它们是洗髓经的重要组成功法。

有的朋友可能会说：我怎么没有见过身边有人练洗髓经？

大家上小学时都做过眼保健操吧？如果把范围放宽泛一些，眼保健操也可说是一种洗髓经，洗髓经按摩法里真有类似眼保健操动作的。眼保健操的原理与自我按摩法的功理其实是有几分相近的。

只要内在原理正确，很简单的动作就能起效。我们学内家拳，本来该遵循的就是这个原理。

有的朋友可能又会说：我多年以来坚持做眼保健操（或者其他按摩法），为啥就没练出来洗髓的功夫呢？这个原因是多方面的，但是有一条应该是主要原因。

前文说了，洗髓是用自己的气血去涤荡、灌溉、滋养身体深处的组织、内膜、脏腑。

那么，要完成这个任务则有两个前提条件：首先，你得气血充足；其次，必须保证气血所行之经络通畅。

现代人的生活方式导致气血基本都被日常工作和生活消耗殆尽了。补充日常耗费都不够，哪还有多余的气血去滋养身体？哪里能出得来洗髓的功夫？！所以，我们得练静功来养气血、养精神。

另外，久坐（看书、用电脑）、久卧（玩手机）会导致身体骨架歪斜，脏腑位置不正，各大关节僵涩，呼吸紧张，血脉不畅，即使气血充沛也很难保证流布全身。所以，要练动功、练自我按摩功，通过这些动作给自己做按摩，推宫过血。

所以，洗髓经的功法是先以静功来养足气血。然后，接着练一套自我按摩功来按摩身体，以助气血运行。同时，还得有一套动功来活涮全身关节筋脉。

先说洗髓经的自我按摩法。它是按照经络和气血的运行原理设计的，目的是以各种揉按、摩挲身体的动作给气血助力，使其更好地润泽全身，故而动作不需要多么剧烈，反而是都相对小巧、柔和，所以不可能从动作强度上带给身体锻炼的刺激感。洗髓经功法的核心还是在于气血，所以如果没有较强的内感知能力，这套功法就是一套普通的按摩操，这也是其普适性不高的主要原因。所以，应以静功为先，不可轻忽。

洗髓经的自我按摩法大致分为以下三种。

（一）经络按摩

这是以按摩经络为主的功法，在内家拳中又称为摩经法。一般是顺着手足三阴、三阳经络的走向来回摩按，以助气血运行。

而内家拳中的摩经法，除了顺着经络走向摩按经络轨迹外，还会走“周天”模式。

例如，形意拳中的摩经摩胫，其中，经指的就是手臂经络，以两手臂相摩为气血助力。胫是指腿部经络，以两腿相摩为气血助力，比较典型的例子是形意劈拳落式出步的动作。

这其实就是走的“大周天”模式下的摩经，具体到形意拳上就是走的“北斗周天”（“大周天”的一种）模式的摩经。以气血行经络“周天”为本，以外力“相摩”为助力。这是为了在拳术动作中气血动力不足，或刺激不够深入而不能内透内膜，或动作不能与气血相合等情况下，用摩经来助力拳术动作，以助气血行运全身，增强功效。

（二）五官和穴位按摩

这是按摩五官和穴位以助气血的方法。我们刚才提到的眼保健操就跟这个功法有几分相似。

1. 按摩五官

五官在功法中被称为五窍，取自中医“五官内通五脏，为五脏之窍”的理论。心开窍于舌，肺开窍于鼻，脾开窍于口，肝开窍于目，肾开窍于耳。名为按摩五官，实为调理五脏。当然，此部分功法也具有按摩五官周围穴道、放松面部肌肉、放松五官和理顺面部经络的作用。但其本质是在调理五脏。

常用的五官按摩的方法如下。

眼部：熨眼、摩眼眶；

耳部：捏耳郭、鸣天鼓；

鼻部：摩鼻；

口部和舌部：漱津搅赤龙（舌）、叩齿咬牙等。

简便易行，易见效。即便没有专人指导，自己平时经常做也会有一定的保健功效。

2. 按摩穴位

穴位是经络上特殊的点区部位，对调节人体气血有重要作用。按摩穴位其实就是按摩气血通路上的重要节点，以收揉开阻塞、增加助力、补益气血等功效。

经常按摩的穴位有风池、关元、命门、尾闾、足三里、涌泉、劳宫，等等。注意主要是选择与补益气血有关的穴位，或对保健有重要作用的穴位，各家各有取舍，不完全相同。标准是只要合理就好，并非一成不变，个人也可以根据自己的体会自行取舍。

有的流派有特殊原则，如几个穴位构成一种组合关系，那就是另一种规矩了，不在此列。

本段功法中我们将五官和穴位按摩归为一类是因为五官在某种意义上可视为高一级的穴位。在按摩五官的时候，手与五官周围的穴位离得很近。有一些练法，如干浴面、干梳头等，兼有穴位按摩和五官按摩的作用，所以可归为一类功法。

（三）五脏按摩

五脏按摩并不是说真的要把手直接按压到五脏上去对五脏进行按摩，而是通过各种手段补益脏腑、内养五脏或激发五脏的功能。

五脏按摩中最常见的是揉腹功，大家多少应该都听说过一些。大家在肚子疼的时候都揉过肚子吧？从某个角度上来说这也算作揉腹功。

可以说，只要按照一定的理论指导，无论用何种手段，凡是能刺激到五脏的都算五脏按摩。要产生这种刺激，一是要功效能够透里，二是要能够牵扯、带动五脏。所以，从这个角度来说，揉肚子也算五脏按摩。当然，这是不太正规的五脏按摩功法。

常见的正规的五脏按摩功法主要有两种：一是揉腹功，二是摩按内膜功。

揉腹功是因以揉按腹部为主而得名，因为腹部与十二经络和奇经八脉有密切关系。十二经络都经过腹部，奇经八脉也都经过腹部，尤其任、督、冲、带四脉与腹部的关系更密切。同时，揉腹对关元、气海等穴位进行直接刺激，故可以有效调理气血、补益脏腑。

揉腹功常见的是揉关元附近，这样能比较有效地刺激到脾胃。此外，除了揉腹，还有摩腰眼、兜肾囊，这是养练内外肾；摩肋是疏肝气；摩胸是降心火、理肺气。这才是一套比较完整的五脏按摩，这是采用功效透里的方法。

摩按内膜的功法更多的是对筋膜的锻炼，因为五脏都由内膜包裹，故揉按内膜就能牵动五脏，这是以筋膜锻炼带动对五脏的按摩。

有的摩按内膜的功法是只揉按腹部。但实际上胸腹、后背、左右两肋体侧都应揉按，这样锻炼才完整。

五脏按摩也有按照一定先后顺序和逻辑关系锻炼的方法，各家各有传承。常见的原则是先理顺三焦，然后以脾胃（后天）或两肾（先天）为根基，再按序调养其他脏腑。这个顺序多与某种“周天”顺序有关。

经络按摩、五官和穴位按摩及五脏按摩结合起来按摩效果最佳。其实这三者本来是一体，实际功法操作中也是浑然一体的，并没有分得那么细。本书分开解读，仅仅是为了能解说得清楚一些。

四、动功（活身功）

洗髓经的动功在《方式》一书里曾介绍过，就是关节活动法，俗称活身法。有的朋友可能会有疑问：活身法不过是关节画圈的动作，怎么能上升到洗髓的程度呢？因为关节是修炼洗髓功夫的关键。

如果我们把气血视作水，把全身的经络视作一个遍布全身的水网，类似大地上的江河湖泊构成的水系，那么各个关节就是这套水上的闸门。

要想让气血流动起来、循环起来，首先就要活开全身各个关节，如肩、胯、肘、膝、腕、踝等，这个大家应该不难理解。我们睡了一宿起来，要是感觉身体哪里压麻了，还要抡抡胳膊、蹬蹬腿呢，这是人自我调整的天然本能。

但是，如果想让气血向身体更深处流动，以涤荡、滋养腹腔里的脏腑、腺体，那么颈项、腰胯、髂骶——普通人已经“焊死”或者“半焊死”的“阀门”，也必须打开。

更进一步，人体的“龙骨”——脊椎也要一节节活开。再进一步，手指和脚趾的指节也要一节节活开。

所以，洗髓经中的活关节功夫不是为了打开关节以构建新的筋骨结构，也不是练柔韧性和活动能力——那是易筋经功法要承担的任务——而是为了打开气血流通的“阀门”，为了周身气脉通畅，是以有形的筋骨动作引动无形的气脉锻炼。同样一个动作，到底是在练筋骨还是在行气血，只在练习者一念之间。懂关窍的，念头一转就练到了。大家看有些内家拳前辈的视频，他们晚年的时候盘拳走架极其随意，甚至有时候就是晃荡晃荡、比划比划就算是练过了，这就是走神意、炼气血的路数。

要注意的是同样是打开关节，洗髓经的动作相对而言都比较柔和。如果说练易筋经时身体需要保持一个骨架结构，还需要摆出各种姿势，那么洗髓经则是连这个骨架结构都舍弃了，纯粹是以经筋的如鞭似蛇式的运动锻炼经络（筋和经络的关系前文有介绍），助推气血在经络中的运行，以滋养更深处的身体组织。这种形式乍看上去根本不像练功。这点对抱着练功就是要“用力、出汗、有强烈刺激感”的想法的朋友来说并不友好。

这里需要特别说明一下，易筋经那种规规矩矩，甚至可以说是有些直来直去的动作，其主要作用是伸展经筋。

而洗髓经的动作则更多的是以复合型的圆圈和复合型的螺旋动作为主，如曲折、转动、画圈、螺旋等，尤其以关节转动、腰身转动为最有特色的动作。这是为了更有效地推动气血运行而设计的。

所以，大家一定要理解洗髓经的功法动作的设计思路，它是为了鼓荡气血，不是为了伸筋拔骨。

在行功要领上，正如易筋经的每个动作都有一个“筋骨舒展到位”的要求，即到位时筋腱体会到强烈的刺激感，这对行功质量起关键的作用。洗髓经的每个动作一定要有个“气血到位”的概念，就是要把气血灌到梢节尖端，如指尖等部位。

这是易筋经和洗髓经功法的设计思路不同导致的区别。

五、脊柱功

脊柱功本来是活身法里的一部分，因为比较重要，故单独跟大家讲讲。

无论是从我们身体构成上来说，还是从我们练功角度来讲，脊柱都是极为重要的一部分。甚至可以夸张一点说，洗髓经的动功都是围绕脊柱锻炼而设计的，是以脊柱锻炼为核心的。

脊柱的重要意义体现在以下几个方面：

（1）脊柱是中轴和中脉的物质投影，是当我们需要建立身体结构（筋骨结构和气脉结构）时的基准和支柱。

（2）脊柱是人体骨骼结构的中心，起着支撑身体的重要作用。

（3）脊髓是髓的重要组成部分之一，脊髓又与脑髓上下相通。洗髓经功法的关窍之一是对脊髓和脑髓的滋养。

（4）脊柱中布满神经。脊髓和脑组成中枢神经，结合周围神经构成神经系统。其中，脊神经和内脏神经与脊髓相连，控制着人体的运动和脏腑功能。

（5）脊柱是身体运转的核心，人体的姿势维持、各种运动和活动、各种生理功能的正常运转都要依赖脊柱的强健功能。而脊柱功能发生变化，或发生病变、退化，都意味着人体的生理状态会出问题。

洗髓经功法中专门的脊柱锻炼方法有两种：一是静功，二是动功。

静功的脊柱功简便易行，站或卧都可施行。我们以站姿来讲解。全身放松，身体自然站立，身心安静，精神内敛。然后，将意识集中在自己的脊柱上，从上到下、从后脑根到尾闾，一个骨节一个骨节地往下想，不用急，不必快，要细致，慢慢想。从上想到下之后，再从下想到上。如此反复，次数不拘，以多为佳。

初始只能做到想象，日久可以转为内视。这是基础静功。待练习基础静功有些功底，对脊柱有比较清楚的感觉后便可以练习进阶静功。这时可以意想脊椎骨节拔开、错开、撑开等，是对脊柱的强化锻炼。限于篇幅，细节在这里就先不谈了，以后有机会再介绍给大家。

脊柱的动功难度会大一些，必须松身的功夫达到一定程度后效果才好。方法之一我们在《方式》一书里介绍过了，就是蛹动。

脊柱动功的练法分为上下蛹动、左右摆动、左右转动、左右画圈、蠕动。蠕动是将以上四种动法综合起来锻炼，练得更细致。

脊柱功法对整个身体的影响是巨大的，脊柱的功能状态对我们的生理、生活和练功都有重大的意义。以脊柱功法运动脊柱时，人体的经络、气血、筋骨、脏腑等也无有不动，脊柱作为核心以协调这时的综合运动，可使人体的生理功能获得综合性的锻炼和提高。这也是洗髓经功法的核心。

总的来说，洗髓经的动功练法就是一种深度的自我按摩。它采用柔性圆周动作作为运动锻炼的方法，目的就是放松肌肉、舒展筋腱、伸展筋膜、疏通气血。我们从这个角度去认识洗髓经的动功就更能把握住它的神髓。

活节功也可以直接使用自我按摩的手法，尤其下盘需要加强刺激时，或锻炼不便时，就可以用这个方法，如按摩膝盖、按摩脚踝、扳足趾，等等。

洗髓经动功体系本来还包含行步功，后来因本门内传有八卦掌的功法，便以转掌功法代替，故不再独立练习了。有需要的朋友可以参考八卦掌的行步功法，自行练习。八卦掌功法是高度契合洗髓经功理的。

第三节 洗髓经与内家拳

前文我们说，易筋经和洗髓经合二为一，内壮外勇，修炼理论与方法兼备，构成了传统思想下的炼体功法体系。内家拳的内功就是采用的这个修炼思想和功法体系，并在此基础上不断发展、完善。但万变不离其宗，核心和根本的东西还是不离易筋经、洗髓经。

一、易筋经、洗髓经合一之法

易筋经、洗髓经合二为一的锻炼方法是本着怎样的逻辑和模式呢？

易筋经功法先精练十二经筋。十二经筋是一条条的筋条，但是有一定宽度，好像编筐的长竹片或箍桶用的长方形扁木板。它们围成人体结构的表层，成一个桶形。练易筋经等于把这个桶所用木板一条条练出来，然后箍上去。有些传武门派的内壮功法起名为“桶子功”或“桶子劲”，是很形象、很有道理的（图 3–3）。

图 3–3 练功如箍桶

仅练十二经筋是不够的，还要练奇经八脉的经筋。这就相当于在这些木板里面又加了一层内衬。一条奇经统合着几根正经的竖条。这还不够，还得再往里面走，直到真正触及“膜”，也就是躯干球形腔的内胆。必须把膜炼“通透”了，气血才能真正行开，才能真正做到“润经络，养脏腑，往复循环，运行周天”，至此才算是能够内外合一。到这一步就是从易筋经自然过渡、演化到洗髓经了。后续锻炼将适用洗髓经的理论和方法。

这个功法逻辑是内家拳中最常见的。此外还有几条路径，堪称别出机杼，让人不禁佩服前辈们的智慧和气魄。但是，从根本上看，这些功法体系的基本逻辑仍是不脱离“易筋洗髓”这条主线的。这里不多谈了，大家日后如果能遇见，多想想这个逻辑主线，触类旁通，也就明白了。

二、经过易筋洗髓的锻炼后内家拳方能出真整劲

什么叫作真整劲？人体从伸筋拔骨开始练，筋、骨、肉、力的关系捋好了叫作“顺”。伸筋拔骨的功夫练到头是外三合，叫作“整”。当然，只能算是初级的。

在此基础上，身体深处要再开一层，即开关节（开关节不同于活关节）。开关节练到头是可以做到骨角相争和接骨斗榫的，瞬间的骨角相争或接骨斗榫叫作“合”。在此基础上，身体再往深处开一层，即开气脉，气脉打开后丹田气才能通透地打出来，这叫“炸”。

丹田气打是全身内外、有形无形的所有功能都激发出来的标志，是内家拳发力的最后“一开”，即真整劲。

这个真整劲如果再能练到没有烟火气，甚至到了无形无意的境界，就是内家拳前辈一摸就能吐劲伤人的东西，也是内家拳习练者毕生追求的东西。

顺、整、合都属于易筋经理论的范畴，到了丹田气打则是洗髓经理论的范畴。这个过程练下来，易筋经的内容和洗髓经的内容自然就合上了。

如果是从钻研内功的角度讲，内家拳的存在也算是为易筋和洗髓两部功夫的衔接过渡做了个注脚。

张烈老师所传孙氏拳要求每个动作如同易筋经功架般做到位后，再用意念引着往外走一点点，然后才转换成下一个动作，目的是为了把这条线上的东西“叫”出来。

三、内家拳是一种身体语言，《易筋经》和《洗髓经》是这门语言的底层逻辑

内家拳不应被简单地视作一种比较特殊的拳法，内家拳是一种身体语言。练习内家拳就是通过这门语言与自己的身体对话，进行沟通，从而重新认识自己，更好地理解自身。同时，语言又是思维的存在方式和表达方式。所以，我们不能仅仅是“练习”内家拳，更应该“思考”内家拳，掌握好这门身体语言。

而作为内家拳重要基础的易筋经和洗髓经就是跟身体对话时要遵循的底层逻辑。我们练习这两种功法就是以功法原理和合理的练法与身体进行问答式的对话。以功法对身体进行刺激是“提问”，意识反观、获得身体的各种反馈是“回答”。在反复多轮、渐进式的问答中，逐步认清身体、了解身体、精准掌控身体乃至改造身体。

所以，易筋、洗髓类功法（内家功法）是内向式的，练习时不可急躁，也不可一味上时、上量，必须静下心来细心地、耐心地体会功法对身体的影响，捕捉身体内部极细微的反馈（变化）。注意不能违背“逻辑”。这样才能真正地把两部功法的效力完全发挥出来。

四、易筋经和洗髓经的真髓在于原理和原则，而不在于其功法动作

大家单独练习易筋经或洗髓经时应将重点放在搞清、掌握它们的原理上。

只有吃透了洗髓经的原理和原则，才能将养气血的静功、舒筋活节的动功、自我按摩法这三者有机地结合起来，以发挥其最大功效。还可以自我选择、设计动作，创出一套最符合自己需求的洗髓经。形意拳、八卦掌、太极拳三大内家拳形式不同而功效一致，证明这个思路并不是空想，而是确实可以做到的。所谓的传统并非不可改动，关键看改变是否合理。

把握住了易筋、洗髓之法的原理，内家拳的核心——内功的秘密也就通

晓了大半。此时，可以说天下各家拳功法式皆可修习，为我所用。反过来说，耗时十余载，学了各家名拳却未真正受用，必然是在内修的道理上有所欠缺。光学一套全身关节画圈的活身法动作或揉按身体的按摩法动作，可能只取得真正功效的五分之一，甚至连十分之一都不到，那还不如去跑步、游泳。

真正的内家是功理完备的体系，至少是内外兼修、逻辑完整的体系。练功要按照正确理论指导，把程序走完整、标准做到位，才能取得令人满意的效果。这也是笔者在本书中想表达的主要思想。

是人练拳，不是拳练人。希望大家都能学个明白拳，做拳术、拳法、拳学的主人。

附：洗髓还原篇

易筋功已毕，便成金刚体。外感不能侵，饮食不为积。

犹恐七情伤，元神不自持。虽具金刚相，犹是血肉驱。

须照《洗髓经》，食少多进气。搓摩干沐浴，按眼复按鼻。

摸面又旋耳，不必以数拘。闭眼常观鼻，合口任鼻息。

度数暗调和，身定神即定。

每日五更起，吐浊纳清熙。开眼即抽解，切勿贪酣睡。

厚褥趺跏坐，宽解腰中系。右膝包左膝，调息舌抵腭。

胁腹运尾闾，摇肩手推肚。分合按且举，握固按双膝。

鼻中出入绵，绵绵入海底。有津续咽之，以意送入腹。

叩牙鸣天鼓，两手俱掩脐。伸足扳其趾，出入六六息。

两手按摩竟，良久方盘膝。直身顿两足，洗髓功已毕，徐徐方站起，行稳步方移。

忙中恐有错，缓步为定例。

三年并九载，息心并涤虑。

浃骨更洽髓，脱壳飞身去。渐几浑化天，末后究竟地。即说偈曰：口中言少，心头事少，腹里食少，自然睡少，有此四少，长生可了。

第四章

桩功

第一节 桩功的立意

练内家拳要先站桩，站的时间越久就代表功力越深厚，这似乎已经成为当今内家拳界的主流观点。

但是，大家有没有认真思考过为何拳术是动态的艺术，而内家拳功法体系的源头却是静态的站桩呢？为何其他拳术体系只讲抱架，而不讲站桩呢？内家拳把站桩作为一门功法修炼的意义究竟是什么？

作为内家拳的继承者，深入探究这一系列问题对于我们提升自身的理论和实践水平都有很大帮助。

要搞清楚这些问题，我们就必须对内家拳的整个训练体系进行全面、系统的反思和分析，要厘清诸多的基础概念，要捋顺多条内家拳功法排序的逻辑链。同时，还要跟所谓的外家拳技术进行比对……

如果这个任务顺利完成了，那么我们在日后的拳学修炼道路上，至少在理论指导方面不会跑偏。

所以，请大家暂时把师门、拳谱、网络灌输给我们的关于桩的种种说法、观念先放一放，纯粹从我们自己练功的角度思考一下：为什么练内家拳要站桩？同时，还要思考这个问题本身隐含的一个前置问题：何为“桩”？

为了分析这个问题，我们可以分步推导，先弄清楚几个基本的知识。

一、内家拳的本质

首先我们要搞明白，所谓的学“拳”、练“拳”或学“功”、练“功”，这个“拳”也好，“功”也罢，到底是落在了哪里。

这个训练的根本目标一定要搞清楚。

内家拳和一般拳术的立意不同。内家拳的核心是内功。既然称之为功，那就不是一种技巧，而是改造人体的方法。

我们一直在强调内家拳的本质是对人体的开发和挖潜。历代先贤是以这个目标为核心，广泛搜集、筛选各种人体锻炼、改造、提高的方法，最后整合出一整套理论、功法和技术。这套理论、功法和技术构成的拳学体系就是我们今天所见、所习的内家拳。

所以，不管我们练的是哪一门、哪一派的内家拳 / 功，最终还是要落在我们自己身上。不管它叫什么拳法或什么功法，归根到底还是对我们身体的调养、强化和提高。总之，是要让我们的身体发生真正的改变。

很多人认为自己明白这个道理，但是在现实中，很多内家拳爱好者是想不清楚这个问题的。或者说，他们是口头承认，内心不接受。

他们练功的关注点都放在了功法上，锲而不舍地去追逐更多的、更新奇的、更鲜为人知的功法。最直观的就是这类人最喜欢夸耀：我学过某某拳的某某功，或者是我跟着某位名师练了他密不外传的某某功法……

但真要问他：“你练了这个功法，出了什么功夫？”“你在修炼这个功法时，有什么内在的感受和变化？”他便哑口无言了。

这种见解就是完全忘记了自己的存在意义，把功法当成了一种外挂、一种所谓的法宝，仿佛只要得到了某种强力功法的加持就能自然地、直接地练成了。

这就是把练功本末倒置了。我们必须清楚：内家拳练的是我们本身。

内家功法锻炼的最终成果应该是我们自身某方面素质的改善，或者某方面能力的提高，而不是说我们又学会了一套新功法。

说得再直白一些，练内家拳是为了让我们的身体形成并固定在内家拳原理要求的状态，如筋长力大、骨重筋灵、骨坚筋韧、膜厚如甲、呼吸深长、丹田足满……功法则是给我们提供实现这个目标的路径、蓝图。

功法不是练功时则有，不练时则无。对人体自身的改造、实现人体功能的提高才是内家拳的本质。

二、内家拳体系中桩功的内涵和价值

1. 桩功直接服务于内家拳的训练目标

明确了“内家拳练的是人体本身→内功是全面改造人体的方法→改造人体是为了形成真整”这条逻辑链，才能真正理解桩功在内家拳体系中的存在价值。如果不为了改造自身，而只是强化和使用现有的人体结构和运动模式，那真的不必修习桩功。

在改造人体方面，桩功的最大优势就在于把易筋经、洗髓经的功效合二为一，从而可以直接服务于内家拳的训练目标。

具体来说，桩功能够非常直接地强化骨骼、伸展经筋、鼓荡筋膜、构建间架、足旺气血、疏通经络、壮大神意……从而达成内家拳强化人体的全部需求。

在桩功中，人体可以一边强化，一边慢慢自然形成内型，之后稍加引导即可形成内动，内动自然引发内劲的外放。这个过程无须再通过其他功法转化、过渡。这就是真正的练用一体。

因此，内家先贤在各种功法中最重视和强调的是桩功。很多种内家拳都有“入门先站三年桩”的说法，实在是因为站桩这种练功方法是最直接进行人体改造、挖潜、调理、塑形的方法。

当然也有内家拳支派自称“不站桩”，而采用别的练功手段，如盘拳架、行步走圈、单式单操等，甚至还有支派保存着分别锻炼筋骨和炼气的功法。但是，大家如果用“易筋洗髓”和“内型–内动–内劲”两方面的视角去观察，就会发现这些练功方式归根结底还是为了追求桩态（后文将讨论这个概念）。这些练功方式可以称之为行桩或动桩，但本质上都属于桩功的一种或一部分。

可以说，站桩是目前效费比最高的内家功法，这也是现在桩功为广大内家拳练习者所普遍接受的最主要原因。

2. 桩功是人体改造类功法的“集成模块”

为何说站桩是效费比最高的功法呢？

站桩站的是桩，桩其实是人自身。

桩功是将内家拳改造人体的原理从“一种理念”转化为“一种现实的、具体的方法”的工具或手段。

桩态是人自身的一种非常特殊的新状态。这种状态与普通人的身体状态不同，是内家拳改造人体的功法理念在人体上的实体化展现。

我们练习站桩功的过程就是通过站桩这种形式使自身进入桩态，进而逐渐稳定在桩态，最后让桩态成为我们身体的新常态。

内家拳的桩功理论大致可以分为三部分：第一部分是教人进入桩态的方法；第二部分是阐述进入桩态后的人体五大系统调整、重塑相互关系情况；第三部分是桩态稳定后，人体建立新的运作模式的方法。

所以，站桩时，我们站在那里看似不动，其实我们的身体内部发生着复杂而深刻的变化。一方面，我们是在内家拳理论指导下对自身五大系统进行锻炼和探索；另一方面，我们是用自身的各个肢体、各个器官、各类组织、各大系统在桩态下发生的各种变化来印证内家拳的理论。同时，还要积极尝试运用我们全新的身体状态去完成一些我们以前做不到的运动方式。

这样功理相参、相互印证地练习和发展，其认知和方法的契合度是其他练功手段难以达到的，是彻底的知行合一。所以说，桩功效费比最高。

为什么桩功能如此高效？这要从桩功的由来进行分析。桩功不是凭空出现的，特别是内家拳桩功，它是拳学不断发展的产物，是内家拳的一种人体锻炼科学。

它不是某天突然出现的，而是千百年来，武术家、养生家、医者、修行者通过不断对各种人体修炼方法进行尝试，在反复探索、实践中总结出来，融会贯通各家最本质、最有效的方法后，才形成了桩功这种练功方式。

为什么这个成果最后形成于武术领域呢？笔者认为，因为武术领域的检验标准最高，考察方式最激烈，甚至可以说残酷。

凡是不够本质、不够高效的方法，其载体——功法练习者在武者之间的激烈对抗中就被淘汰了，其所习功法自然就随之湮灭了。这是笔者的猜测，仅供大家参考。

大家可以回顾一下前两章中关于易筋经和洗髓经的相关内容，只有易筋经和洗髓经这种已成体系、效果明显的内修功法才会被内家拳练习者全盘接受，而且不断研究、发展、完善。

通过剖析桩功，大家不难看出，其中有武术家对人体筋骨结构的研究成果，佛、道家的修行人士的放松入静的心神修炼之法，医家和养生学家的涵养气血、脏腑归位、经络通畅等人体调养之法……

所以，桩的构成要素包括骨骼、经筋、筋膜、经络、脏腑、气血、神意，等等。将这些元素都唤醒、激活、调动、重组，将它们的相互关系调适到一种有序、合理、和谐的运作状态，从而使自身进入一种浑身放松、身心安静、自然安适的中和态，是为站桩。

在这种“中正”的身姿与“中和”的心境中激发人体良能，使身心同时得到休养和锻炼，是为桩功。所以说，桩功是人体锻炼的最基础、最有效的方法。

因此，桩功追求的是对人体五大系统进行整体大调养的状态，而不是某个外形姿势，也不仅停留于各种规矩、要领之上。

我们在拳谱中常见的所谓“八要”“十要”“二十四要”之类的规矩、要领都是在描述或阐释桩态的“相”，而不是本质。我们可以通过这些“相”逐步感知、了解、体悟、印证桩态，但是心里要清楚这些不是桩态。无论是静桩还是动桩，包括微动桩、大动桩（拳架），这点都是共通的。

为了使自身进入桩态，我们必然要综合使用各种功法手段，以调动经筋、筋膜、经络、脏腑、气血，神意、骨骼等诸要素。所以，先贤从易筋经、洗髓经、呼吸法、脏腑功等各种功法中提取了相应的关键性内容，并将其融入桩功。

所以，桩功可以说是一个改造人体类功法的“集成模块”，其实已经把很多功法综合在了一起。到实际操作的时候，你只要“按一个按键”就可以启动很多功能。

这是内家拳的历代先贤在对人体构成和运作规律的深入认知的基础上，

对各种人体修炼方法的总结和提炼，也是在把握了根本原理、抓住了核心的前提下对具体功法的优选和再设计。

这些理论会随着我们对桩功，以及未来对内家拳的体认的逐步加深，而慢慢得到印证。

三、什么是内家拳的“桩”

练习内家拳，并且爱好站桩的人是很多的，但是很多人是执着于桩功的一些形态表象，未能真正理解什么是内家拳的站桩，什么是内家拳所需要的“桩”。

现在梳理一下关于内家拳站桩的一些理论和概念，以便大家能正确认识站桩功、认识桩。这样才能练好桩功，不被一些浮于表面的观念、说法所迷惑。

内家桩功可不是摆个姿势就是桩，更不是站着不动就是桩。桩指的是某种特殊的身体状态，而不是某些固定的姿势。大家可以在易筋经的“功架”概念上再深入地推导一步。

内家拳的“桩”是一个复合概念。当身体的五大系统的各个关键要素集合在一起，共同协调地发生作用，改善了身心的状态和体内环境时，这时的身体状态才是“桩”。所以说，练习桩功就要把锻炼目标和与之对应的方法都搞清，才能说自己是在修炼桩功，而不是在罚站。

那么，构成内家桩功的要素有哪些呢？前人曾总结过传统内功的三类要素“三调”：调身、调息、调心。内家桩功其实也不外乎此三类手段。因此，构成桩功的功法要素大致也与这三类手段密切相关。

（一）调身所包含的要素

在“桩功”概念里，所谓的调身就是以桩姿约束、调整身体的筋骨关系，形成符合要求的、端正的间架（未来则是桩架）结构姿态。这是调身的第一个含义，是对筋骨系统的调理。

端正的身架形成正确的筋骨关系，使筋骨架确定，从而脏腑可以各安其位，运作稳定。

在中医理论中，脏腑系统是人体的根本所在，支持人的所有生命活动。脏腑安稳，则身心健康；脏腑强健，则身心俱健。这个理论也在内家拳桩功的实践中直接起效。

注意：对脏腑的调理是功法的重点所在。

这是调身的第二个含义，是对脏腑系统的调理，即五脏六腑要各安其位。

形正则气顺。经筋和经络互为表里，筋骨间架端正、筋骨柔顺则经络顺畅。这是调身的第三个含义，是对经络系统的调理。

（二）调息所包含的要素

调息就是对呼吸运动的调理控制，在“桩功”概念里包含以下几个含义。

1. 对呼吸的真实感知

在心神安定和间架端正的状态下，呼吸要深、细、绵、长，达到绵绵不绝的状态。这种状态下的呼吸运动才能与身心相协调，互助互用。常人对呼吸是“说起来重要，忙起来忘掉，紧张起来全乱套”，我们练功时则要求对自己的呼吸有一个清晰的感知。这是第一步。

2. 由呼吸产生的体腔筋膜的球状涨缩运动

在正确的间架结构下，在第一步呼吸绵长的基础上，呼吸运动会与体腔的筋膜运动相合，一起产生体腔的涨缩运动。这种运动可以使深层筋膜得到锻炼，同时对身体内外的方方面面产生有益的影响。这也是很多功法，包括健康疗法，推崇腹式呼吸的主要原因之一。

但我们并不强调存在胸式呼吸和腹式呼吸之分，我们推崇自然呼吸。呼吸方式的区别源于“功力”的深浅不同，当你对体腔筋膜锻炼的功夫火候到了，呼吸方式自然会有不断的改进。我们并不刻意采用某种呼吸方式。

3. 呼吸运动对脏腑和气血的影响

在正确的间架结构下，在第二步的基础上，呼吸运动会带动身体内部的筋膜，尤其是膈膜和包裹着内脏的筋膜运动，达到了对脏腑进行按摩的效果，实现了对脏腑的锻炼。

在身姿端正、心神安定的情况下，在第二步的基础上，呼吸运动可以促进身体气血的运转，并提高其运转效率，是为功法中的所谓鼓荡气血。

（三）调心所包含的要素

在特定的间架结构的姿态下，放松身心，达到身松心静、精神安定的状态，是为调心。

调心是对精神意识的调理、养护和锻炼。不仅有保养（涵养）精神、维护精神健康的作用（通过消除负面情绪、“精神垃圾”的方法），更有锻炼和强化精神意识的作用。这个在本派功法从无极桩到浑圆桩的自然升级过程中会有体现。如果有朋友坚持深入练习内家拳，则会体会得更深刻。

同时，调心能够营造出桩功所需的松静态的精神环境，为调身和调息发挥更好效果提供更好的心理基础。心中浮躁、杂念不断的情况下，人是很难做好调身和调息的。

1.“三调”最终归于“调气”

根据传统的“气一元论”理论，人的身心都是由气而生，所以本质上“三调”是一体协同的。我们不可能身姿端正而气息不顺，也不可能气息深长而心思烦乱。“三调”的每一种都不可能独立存在，每一种锻炼有成后，都会有助于另外二者。

图 4-1 “三调”关系图

以本门理法的观点来看：“三调”的关系如同三段弧形组成一个圆（图 4-1），互相影响，互相协调，互相促进。三者相互之间是以“气”为联系纽带，三者都影响我们“气”的变化，又通过“气”的变化来互相影响促进。

本门功法是以“气”的变化为调理自身的根本手段，这与中医以气机变化为手段调理人体有异曲同工之妙。

2. 气行周天

周天功本来是道家功法中的概念。内家拳综合运用“调身、调息、调心”三种手段调理、整合身体筋骨间架结构，使脏腑归位、经络通畅、气血运行，最后可以自然形成气血的周天运转。

在拳学范畴里，周天运转不仅仅是气血循环运行的模式，同时也是身法、劲力的运行模式。也就是说，周天运转不仅仅是无形的气的流行和循环，同时也能表现为看得见、摸得着的身法变化和劲力效果。二者相辅相成、联系紧密。反过来说，你说体会到了周天运转，但是没有转化成身法和劲力，那么可能你体会到的是幻觉，或者只是萌芽，其“体量”还远远不够。

周天运转有多种模式，这个大家可能听说过很多，这里就不一一列举了。仅举个简单例子，形意拳的钻翻模式即“起钻落翻”的身法模式就是与督升任降的小周天循环相合的。所以，内家拳前辈说“形意拳就是内功”“太极拳是天然气功”就是这个道理。

综上所述，这种在一个特殊的筋骨结构状态下统合了对筋骨、脏腑、经络、气血乃至神意的调理和锻炼手段的功法，才能称之为内家桩功。

锻炼人体五大系统的功法要素就像各种食材和调料按照一定原则投入一锅水中，然后不断调整火候，使这些要素互相影响，综合起效，最后才能做成一锅美味的汤。而不是说架个锅，烧上水，只要煮的时间够长，水就变成浓汤了。

（四）站桩所得是构成内家拳的关键性要素

经过系统的桩功锻炼，人体会产生某些特殊变化。这些由站桩功产生的“产品”是构成内家拳的关键性要素。

1. 整

站桩首先在于求整。整，不是一个简单的概念。不是抱个桩架子站在那里，别人扒拉不动就叫整了。

“整”这个概念包括了静态下的整体结构、动态下的整体运动，以及内外相合的整体发力等诸多次一级的概念。

对初学者来说，至少要做到整动和整劲。整动，即桩态下整体位移、变位。整劲，即桩态下的五大系统协调发劲。所以，求整并不是一个简单的工作。

整的求取方法，总的来说可以分为静态求整和动态求整两类。动态功法有很多种，如单操手之类。静态功法主要就是指站桩功。

对我们来说，站桩求整的练法效果最佳（但对技击而言，效率未必最高），故我们选择站桩。

2. 高“质量”的身体

桩功集合了易筋和洗髓两种功法的效果，故天然具有调和气血、调养五脏、强筋壮骨的作用。形意拳理论对此进行了进一步的阐释，明确提出了“三步功夫”之说。

易骨：练之以筑其基、以壮其体，骨体坚如铁石，而形式气质，威严状似泰山。

易筋：练之以腾其膜，以长其筋，其劲（筋）纵横联络，生长而无穷也。

洗髓：练之以清虚其内，以轻松其体。神气运用，圆活无滞，身体动转，矫若游龙。

3. 人体五大系统之间新的协作关系

桩功练整、强筋壮骨的功效，肉眼可见，所以比较好理解。它还有一个无形的功用，往往被人所忽视。

经过桩功调理的身体，首先是身体各个子系统都各安其位，实现了局部优化；其次是通过桩功建立起了新型的整体协作关系。在整体关系框架下，五大系统均处于各自能发挥最佳功用的状态。比如，人体的骨骼和经筋合作形成了“一身备五弓”的立体空间结构。再次是人体的经络系统形成了多个周天循环的气血运行体系，同时赋予了经筋系统环状结构和圜研运动的能力。最后是人体的主要动力源，从肩膀和大腿转移到了骨盆－脊椎这一新中枢。

还是用身体就像是个大机器来比喻，通过桩功的锻炼，这部机器的各个部分都整备完善，并且设定了新的运转模式，具有更高效的运转能力。

相对而言，常人身体中各大系统的运作状态是不够协调的。所以，在练过静态的站桩功之后才适宜练内家拳的动态桩功（即行桩），此时的身体内五大系统才具备按照内家拳的标准去协调运动的能力。

（五）桩、式和架子等概念的异同

桩功的含义很深奥，功用范围很广，既能服务于对抗应用方面，也能服务于调理养生方面。因此，对于什么样的模本算是桩，其实有很多不同说法。

很多拳种都站桩，并不仅仅内家拳才站桩，因而对于桩的定义如何界定就更复杂了。这是因为习练者所追求的目标不同，功法产生的效果不同而形成的偏差。

以下几个样本都被认为是桩，但其实它们之间还是有差异的。

1. 桩

站桩必然追求结构塑形（内型），以及身体运动模式的重塑（这是专为内家拳服务的）。而一般的静功则未必有此功效，如洗髓经、易筋经就不要求。这二者都有结构塑形的成分，但占比并不太高，并且未涉及运动模式改变。

2. 式

“式”是在“桩”这个概念普传开来之前最常被人们使用的概念。“式”与“桩”的概念有极大的交集，也常常被人们与“桩”的概念混用。例如，我们常听说的无极式、太极式、三体式，等等，改为“桩”字也可以。

但是严格分析起来，式与桩也并非毫无差异。练“式”源于古法，是以养练人体之根本为主要目的的。这个人体之根本，在旧时的拳学著作中或以先天一气称之，或以元气等称之，总之是指代为前人所追求的人体之根本所用。各种式都是为了锻炼这个根本的，是以养炼气血、内炼精气神之类比较内在的东西为主要目的，其未必追求结构塑形、运动模式等的改变。当然练“式”也不排斥这两项，只是并非刻意追求，而是等待其自然产生这些变化。故而这样产生的结构塑形和运动模式的改变是会停留在一定程度之上的，大多是够用即可的程度。

而站桩则是会有意或无意地主动追求筋骨塑形、气脉建构、运动模式重塑，等等，是有这个目的性的。所以，练出来的这些东西的强度是会超过练“式”的效果的。打个不太恰当的比方，这二者的结果的区别就好比普通人健身练出的肌肉（式）和健美运动员练出的肌肉（桩）的差异。

但是这二者是否一定有优劣之分呢？是不是练“桩”就强于练“式”呢？这就见仁见智了。或许这二者折中一下才是最优的也说不定。这就留待后人思考了，我们现在各守师传即可。

3. 架子

很多拳种也站桩，但是从“易筋洗髓”和“内型－内动－内劲”的标准来看，这些桩其实仅仅只是名字里带着个“桩”字罢了，它们其实更适合被称为架子。

过去有所谓入门“蹲架子”之说，又有所谓“三十六大架，七十二小架”之说。这里的架子就是指某种身体姿势，如马步就是常蹲的架子之一，现在多被称为马步桩。

这类架子与桩的异同何在呢？架子有固定身姿、身架的作用，但无法形成身体间架结构。例如，仪仗兵的身姿、身架都非常端正、挺拔，但是不能说他们有内家拳的身体间架结构。这种架子多是依靠局部肌群的力量构成的，或是仅要求保持身姿稳固（站桩不是不能达成身姿稳固，只是这属于副产品，并不做追求），并不能形成“整”的概念。

蹲架子并不能改变人的运动模式，只是在顺应常人习惯的运动模式的基础上对人体运动强度有所强化。

（六）静桩、动桩、行桩的区别

1. 静桩和动桩

有人说站桩不能是静止不动的，站浑圆桩也好，还是其他桩也罢，一定要有各种小动或是微动，如身体起伏、摆动等。

也有人说静桩是死桩，动桩是活桩，我们要练活桩而不练死桩。这些话既对也不对。

静桩就是不动的桩，但是静桩并不是死桩。静桩的外在不动，而内在则是在“动”的。这个动是生机活力（人体良能）激发出来的内在的动态。例如：自身气血流通顺畅，强劲健旺，则能感觉到气血之动；自身筋骨结构进行调整，也会感觉到筋骨萌动。如此种种。

而一旦自身整合好新的内在秩序，外在也会自然而然地“动起来”，所谓的如在水中、如沐春风、空中游泳等都是内在激发出来的外在活动，身体自发的活动感是身体不断的自我调整——既是站桩，就不可能是绝对的“呆”立不动。

这种静桩的“动”与动桩是不同的。动桩或是在原地主动地小动或微动，或是以意带动身体微动来练筋骨、劲力，以练内动。这与我们说的静桩的“活力”激发动态并不相同，因为产生“动”的主体不同。

2. 行桩

所谓行桩就是桩的动态，表现形式就是打拳或练习内家拳的单操、单式。内家拳的拳式或套路就是桩的连续动态和变化。各种单操、单式就是动起来的桩。

（七）站桩的通用心法

（1）站桩要注意周身合一，要整体放松，不可仅仅专注于局部。专注局部则容易使局部脱离整体，脱离整体就意味着肯定有些意识不到的地方会紧张起来，那就谈不到放松了。

（2）站桩不可走神。心神都参与进来，不可中断。心神一失，则身体就易僵易死，那就是空耗时间了。

（3）站桩要注意放松，通过放松脱离日常习惯的用力和身体运动模式。如果不能改变这些日常习惯，就建立不起新的、正确的身体协调模式，那就会有很多地方留有僵劲，就永远谈不到周身皆松、一动皆整。

（4）站桩功尤以下盘难练，前人所言诚不我欺。练习下盘有八难：一是体察到下盘难，二是与上身建立联系难，三是下盘建立正确结构难，四是与上身建立正确的协调关系难，五是放松难，六是松透、松到位难，七是自身建立正确的运动模式难，八是真正站到地上难。

（5）内家拳以桩功为根本，桩功所包含的绝大部分要素是贯穿内家拳训练始终的。只要对桩功中蕴含的内家拳的基本概念和底层逻辑有正确的了解，就能轻松理解内家拳的每一步功法的训练目的。

只有理论和操作方法都正确，我们才能取得以内家功法锻炼自身的预期效果。

第二节　无极桩

一、无极桩概述

（一）无极桩名称的由来

无极桩是非常受前辈们重视的一个桩。当然，本来应该叫作无极式的，不过现在人们更愿意称之为桩，我们也只好称之为无极桩。但无论哪种叫法，“无极”二字都是不变的。

无极桩之所以有“无极”二字，并不是前人从古书里随便选了个看起来“高大上”的名词就拿来给它当名字。至少本支派所传承的无极桩之所以名为“无极桩”，是因为功法背后有其理论逻辑体系存在。其中，与无极桩对应的身体状态是跟“无极”概念有直接关系的，故称为无极桩。

中国传统文化中的无极－太极理论是无极桩得名的由来。无极桩是真的符合“一气演化，无极生太极”的道理才得名的，不是随便想叫就叫的。

（二）无极－太极浅析

无极－太极理论本来就是我国传统文化中的宇宙论和本体论的观点，这以儒家理学的理气学说为代表，无极－太极学说是其中的一部分。

无极－太极学说的基本观点是：无极是宇宙本源，是本体。整个宇宙由气构成。无极是阴阳未分之气。气分阴阳（两仪）之后继续不断演化（太极→两仪→三才→四象→五行）而形成整个世界。注意：这里的无极－太极关系是“无极而太极”，有无极就有太极，而非无极生太极。

但我们应用的无极－太极学说则是“无极生太极”，这种观点则主要来自道家思想。我国传统文化以儒家文化为主流，道家、佛家文化为隐流。儒家学说更接近世俗，构建起基础的世界观。佛、道学说则与之交融，互为补益。

《道德经》曰：“天下万物生于有，有生于无”，“道生一，一生二，二生三，三生万物”。

内家拳理论就是依据无极“生”太极思想构建起来的。整个“无极生太极”理论延伸后就是无极→太极→两仪→三才→四象→五行→六合→七星→八卦→九宫。这就是传统文化中描述世界生成演化进程的理论，内家拳先贤用其表述内家拳修炼体系的递进层次。

这套理论里的每个名词在拳学体系里都有一个对应的实指对象。例如，

无极——无极式（桩）

太极——太极式（桩）

两仪——两仪式（桩）

三才——三体式

四象……鸡腿、龙身、熊膀、虎抱头。

每个名词所指代的内容，在拳术体系中所处的阶段和位置，都是与无极－太极理论相契合的，也是按照这套理论发挥自己的作用的。

在内家拳理论中最常用到的、最简单的、最基本的无极理论主要是“无极生太极”这个概念。无极指的是一种人体（身心）状态。大家可以先简单认为这个状态就是一种人体未经锻炼、混沌的身心状态。太极代表的是另一种身体状态，可以视为是一种功态，层次高于初始阶段的无极态。

无极桩既是无极态的一种表现形式，内里又包含了向太极态转化的趋势，因此得名。无极桩功法是一个引导人体从无极态向太极态转化的过程。

以上是内家拳理论中无极理论的简要概述。

本支系的无极桩功法，乃至全盘功法，都是本着无极－太极理论构建的。

（三）内家拳入门先站无极桩的意义

无极桩是内家拳的起点，是入门第一课，是初学者开始修炼内家功法的第一步。从无极入门，并且长期坚持练习无极桩，可以帮助大家更好、更快地理解、掌握内家拳。无极桩不仅是一个大家放松身体、准备练拳的外形动作，也是一种桩法。它代表了内家拳的核心思想和根本路径，是内家拳修炼者的初心和发端。从无极桩开始，我们可以认识到什么样的拳法算是内家拳，应该如何去学习和修炼内家拳，以什么样的态度对待内家拳。这里包含了学习对象、学习方法和学习态度，这相当于是内家拳的学前班。

初学者能否真正接受内家拳的思想，能否真正理解、认同、实践内家拳的理、法、功、术，能否最终成长为真正的内家拳践行者，都可以在练习无极桩的过程中找到答案。

（四）无极桩是“活”的

本门的无极桩并不是一个固定不变的姿势。正如前文讲述的，无极桩可以按照功理法则进行自我变化和演进。

借助无极桩的渐进训练，我们的身体会一步步地表现出在正确功法的指引、锻炼下，在肌肉、骨骼、经筋、气血、筋膜、脏腑等方面发生的真实改变。同时，内里的变化会产生外形上的调整，从而印证内家拳“改造自身、开发良能”的指导思想的真实效果。而每一步的锻炼成果既是对上一步功法的印证和总结，也是进入下一步功法的“钥匙”和基础。

这种功景相参、知行合一的锻炼方法是本门功法的一大特色，也体现了本门“实修实证”的基本原则。

（五）无极桩是如何“生长”的

无极桩，或者说内家桩功的功法原理，好比种花植树，埋下一颗种子，然后按标准浇水、施肥，并给予其良好的环境和日照，慢慢它就会开花结果，长成参天大树。

那么，问题来了。

1. 什么是种子

在无极桩功中，我们的自身（身和心）就是无极桩要培育的真“种子”。这是第一概念。要求我们把注意力集中到自身上来。然后，再进一步认识到种子其实就是我们身体内天然的良能。

良能是一种综合概括性的说法，简单而言就是我们身体内本来具有的生命活力，人本身的生长发育，疲劳、生病、受伤后的恢复等都有赖于它。

说得再明白点，良能是我们身体趋利避害、求生求强、求生命长久的正向发展的生物本能。这点大家先有个印象就行，日后会有所体会。

初始阶段，我们可以这样笼统地理解：身心天然具备的“生命力”就是无极桩要修炼的种子。

2. 种子会发生什么变化

身心在进入无极态之后，身体良能才能得到涵养和发挥。在此之前，良能的工作效能都被日常生活、劳作所带来的紧张、疲劳所制约。而当良能这颗种子被无极态培养起来后，不断成长，就会引发身心产生明显变化。

起初，良能只是顺从人体的本能而运作，难以被发现。待良能被无极桩培养而发展壮大后就会被我们体察到。这时良能表现为体内的一种生长性活力。

打个不太恰当的比喻：一般人的良能只够日常消耗，大概是从感觉精力充沛开始，随着从事工作和生活，精力慢慢消耗掉了，然后经过足够的饮食和休息进行补充，随后进入下一轮消耗……如此周而复始。就像家里的账户，发了工资存进去，但是交房租、水、电、煤气等费用会把它慢慢消耗掉，只有等下一次发工资才会再存入。

而站桩后激发的良能具有生长性、延续性，就像存在银行里的现金，在不知不觉中总能生出一些利息。只要你还留着一点本金，它总会慢慢增多的。这就是良能在体内引起的第一个变化，也就是它自己的转变，开始从日常消耗中摆脱出来，留一部分能量用于自我增长、壮大、积蓄。此时我们不再以“良能”称之，可称之为“生机”。

我们在这里总结一下：无极桩生出的东西首先是生机。这个生机对初学者来说还是一种比较虚的感觉。

虽说练无极桩会由只了解相对虚的理论心法，到一步步身体发生实实在在的变化。但是初级阶段形成的生机（已经算是一种练功成果了）还是有些模糊，难以直观把握。尤其在最初比较微弱的时候，似有似无，在有无之间。能不能把握住，全凭个人感受。

所以，我们要先特别强调这一点，这毕竟是练内家功法由虚到实的第一步，对日后的练习具有重要意义。大家在练功时千万不可轻视它，更不可轻易放过它。

站无极桩时，做到松静要领后，剩下的就是静心等待（体会）生机的萌发。注意，是体会、等待，不是找，更不是做。

3. 如何感知和把握无极桩功带来的身体变化

无极桩孕育出生机之后，在身体上的实际表现首先在于精神健旺，一些慢性疾病能康复，身体逐步恢复健康，进而自我感觉有活力等。这里就不一一列举了，总之身体会有各种正向的表现，都是因为生机带来的好处。

我们说站无极桩的功效在于生发，即生发出东西来。精神健旺等现象其实就是生发出来的，只不过开始的时候给我们的感觉太细微了，一般察觉不到，或者说不会往练功这方面联想，不把它归到桩功的功效范畴之内。

从这些细微变化开始，习练者的身体就已经逐步开始了新一轮的生长，已经开始从无极桩功中获得好处了，身体已经开始往正向上走了。这就是很好的第一步，此时习练者不必妄自菲薄，可以自我鼓励一下。这是向好的第一步，也是重要的第一步。

接下来，体内的生机逐步发展壮大，会引起比较明显的身体层面的变化，如皮肉、筋骨、经络、气血都会变化。到了这一步，练习者就能明确感知，甚至别人也能发现练习者的身体和精神状态的变化。这个过程伴随着一种非常明显的、源自体内的成长感。

我们形象地称这个过程为身体的“二次发育”，老辈人叫“脱胎换骨”。传统拳学理论则分门别类地称之为易骨、易筋、洗髓，这些其实都是古人对人体再生长的一种解读。而所有这些都是从入门阶段那微小的第一步开始的。

我们体内的这种生机是由人的本源能量——内家理论中所谓的“一气”（此“一气”可以在老拳书里看到）构成的。当生机不断壮大，引起自身内部变化，然后由量变产生质变后，我们的身体外在形态也会发生变化，这就标志着身体进入了太极态。

所以，本门这个无极生太极的变化，不是练习者自己意想出来的，而是切切实实在身体上发生的。它可以实践，可以印证。

首先，通过无为使身体回复本原态——无极（混沌）；然后，静待体内生机生发——虚无含一气；之后，生机发展壮大，身体开始发生变化——元气充沛；最后，身体进入太极态——元气饱满，阴阳内蕴（未分）。这就是内家功法在人体小天地内模拟宇宙大天地中“无极生太极”的过程。

（六）无极桩演化过程所反映的内家拳练功思路

这个思路主要表现在以下三个方面。

1. 由虚到实

“虚”的心法要领逐步对身体产生“实”影响，引起实际变化。

松、静、空这样的要领带给人们的“信任感”，远不如做俯卧撑和力量举。似乎身体运动中实实在在的用力才让人觉得是在锻炼，更值得“信任”。

事实上，练功时到底该松还是该紧，在圈内也确实一直存在争议。毕竟用力的训练方式更符合大众的认知，在现代人体科学中也有一系列的理论支持。

松、静、空这样的要领确实比较虚，但是“无极生太极”的理论描述的本就是由虚到实的过程。道家的世界观就是从虚空之中化生出整个世界。

我们这里不去做哲学层面的思辨。目前内家功法中的无极桩应用的就是这个理论，而且按照整个理论练习就能产生对应的实际效果。

以虚灵的要求、虚无的状态从旧身躯中“孕育”出一个新的身体，从人体内开辟一个新的“天地”（如果非要说得实一点，也可以表述为体内结构、运动模式等）。这一点对于认真练习过无极桩的朋友而言可能已经略有感触了。

2. 从无到有

从无到有是说在站无极桩的过程中，练习者身上会有很多常人没有的东西“生出来”。为何说是“生出来”，而不是说“练出来”呢？有两个原因。

其一，无极桩功法要锻炼的目标物，在普通人体内尚不存在，或者说在体内的存在感极其微弱，几乎可以视为不存在。

现实例子之一就是经筋。内家拳所说的经筋是由筋膜包裹并连接起来的一串肌肉链。普通人未经过锻炼，只有断断续续的筋腱，附属于肌肉束的筋膜，无法形成绳链状的经筋。另一例子就是气血。普通人对气血的感觉是极其微弱的，如果不经过锻炼，乃至提炼，气血对于普通人而言是不存在的，既感知不到，也无法主动调用。

其二，无极桩生出来的东西会形成一个新的人体身心体系，并且具有自己的运行规律。

这里大家要注意，我们通过无极桩培育出来的是一个新的体系，一个新的“自己”，而不是某个单项运动功能，更不是某个动作技术。所以，大家不要用模仿外形、重复动作的思路修炼无极桩。

什么是新的体系？《方式》一书中说过，人体是由筋骨系统、精气血系统、经络系统、神意状态、五脏系统组成的。这些系统有机地融合起来，按照一定规律运作，就是我们所要研究的体系。

这些子系统本身都是自成体系的，它们结合在一起成为一个大的体系。在日常生活中，这个体系会按照一个模式运作，为我们的学习、生活、工作提供支持。

但是内家拳所需要的身心运转模式比日常生活更高级，大概可以比作生产民用品的企业转型生产军用品，各种指标都得上一个或者几个台阶。

所以，我们要在遵循各级系统根本规律的基础上，按照内家拳的原理和要求，调整它们的协作关系，使其产生某些特殊效果，从而发挥出内家拳需要的特定功用。

这个新的整体协作关系，在常人身上也是没有的。

无极生太极，“生”这个概念有重建某种体系（重塑世界观）或者重构某种秩序（合于道）的含义。

3. 先天与后天合一

如果大家能理解从虚到实、从无到有的思路，咱们就可以再引出“先天”“后天”的概念。“先天”“后天”是内家拳理论中的重要概念，是划分内家功法体系的重要标准，对于我们学习、理解内家功法和技术非常重要。

简单来说，先天通常指具有本源性质的，与生俱来乃至出生之前的，先于感觉经验和实践而来的，宇宙本体、万物本源的概念。后天与先天概念相对，指后来学习得来的现实世界上的化生而来的概念。

在内家拳理论中被称为“先天”的功法基本上是培养和壮大人的本体、本质、本源的功法。例如，无极桩功法是通过松静无为，使身体进入一种空空洞洞、一无所有的松静状态，这就是先天态。在这个状态下生机生发，就是抓住了人的本源。通过本源的壮大，身体才一步步得到强化。

身体上生发出来的好东西越来越多、越来越显著，人体自然就会静极而动，运转起来。将练功所得在大千世界上做一“表达”。此部分的东西在内家拳中就属于后天的功法，比如太极桩之后的桩法、动功、拳架（形意拳的五行拳、太极拳的十三势），等等。

故而，内家拳的功法是先天与后天合一的。先天的东西会化生为后天，以后天为表达。后天的东西则植根于先天，以先天为根本。

需要注意的是所谓先天与后天合一，其本质就是浑然一体的过程。这就是模拟无极生太极，由太极再化生，逐步从先天的混沌态发展到后天的大千世界，再由大千世界回到无极态的整个过程。

内家功法基本上都可以归为先天、后天两大类。两者是一体两面的，先天为体，后天为用。孙禄堂祖师对此有专门论述：“无先天则后天无根本，无后天则先天不成全。其理虽有先天为之本，然无外式之形，只能行无为自然之道，不能习之以全体也。若使之先天健全，即借后天有形式之身，以行有为变化之道，则能补全先天之气也。”

再强调一下，内家功法入门就从先天练起，这样一直练下去得到的就是先天的东西，时时刻刻也没脱离这个主线。这是根本。

但是，先天类功法是强化自身本源的，不能直接拿来使用。需要作用于外时，使用的就是后天的东西。所以，练内家拳必须时不时地借助后天的技术和应用来检验。

先天形于后天、投影于后天，仍是以先天为本。所谓“先天为体，后天为用”大致就是这么一个关系。先天本源越雄厚，后天功能才越强大。如果没有先天类功法的支撑，后天的桩、架、招就会变成一种流于表面的东西，就不是内家拳了。

先天为本！希望大家在练习内家拳时多多体悟、多多品味。准确把握先天与后天的关系。

二、“四要无极”的具体修炼方法

《方式》一书中初步介绍了本门无极桩（图 4–2、图 4–3）的前后两种形态。这里我们重点介绍一下后一种形态，即“四要无极”。

在讲解“四要无极”的具体练法之前要专门介绍一下这个桩法的来源。这不仅仅是为了尊重师门先贤，更是为了了解功法体系为何这么安排，也有助于我们对功法本质的理解。

四要无极桩是李旭洲先生所传宋氏形意拳体系里的无极桩法，可以说是一种比较独特的无极桩形态。这种无极桩不是一个固定姿势，而是有一个从

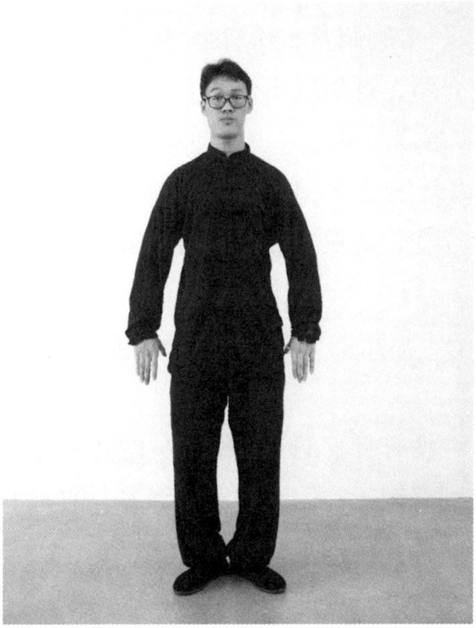

图 4–2　无极桩（正面）

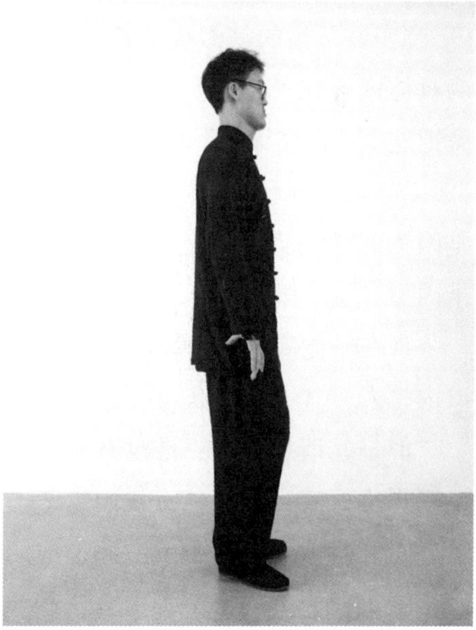

图 4–3　无极桩（侧面）

并脚无极到分脚无极，再到“四要无极”的演化过程。这是为了基础身体训练和基础理论知识体认参悟的需要而安排的。通过这种变化，练习者可以直观地感受到内家拳的各种功理、拳论中描述的内容究竟是怎么回事。

从理论知识方面讲，大家通过对无极桩，理解了无极－太极演化理论、生机的含义，以及如何进行“生长式”练功，也就是内家功法的所谓“养练”。这是内家功法有别于其他强化式练功方法的地方。

而从身体的准备方面讲，则逐步在身体上体会到了固本培元、生机的养化、筋骨有了初步的生长感。

以上两个方面的内容都是可以通过无极桩阶段的学习而体认和理解的。

所以，宋氏无极桩其实可以视作一套“无极功”。它不是一个固定的无极桩形，而是要有形态演进的。通过外形的变化，将功法内容实体化地在身体上展示出来。

而“四要无极”的姿势就是体现无极桩最终阶段成果的身体状态，尤其是筋骨生长后形成的新形态在身体外形上的一种体现。

（一）四要无极桩的讲解

“四要”指的是戳腰坐胯、挑顶竖项、空胸圆背、松肩垂肘。这“四要”的具体内容在《方式》一书中已有详细介绍，这里就不赘述了。下面，我们就把这个“四要无极”成型的过程进一步解读一下。

为什么强调首先要戳腰坐胯？之所以反复强调“四要”之首是戳腰坐胯，是因为戳腰坐胯是引起躯干内型产生后续变化的根本。这里请大家注意“躯干内型”这个概念。

现在一般武友都知道内家拳要练躯干，都知道“脊柱是一条大龙”“盆骨以内打人、盆骨以外推人”这些话。

但是，请想一下：谁没有脊柱啊？谁没有骨盆啊？舞蹈演员的脊柱和骨盆动得也好着呢！凭什么说内家拳体内别有洞天？因为内家拳练习者的躯干是经过一番锻炼、一番改造而形成的新结构。同样是脊柱、骨盆、肋骨、肩胛构成的躯干，内家拳练习者这些“零件”彼此间的支撑结构、运动模式都发生了不同于常人的变化，并且能够做出一些常人难以完成的动作。

大家要记住，练内家拳的目的在很大程度上就是改变躯干内型。而要改变躯干内型，调整好脊柱和骨盆的结构关系是关键。戳腰坐胯就是调整骨盆，为脊柱的稳定打下基础。

我们先要在身体骨盆圈范围内建立起第一个十字结构：两胯左右横开，为十字结构的左右方向；脊柱为十字结构的上下方向。这个十字结构保证了脊柱的基础稳定。

脊柱稳定之后，自然会产生一股支撑躯干的劲力。这是桩架结构力的萌芽，虽然还不能算是真正的结构力，但是可以说是躯干内型变化的“种子”。

戳腰坐胯做到位后，骨盆－脊柱区域产生的不仅仅是筋骨结构性的支撑劲力，同时有一种“活性”的生长力生成。两者是浑然一体的，我们姑且称之为“生长性劲力”，这类似于小孩子拉筋能有助于长个儿，差不多就是这么个概念。

这种“生长性劲力”可以促使成年人的筋骨再次获得生长的机会，从而使我们的躯干向新的结构发展。由此，生出后续几个变化。

戳腰坐胯是向下到位，同时一股对应的劲力顺着脊柱往上升，升到头顶后就会出现挑顶竖项。

关于这股上升劲力的感觉，大家可以想象一下钓鱼时的情形：当钓到鱼时，一提鱼竿，把鱼带出水面时的那股劲力在鱼竿上传导时的感觉。可据此体会这种劲力在脊柱上的作用。

挑顶竖项出现后代表着躯干上下方向的支撑结构基本稳定了，相当于盖房子的柱子立起来了。

然后，那种“生长性劲力”通过脊柱开始往外展、往外开，这是身体的左右方向。这股开展的劲力推着肩胛骨左右张开，就出现了圆背。人体阳面（背面）的圆背出现了，则阴面（前面）自然出现空胸。

空胸圆背出现后代表着身体左右方向支撑基本稳定了，同时在身体上出现了第二个十字结构。

然后，我们的肩膀顺着这股劲力往外一松，两肘左右一张，就出现了松肩垂肘。

松肩垂肘出现后，身体就呈现出了最初级的筋骨结构状态。此时，我们

图 4-4 伞撑开后的上下伞面、伞骨的状态

身体的整个筋骨结构就像一把撑开的伞（图 4-4）。

尤其是我们的躯干部分有点像胀起来的河豚（图 4-5），从里到外鼓起来，连鱼鳍都乍起来了。

有了这个躯干雏形，再练后续功法才有资本。

（二）“四要”是从松静进阶到松沉的体现

图 4-5 “气达末梢”的河豚

练习者相信并坚持松静这种看似无形、无意、无法的练法——播下种子，直到“四要”出现，就是到了收获的时候了。

戳腰坐胯是身体整体出现松沉的最直观的具象化表现。这是习练者前期坚持练松、练静得来的成果。

请大家注意：只有身体真正整体地沉下去了才会出现戳腰坐胯。否则，可能是膝盖打软、身架下塌，或者膝盖绷住，硬用身体压弯腿，上下较劲……这样站桩，不仅不会出功夫，还可能伤身。

如果身体是真正的整体松沉，那么你的放松就不是身体的一种肤浅的感觉，而是真正的功夫。它代表着你的身体发生了一系列的具体变化，每个变化都意味着你的身体向内家拳所要求的内型结构又近了一步。

什么叫整体松沉？整体松沉意味着身体真能沉下去，全都沉下去，而且是一沉到底，没有阻碍。

这里结合“四要”再解释一下：戳腰坐胯里的坐胯是说人的身体，特别是躯干下半截，也就是腰臀区域，真正形成一种坐在那里的状态。

一般人在站桩时是不敢真往下坐的，因为他知道屁股后面没有支撑物，所以不敢坐下去。所以，他是用肩颈绷紧，吊着腰和臀，做出一个“坐”的假动作。类似咱们坐一个快散架的凳子，身体很紧张，用屁股随时感觉着凳子的状态，防止劲坐实了，它就真散架了。所以，看着外形是“坐”，其实身上还是有一种要随时站起来的劲儿。

而当练习者经过桩功锻炼，骨盆底部以及两腿的筋骨已经变成了一个稳固的“凳子”，当然敢大大方方坐下来了，而且还要坐得稳当、舒坦。这时的状态就是我们说的站桩时的“坐”。这个状态过去叫“一沉到底”或者“坐到底”“坐满”“千斤坠”，等等。总的意思就是说这个“坐”代表了身体上、中、下三盘完全处于正确的放松状态了。

此时，膝盖有往前跪的感觉，大腿骨好像被膝盖的自重抻出来一节，小腿骨也往下沉，脚踝处的解溪穴会出现压迫感。

上身完全松下来了，身体重量卸到了下盘。同时，下半身也松下来了，不用肌肉拙力绷着了，否则膝盖和腿上的劲还是硬撑着的。

这肌肉一松、拙力一去，筋反而就绷起来了。练易筋经的时候，还得用动作去唤醒这些筋。而练桩功时，只要正确放松，这些筋就开始工作了。这两者有什么关系？有兴趣的朋友不妨思考一下，对内家功理、功法的理解会有帮助。

筋绷起来了，就像给骨骼绷上了拉簧，骨架就能撑住了。

这时我们说的“生长性劲力”才能产生向上的发育趋势，结构力和生长力才能结合好。这个劲能通上去才能把肩胛骨向两侧推开，肩胛骨横开了，肩部筋腱伸展了，大臂自然会垂下去，自然就有了松肩垂肘，特别自然、特别顺。

反过来说，如果拙力不去除干净，身体的整体结构还是被上半身的肌肉死死锁着、吊着，松不下来。松不下来就沉不了，没有沉就等于没有埋下生长的“种子”，自然也不会产生向上的“生长性劲力”。桩就像树根、树干一样，没有了向上的生长力，还怎么抽枝长叶？

所以说，要先打好根基，才能向上发育。

（三）“四要无极”成型中深层次的“意气”元素

说过了筋骨层面的松沉，再说说心神方面的“静”。

松会慢慢变为沉。身体能沉得住，就是稳。身体稳了，心较以前会更舒适、安静一点。站不稳、站累了的时候，谁的心也不会真正安静下来。

大家可以自己体会一下，全身“坐住”之后，杂念、烦躁会顿时减少。这是我们在“静”上的收获。从中我们可以体会到，在内家拳体系里，不仅“松”是很实在的功夫，“静”也是如此，而且“静”也有其次第、程度之分。若能初步体会到“静”，就可以略微谈谈“意”“气”了。

前文我们说过，本门的无极桩不以外在的动作，如上下吊坠、前后对拉等肢体动作牵引用力练功。本门的理论是体内一气养足了，身体自然会向四面八方撑开，并能与天地元气呼应。

戳腰坐胯、挑顶竖向是体内一气向下、向上生长，产生的一对上下的、相反相成的生长趋势。

空胸圆背是胸腔整体的相对位置后移，胸腹面（躯干阴面）实际是打开、饱满的，背腰面（躯干阳面）是向后膨胀的，形成体内一气向前、向后生长的一对前后的、相反相成的生长趋势。

松肩垂肘是两肩胛骨带着背阔肌、两肋侧面左右打开，这是体内一气向两侧生长产生的一对左右的、相反相成的生长趋势。

体内一气“气机”的变化与体外一气——天地“气机”相互牵引，同时辅之以“意”的作用，就能取得对身心的高效锻炼效果。气机者，变化之源也。

注意：这里的“意”指的是“真意”。“真意”也是来自松静、松沉之中，是心神与身体的真实联系，而不是单纯的头脑中的意念。总的来说，就是不是依靠外形动作、肌肉用力。

强调这个就是避免大家真的用梢节肌肉力去顶头、拔脊柱、鼓肚子、坐屁股、拉肩骨。很多人不懂内家心法，于是就按照常人的理解和用力习惯，用肌肉力和外形动作去做“虚灵顶劲、含胸拔背、气沉丹田、沉肩坠肘”。然后还觉得自己功感很强，这是误入歧途。

“气机”和“真意”牵引，引起身体的生长变化。我们说用“气机牵引”，不要用“外力”是因为外形动作产生的拉扯力还是肌肉用力、局部用力，而且通过这种用力方式训练出来的用力习惯是把力作用在自己身上，这还不如去练习杠铃、拉力器，至少力量是向外释放的。而用身体各个梢节对拉来找功感，说到底还是内里没有实际东西、实际感觉、实际变化，所以才借助外形和肌肉力拉扯筋骨、牵扯筋腱，获得一点点自己在“锻炼筋骨”的心理安慰。

用“气机牵引”是因为我们自己身体内的一气足满，这就是内家拳最根本、最实际的东西，是我们的体内发生演化运转的起始点。这就要回归我们的“无极－太极”理论。我们的身体本来相当于始于混沌的一个蛋（无极），在这个混沌之外，本来就是没有东西的（虚无之中哪有外力可借？虚无之外也没有其他）。我们依据“无极－太极”理论，混沌蛋内自己不断生化，逐步生长。无极生太极，再阴阳分化，再四维开张，再不断生化、演化，最终在身体内建立起一个新的“世界”。

第三节 浑圆桩

一、“浑圆”的概念

本节为大家介绍的是浑圆桩。这里我们就谈一谈：

浑圆桩表达的是什么拳学思想？

实际修炼中如何理解和把握“浑圆”的概念？

了解名目的含义有助于加深对功法的理解，毕竟内家功法的名目不是随便起的。

浑圆可以从广义和狭义两个方面来解读。这里我们分别解说一下。

1. 广义的“浑圆”概念

其实对于浑圆桩中的“浑圆”二字，一直有浑圆、混元、浑元等几种说法。而本门采用的是“浑圆”二字。

混元、浑元等大多是从气的角度来解读的，当然也自有其道理。但是虽然本门宗气而练，却不用这种说法，我们在这里并不强调气，我们从广义的、至高追求的角度出发采用了“浑圆”二字。

广义的浑圆指的是完美无瑕，有如完美的球，有毫无破绽、毫无缺失的含义。我们要将自身内三合和外三合都练到毫无破绽的状态，将自身的筋骨皮、精气神炼到完美无瑕的状态。这是我们对浑圆的追求。

浑圆代表的是一种完美的境界。我们用“浑圆”二字敦促、衡量自己，查看哪里还有缺失，不断完善自己，不断提高，精益求精。

2. 狭义的“浑圆”概念

狭义的“浑圆”概念基本可以定义为我们在拳学修炼中所要修成的身体能力 / 状态。

这种状态的外在表现是一种立体、多向的间架结构力，或称桩劲。这种劲以六面整体力为基础，多种劲力复合叠加而成，由此产生了“浑圆力”的概念。

无论是浑圆力还是六面整体力，都是一种自然力，好比山石的重量、荆棘的尖刺、树枝的弹性。这类力是存在于我们身上的，即便不用特意用什么技术去“发力”，它也是自然存在的。

从实修角度讲，由六面力升华到浑圆力是有一条清晰的升级线路的，二者的概念可以衔接上。

六面力是指前后、上下、左右六个方向上自然态的结构力，后期会升级为桩劲。这个结构态如果描绘出来，可以是六边形，也可以是其他多边形。又因为人体在三维空间内活动，六面力可涵盖人体的主要六个方向，所以可以把六面力视为最初级的浑圆力，二者有时也合称为六面整体浑圆力。

而真正的浑圆力至少是表现为圆态的，起码不像多边形那样是有棱有角的。最佳的浑圆力是圆球态的。没有凹陷、断续等破绽的圆球态是完美态，所以被称为浑圆。

在练习浑圆桩、理解浑圆桩的要求和训练目标时，要注意内功有成后的人体状态与常人的身体状态是不同的。所以，我们反复强调“人体改造”的概念，就是为了提示大家注意。

普通人的未经过修炼的身体状态，靠模仿、模拟内家拳的动作或形态，是“照猫画虎”，根本进不了内家拳的门。至少要经历过浑圆桩阶段锻炼的人才能有内家功态。

两者绝不能等同，不可用常人的身体状态揣测功态下的人体动作，否则永远得不出正确答案。

二、浑圆桩要领和练法

基本的浑圆桩（图 4–6、图 4–7）要领和练法已经在《方式》一书中介绍了，这里不再赘述，只补充一些细节要求。

图 4–6 浑圆桩（正面）

图 4–7 浑圆桩（侧面）

（一）桩形细节调理之外形部分

1. 两脚间距

两脚间距略比肩宽，双肩外缘与两脚内侧在一条垂直线上。

2. 双膝微弯

只要两膝盖不完全伸直即可。

3. 身架大形

鼻子对准肚脐眼，两耳对准两肩，后脑对准尾闾，以端正前后、左右、上下的身架。

4. 头部

头部正直，面部放松。头顶百会穴仿佛有被空中悬着的绳子吊着，从而拎起整个身体的感觉。开始时，从颅骨到颈椎的感觉比较明显，一拎则头就正了。

5. 颈项

下颌微收，如同于熟人见面时微微点头的感觉。

或是下颌微收后，如同夹着一个小球，同时整个脖子自然后靠一点，好像脖子后面有个枕头，脖子要靠在枕头上一样，这样颈椎就可以微微感觉到上挺，就可以刺激到颈部的筋，这样同时跟头部像被绳子悬吊的要领结合起来，整个颈椎就调正了。

6. 胸、背部

胸部放松，尤其注意心口窝一圈要放松。胸部放松不太难，一般都能做到。胸部仿佛微微后靠，以形成空胸。

背要圆，两肩胛骨要平，不可突出，关键在于肩胛骨在放松状态下向左右张开，使后背呈弧面。

后背整体微微后靠，如同靠在墙壁上。这可以真靠墙体会一下，有利于调正身形。

7. 肩部

松肩自然下垂。松肩的感觉如同腋下有人托着你，肩部不用着力，可以自然松下去。这可以请朋友托着体会一下。

同时，肩胛骨在左右张开的过程中，带动肩部产生左右横撑的感觉。

8. 肘部

松肩自然垂肘，肘部有平放在桌子上的感觉时就可以自然垂下了。同时，肘部也要有左右撑开的感觉。从外形看来，肘尖斜 45° 指向地面就对了。

9. 腕部

腕部要有饱满的感觉，要舒展开，不能没有感觉。要有能夹住一个小球的感觉，腕部就饱满有力了。这样有助于手掌和手指的筋舒展开，十指自然张开就有力，不是空做。

10. 手部

掌心微空，十指自然张开，将手掌的筋舒展开，手指自然弯曲，如同用手掌扣住一个碗一样，十指抓住碗底。

11. 腰部

腰椎要松开，挺拔正直。带脉一圈要有饱满感。这个不用强求，腰椎松开了自然就有。

12. 胯部

胯部要坐。胯部真自然坐下去时胯窝是松开的，不是挺着劲的。此时左右两胯有分开的感觉，臀部自然从后往前包裹，两胯如同两手一样抱住躯干、抱住丹田球、抱住脊柱下段。

13. 膝部

先要求跪膝，这个有基础后再要求提膝。前提膝时只要膝盖放松，然后微微一想膝盖上方皮肉被拎着往上一提就好。注意：一定要在有了跪膝的基础后再练提膝，否则下盘就练虚了。

14. 腿部

（1）大腿要练出来，这个容易被忽略。

身体真的坐下去，能坐平，大腿就自然能放平，这时大腿正、背、左、右四面的筋都能刺激到，就练到位了。不过这个不强求，看个人练功进展。

（2）小腿前后、左右四面的筋也要练到。

跪膝做正确的话，小腿四面筋就会被刺激到。不过胫骨正面的筋会略感觉弱一些，这时可以想象有东西从膝盖处开始沿着胫骨前面滑 / 流下去，顺着这个劲一放松，胫骨正面的筋就刺激到了。

15. 足部

先练涌泉贴地，足心踏实，这有利于将整个脚掌的筋都刺激到位，再练足心涵空，涌泉内吸。脚趾自然抓地即可。

（二）桩形细节调理之气脉部分

调理气脉就是为了把气脉理顺，使之不要因为身体姿势不当而产生障碍，也不会因为身体姿势不正引起的紧张而造成不通顺，目的是使周身上下气机平衡、通畅。此为站桩养气之用。

这种调理跟调肢体的要领有很多重合的地方，只是着意点不同。我们调气的原则是形正则气顺。这里特意再说一遍，是让大家从调气的角度再理解一下这些要领。

先调整头部和颈项。

1. 顶头悬

如同百会处有一根绳子吊着自己，或用百会处顶着一个小球或者小碟子，不要让它掉下来。

一定要在站桩过程中始终做到顶头悬，否则头颅合颈椎不正，则周身难正、经脉难通，功夫丢一半。

2. 下颌回收

在顶头悬的同时一定要收好下颌，下颌回收和顶头悬同时做到，就有把人整个拎起来的感觉。这样一是不会有体重压着自己的感觉，以定下身姿挺拔的总基调；二是能把人的精神激发起来，不会使人恹恹欲睡。

3. 颈项松直

顶头悬、收下颌的时候，注意同时喉结内收，这样脖子基本就正了。此时注意颈项要放松，不能故意梗脖子，那样容易造成气脉紧张。

以上三个要领做到位后就能把头项部位的气脉调好。

4. 松肩空腋

肩部要放松，尽量从膀根处松起，如果难以体会，就想着从脖子根开始拉一条垂线，从这条垂线松起。这条垂线至少要延长到腰部，暗中对应脊柱，再长暂不做要求。这条垂线若能松开，则脊柱周围的筋肉就大致松开了。尤其注意以大椎穴为圆心画一个圈，圈大小无所谓，取决于个人能力和体会。这个圈范围内的相关部位放松，则有利于松开两膀，打开气脉通道。所以，名为松肩，实为松膀。

松肩的时候一定要注意腋下空开，仿佛腋下是一张嘴，需要张开嘴呼吸，这样想即可以空开腋下。

松肩空腋一定要同时做到才是正确的。

5. 涵胸拔背

涵胸是指深吸一口气，让胸廓充分开张，然后缓缓从鼻孔中呼出一口长气，当这口长气呼尽时，胸部的状态大致接近于涵胸。

拔背就是脊背（主要是胸椎部分）有挺拔之意（身姿挺拔），后背舒张开来。做好顶头悬、涵胸，收好下颌，两膀松开，自然就背脊圆空而拔起了。

这里重点要求膻中放松，也可以意想心口窝处放松。这样做是为了打开中部气脉通道。

6. 两肋

两肋（的筋膜）要张开。先左右横开，这是第一步。然后有两肋向前合抱的感觉，同时要有如鱼用鳃呼吸一般的感觉。此为肋之开合。

以上做到后即可打开胸部通道。

7. 腰腹放松

腰是身体的枢纽，是松开整条脊柱的关键。我们把腰（主要是腰椎）松开主要是使腰椎自然松垂下来。这包括一是感知到腰椎，二是使腰椎自然松垂，不要做前突，也不必做后弓。

松开腰可使气血流通，身体上下相通。

8. 命门填实

这是松腰的一个窍点。腰松则腰部气足，腰部气足则命门填实。这是一体的。也就是说，命门填实是腰部气足的体现，是在松腰的过程中自然出现的。有些人会刻意往后突命门，这是错误的。其实腰松开后，命门首先会表现得比较平，这就对了。命门填实（后突）是经筋、内膜、内气功夫不断有长进的现象，不是刻意做出来的。

9. 会阴

会阴需要内提，这是连通身体任督二脉的关键。

会阴内提的做法是想象小腹内里某个点用一根虚线向上提会阴。这个点不用太具体，就是想着有这么一个点，用这个点微微提一下会阴穴即可，不用太刻意。

10. 尾椎下垂

尾椎应该自然放松下垂，既不要前勾，也不要后翘。只需自然松垂下来指向地面即可。

尾椎松开以后才能真正练到整条脊柱，才能真正让脊柱发挥其应有的作用。

11. 松胯

胯部放松，保持自然。不要后翘，也不要敛臀。

注意胯部的放松：左右胯骨放松，不要妨碍尾椎自然松垂；大转子骨处放松，胯窝深处放松，以不要妨碍大腿的姿势调整为度。

腰胯能否松开是全身能否松开的关键。

以上做到后即可打开腰胯部的通道。

12. 敛神

关键在于对眼睛的要求。站桩开始时可以闭眼站，此为养神。然后睁眼站，这样不至于神意昏沉。可看远处。

注意：眼睛不要死盯着一个物体，应该做到视而不见，似看非看。这样的目的是，神意内敛不外散，涵养神意。

如此，即打开全身的气脉通道。

气脉打开，丹田养气。神意内敛。神抱气，气抱神。站桩养气、养神，神气合一，这就是站桩调养自身的心法。

调理气脉也是我们建立自身的气脉结构的开始。

第四节 站桩功有成之后

以无极桩、浑圆桩为代表的内家拳桩功部分解说完毕后，内家拳基本功的核心部分就差不多说完了。如果还想对内家拳做更深一步的了解，就需要选择一个具体的内家拳拳种来专心练习了。

如果只想停留在入门阶段，那么坚持锻炼无极桩、浑圆桩，此外再结合一些活身法或易筋经、洗髓经功法，就完全能够满足大家日常对于养生和健身的需求，不必再学某一拳法了。

我们需要明白的是：内家拳入门虽然容易，却并不简单；虽然朴实，但功效斐然。内家拳仅是入门阶段的功法效果就能够满足大家的一般性需求。它的功效真练出来后是超出大家的预期与想象的。但是这种功效来自于长期坚持、合理锻炼，来自于扎扎实实的钻研、认认真真的实修，来自于功景相参、身知身证，而不是来自于高谈阔论。

有深入学习愿望的朋友就需要选择一个具体拳种（形意拳、八卦掌、太极拳）继续练习。深入学习是必须通过某个拳种系统实现的。不能自己想练什么就练什么、想怎么练就怎么练。那样是练不出来的，甚至还可能出问题。

我们必须搞清楚先练什么、后练什么，哪里先怎么练、再怎么练，这就需要一套经过检验的训练体系来指导我们。

每一个内家拳种都代表了一种训练体系。以形意拳、八卦掌、太极拳三大内家拳为例，此三种拳虽然同属内家拳，且一直有三家本一家的说法（还有人说三种拳是一回事），但说到底，它们还是三种拳，因为这三种拳各自代表了一种训练思路和训练体系，彼此之间是有区别的。不同的训练思路和体系是在具体练习时有不同的侧重点、不同的选择、不同的取舍、不同的方式和手段。

只有我们不真实地锻炼，而只是人云亦云的时候，才会出现很多“这也一样，那也一样；这样也行，那样也可”的论调。一旦进入真实的锻炼，不同的拳种首先体现出来的是差异。

形意拳、八卦掌、太极拳从锻炼的入手之处而言分别是筋骨、气血、神意。当然，不是说它们只锻炼这些，而是以这些入手，在保证全面性的同时更侧重这些，以下区别都是这样。

以身体的关键点区分，形意拳重丹田、八卦掌重脊柱（表现为腰）、太极拳重中轴。

以锻炼方式区分，形意拳重单式、八卦掌重走转、太极拳重盘架。

以风格特点区分：形意拳刚健、八卦掌灵活、太极拳松柔。

还有很多区别，这里就不一一列举了，有待大家锻炼时自己发掘。

我们了解了这些不同的特点之后，可以根据自己的兴趣、了解程度，以及寻师方便与否、时间安排等不同的情况进行选择，认准一个拳种后练习下去。

有了解某种拳的，可以直接选择。方便找到传授某种拳的老师的，也可以据此选择。还可以根据自己的兴趣爱好进行选择。有时候说不出理由的喜欢就代表着自己其实需要相关的锻炼。

是好动还是好静；是喜欢单操还是走转，或是套路；是注重姿势的优美还是喜欢动作的爆发感……都可以从自己的兴趣爱好出发，你喜欢这种形式，有兴趣，才容易在锻炼时取得进展，而有了进展产生的自我鼓励才能够长期坚持练习下去。

但是无论做出哪种选择都需要长期坚持，都要系统化地学习。这样才能有所收获，不负自己的时间和汗水。

还有非常重要的一点：真练下去，这就是一生的陪伴，就成为一种生活方式了。当你做出选择时，这点请铭记在心。

以上小建议供大家做选择时参考。

前面的内容，可以说是内家拳的通用基本功，涉及了以下知识点：

（1）易筋、洗髓的功夫；

（2）两种功夫合于桩功；

（3）桩功逐步改造人体，开始打造内型。

人体如果运用了这些功法进行锻炼，就初步具备了进行内家拳式的身体运动的能力。接下来我们就来聊聊基本功是如何转化为拳（运动）的问题。用拳理的语言来说，这也就是内型如何产生内动的问题。

请大家注意：后续几章虽然是以形意拳、八卦掌、太极拳为题，但我们并不会把这三种拳法作为各自孤立的拳种来解读，而是把它们放到“内家拳”这个大的概念中，以这个大概念为背景，以三种拳为“经典案例”来研究一下：

（1）何谓内型、内动？

（2）内型、内动有什么特征、特性？与外形、外动有何区别？

（3）内型、内动之间是何种关系？

这里就需要读者暂时放弃以前从其他途径得来的关于形意拳、八卦掌、太极拳的种种既有印象，换一种新的思路。

首先，让我们把内家拳理解为一个最上级的概念，一个大的技术体系。

其次，将形意拳、八卦掌、太极拳视作这个最上级概念的下一级概念，是内家拳的三种不同表现形式，是这个大体系的三个子系统。

再次，分析研究三种拳分别代表了内家拳的哪一部分特点和规律。

最后，对内家拳体系形成一个更全面、更细致、更透彻的理解。

如果大家能接受这个思路，下面就请随着我们从这个角度出发，尝试重新认识和理解形意拳。

第五章

形意拳

有一些人相信形意拳是“本自具足”的、近乎完美的内家拳法，是足以引导练习者“阶及神明”的拳法，不太愿意接受形意拳只能代表内家拳“部分真理”的说法。笔者也是从这个阶段走过来的。也有的人是通过《逝去的武林》一类的书籍来了解形意拳的，他们更喜欢传统味道的叙事——留白式的语言、引人想象的文风，而不喜欢直白的解读方式。

这些都没关系。我们提出的这种观点并不是说这就是标准答案、唯一真理，而是仅仅给大家提供一个观察内家拳的新视角、一个理解形意拳的新思路，仅此而已。

大家不妨先尝试着从这个角度看一看，或者从批判的角度审视一下，也许能对形意拳有一些新理解、新收获。

形意拳在某种意义上可说是内家拳体系的“首拳”。如果能够真正理解形意拳所代表的内功原理、原则和技术元素，就可以帮助我们更好地理解内家拳体系。

所以在本章，我们计划通过解析形意拳引出一些内家拳的共性问题，先帮助大家建立一个解读内家拳所需要的思维框架。这个思维框架对于我们理解形意拳，以及后面会谈到的八卦掌、太极拳，乃至其他内家拳，都是很有用的。

本章先泛论，然后再谈形意拳的特点。

第一节　形意拳引出的内家拳基础概念

我们一直建议学习内家拳最好从形意拳入手。因为形意拳特别能体现内家拳的第一要义——整。

“整”这个概念有点老生常谈了，大家经常在各处看到关于整的解读。《方式》一书里有专门一节的内容来讲述这个问题，在本书前面的章节中我们也反复强调过整。但是仅凭这些文字，仍然不足以讲透内家拳对整的重视和追求。

内家拳是将整作为自身的标志和核心技术的。很多人会说，哪个拳法不强调整呢？大家都强调整，无论内家拳还是外家拳，无论现代搏击还是传统武术。这怎么能算是内家拳的特点和标志呢？

或许我们可以换一种说法：内家拳所强调的整的指标更高。

一、“形整”的概念

整，说得直白一些，就是构成人体的物质、能量和精神等各个组成部分和各个系统统合在一起，“长”在一起。

大家可能会觉得可笑，谁的身体不是物质、能量和精神“长”在一起啊？如果分开，人不就完了吗？

大家可以做个小试验：坐着，然后抬一下手就行。请观察一下自己抬手的时候可以牵动多少身体的其他部位。

一般人抬手，前臂肯定会跟着移动；大臂也会动一点，但是幅度不大；肩膀的肌肉会被牵动一点，但是几乎没有空间位移。至于腰腹部、两腿、另一只手臂可以完全不动，连一块肌肉、一丝肌纤维都不动。

我们把能够随着手动的肌体算作“长”在一起的。那么，相对不动的部位自然就只能算是“断”掉的。

我们再换一个动作，比如打一拳或者踢一脚，大家可以看看自己有多整，有多少“断”的部位。

由此，我们可以大致估算出自己身体的统合程度和集中程度是多少，有10%、20%，还是50%？

与大家的想象不同，常人所认同的整其实在很多时候，只是在运动中协调了身体的一些大关节、大肌群。大致量化一下，也就到40%的程度吧，就会表现为“很整”。而以内家拳的标准来说，这种整是不够的。内家拳的整至少得从70%起步，这个程度的整对身体提出的要求是很深入的，常人的身体通常难以企及。

内家拳的整的标准是什么呢？大家知道，内家拳有内外三合之说。外三合是手与足合、肘与膝合、肩与胯合。内三合是心与意合、意与气合、气与力合。

外三合通常被解读为：手、脚落在一个点儿上（所谓“手脚齐到”），肘、膝上下对齐，肩、胯同步转动。其实在内家拳里，这种程度只能叫齐，还不能称之为整。

内家拳的整是身体“长”成“整个儿”的，这个就是字面的意思。这不是依赖各种调整调出来的、摆出来的，就是“长”成这样的。

练习者自身大概会有这么一种感受：哎，我的胳膊长在腰眼上，腿长在胯骨上，腰胯一抱，正好抱住丹田球。这时候会感觉臂、躯干、腿之间的骨头是连缀着的、经筋是通着的，将人体的上下、左右、斜上斜下各个方向连接起来，像大藤条缠着一个铁架子一样。整体上来说，好像是一个“米”字结构（图5-1）。

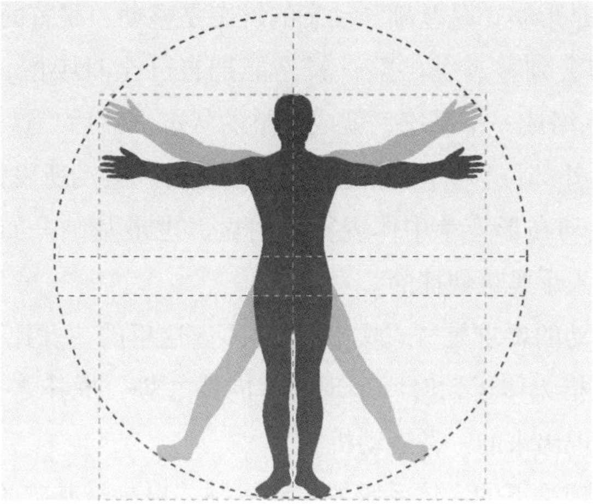

图 5-1 类似“米”字结构的人体

按照拳理的说法，这就是接骨斗榫、经筋连通，从而形成的一种新的人体结构（也就是内型）。这个结构无论动与不动，都是客观存在于练习者身上的。

在此基础上，再加上内三合（即通过涵养“精、气、神”，将“神、意、气”凝练，养成一体），进而内外相合，这才是内家拳标准的整。这样的要求可以直接理解为：内家拳的整是要求全身各个组成部分——从根节的大骨节、大肌群到梢节骨缝里的肌肉丝儿，从大形到每一条经筋、每一根经络，从实质的身体到虚灵的精神都要真实地、紧密地联系起来。内家拳论中称之为“体整如铸”。

所以说，内家拳对整的要求指标更高。这个整的具体表现形式其实就是第四章里我们讲的桩态。

二、“整动”的概念

桩态给练习者的第一印象往往是静态的，是站立不动展现出来的整，初学者先这么理解也可以。但是应尽快将认知推进到下一步，即桩态也可以是动态的，也就是我们说的内家拳的整动。

静态的桩态是形整，是基础。动态的桩态是整动，是整的动态表现形式。

静态下能体会到整、练出整，就是能把自己全身唤醒，并按一定秩序“长”在一起，联络成一个系统，就成为整的状态。然后，这个系统能在动态下（内部运动 + 外部位移）顺利运作，即是整动。整动所发挥出的效果和威力就是整劲。整动在形意拳中体现得最明显，也最基础。如果想理解整动，从形意拳的要求入手是最便捷的。

形意拳对整动的要求是“式式不离虎扑”。这里的“虎扑”不是指特定的招式动作，而是指人体运动时所呈现的“虎扑之势，虎扑之态，虎扑之意”，是整个身体所展现出来的一种运动机制。

这是形意拳理论下的人体系统的整动机制，也是最基础的一种整动机制。我们将它简单描述一下就是，在运动时将整个处于桩态的身体内外一体地投射出去。这个描述可能大家还是比较难以理解，因为日常生活中很少遇到这种动态。

这里可以做一个类比：当人在下楼梯时，一脚踩空，身体失衡，将要跌落的那一瞬间（图 5-2）——仅仅只是这一瞬间，当人开始控制身体试图恢复平衡时就不是了——即是“虎扑”。这可以视为是一种被动的、不受控的“虎扑”。

图 5-2　自楼梯上一脚踏空，即将跌落的瞬间

所以说，整动的运动机制是非常独特的，它意味着人体运动模式需要发生改变。若要支持人体的整动，必须要有新的运动模式。

换句话说，人体的常规运动模式是无法形成整动的，因为人体常规的运动模式是服务于日常生活的。日常生活就是以局部运动为主，这种方式节能、效费比高。你拿个杯子或敲击键盘，哪需要用整体劲儿啊？

然而依靠这种局部运动，无论怎么调整，也只能模仿出整动的某些外形动作，绝对无法复制出整动的内动本质。

基础的内家整动至少是从桩架的变化运动起步的。也就是说，先得成桩，然后是桩架的结构形变和空间位移，具体包括桩架的起落、顺拗、正（身）侧（身）变化和进退、左右移动。

但这种程度的整动，还只是桩态的基本运动，尚不足以产生内家拳法的复杂运动变化，所以还称不上运动模式。

所谓运动模式是从大量动作中凝练出来的堪称“最优解”的运动方式。在某个范围内，人体运动可以通过这种简约的运动方式“以不变应万变、以一法破万法”。以形意拳为例，最著名的“起钻落翻”——钻翻变化就是形意拳的运动模式之一。

有武林前辈在著作中评价形意拳手法是“汇集原有武术之身手步各法……加以精密之改进与系统化而成者……堪称集一切外家功夫手法精粹之大成”。其实这说的就是形意拳把过去武术中许许多多的技术动作都综合提炼为一种运动模式，即“起钻落翻”。有了这个运动模式，形意拳就能衍化出千变万化的技术动作。形意拳大部分的动态都可以用这个模式解决。

三、“整劲”的概念

整动所产生的效果就是整劲。劲通常被认为是内家拳的不同拳种之间的最大区别之所在。其实比较形意拳、八卦掌、太极拳，可以看到它们有诸多相似的技术。但是老师每到此处就会专门强调：动作虽然差不多，但是劲不一样。初级阶段练什么拳就得找什么拳的劲，千万不能练串了。

当时觉得这个说法很玄奥。虽然老师会专门做出不同的劲，让我们用身体去“听”，体会其差异，我们也确实感到了不同拳的劲的不同，但是还没有一个明确的分辨标准。

经过多年的锻炼实践总结，我们发现，追本溯源，所谓的劲不同，根本就是内动模式不同。那些成为区别不同拳种的标准的劲其实大多是身体按照不同运动模式运动时所产生的效果。

形意拳、八卦掌、太极拳在解答如何内动这个问题时，答题思路（运动模式）不同，要素取舍不同，所以最后的答案（劲）自然不同。

例如，形意拳的运动模式是以钻翻变化为主，体现的就是以纵圆运动为主要模式的答题思路。这种答题思路会影响对身体素质的需求、对各种身体能力（所谓的功力）的选择和取舍。这些身体能力的配比不同，最后综合表现出来就是形意拳的“翻浪劲”。

八卦掌和太极拳解析问题的思路不相同，它们各有自己重视的要点，并在技术上做了相应的取舍。比如，对“骨盆－脊柱”的运用，八卦掌和太极拳与形意拳的要求和标准就颇有不同。所以，它们各自形成了一套内动模式，从而导致各有各的劲。

所以我们练习内家拳时应该抓住这些本质性特点，经常问一问自己，我学的这门拳术所建立的内型是什么样的？内动是哪一种模式？最后生成的是一种什么劲？

按照这个脉络去梳理所学、请教师长，可以比较容易得到一些切实可行的答案。

下面，我们以形意拳为例，看看按照这种思路能够推导出什么。

第二节　形意拳功理解析

本节内容，笔者想以自己学拳之初参过的一个“话头”作为开始，希望大家在练拳之前，也都认真考虑一下这个问题。

记得刚开始学拳不久，家师就给笔者提了一个问题：是人练拳还是拳练人？当时我对这个问题想不明白，家师也未多加解释，只是嘱咐笔者学拳时经常思考一下这个问题，能帮助自己提高。

于是，这个问题一直伴随着笔者的习拳岁月，无论笔者学习哪个拳种，如形意拳、八卦掌、太极拳还是其他的，这个问题都时不时在我的脑海里回响。

多年以后，笔者才逐渐明白了这个问题的含义。这个问题其实不在于“谁练谁”，从辩论角度讲，哪一种说法都能谈出一番道理来。

家师实际上是让我思考一个终极问题：什么是拳？所谓的练拳究竟是在练什么？这个问题不是从技术角度去解读的，它是个思想问题。

举个例子，假设有个人去学拳击，刚学完直勾摆就说：我会拳击了！或者说：我认为，拳击就是直勾摆。大家一定觉得这个人很可笑。

但是很多人学了五行拳之后就认为自己掌握了形意拳。或者说，至少掌握了一半形意拳，只要再学一套十二形就是全盘掌握了形意拳。大家反而觉得这很正常。

当你问一个形意拳练习者：什么是形意拳？绝大多数人的脑子里蹦出来的答案都是：三体式、五行拳、十二形。会练这些就叫作会形意拳。反之，不会练这些就是不会形意拳。

这就是一种所谓“拳练人”的思想，认为拳就是那个外在形式，而内家拳是不能这样理解的。

就形意拳而言，你不能整天琢磨着这个三体式手是怎么摆的、脚是怎么摆的、五行拳定式是怎么摆的，五行拳架子怎么打得威猛……

这能算是练形意拳吗？当然非要抠字眼的话，也不能说不是。

但这仅仅是在练习一套“是名”形意的外在形式，而不是形意拳本身。如果认为这么练就是“吾得矣”，那就是人被拳给练了，被拳的外在形式拘束住了。此时做主的不是自己，而是拳。不管你自己的脾气秉性如何、身体素质如何，拳让你像啥样就得像啥样，你在做拳的模仿者，而不是使用者。这肯定是不对的。

错在哪了呢？套句流行语就是：小了，格局小了。也就是思考问题的深度不够，眼界不够宽阔，只看得见眼前的这一部分东西，只看得见有形、有相的那部分东西，但看不到深度，更看不到思想。

那我们应该怎么认识形意拳呢？不妨先问自己三个问题：

我学的这支形意拳的主旨是什么？

我学的这支形意拳的核心技术是什么？

我学的这支形意拳区别于其他拳种、其他形意拳支脉的根本特征是什么？

循着这些问题研究自己所学的形意拳，如果能透过拳架、套路等外在表现形式将这些本质性问题一一解析明白，再练到身上。如此才是“人练拳”。按照这个思路练下去，才有可能“学会”一派形意拳，而不是落一个此人“学过”某派形意拳。

下面，我们就以所学的形意拳为案例，尝试从形意拳的主要练习目的、功力增长的原理和训练程序三个方面综合解读一下形意拳“训练”体系的内涵。请注意，这个研究思路跟门派传人式的继承性学习是有区别的。

形意拳作为从冷兵器时代流传到现在的一门拳术，不论是哪一家、哪一派，其实都是一个综合格斗体系。就是说，其中包含的技术都是比较全面的，踢打摔拿、手眼身步、刀枪剑棍这些要素一应俱全，有的门派里甚至还保留着一些奇门兵刃和暗器。

如果从继承某一支系的角度来学习形意拳，那么这些技术就必须尽量学全，尤其是一些“门派标志”性的技术，比如郭云深祖师一系的崩拳、山西宋氏的抖绝劲，或者是某些特殊的手型、特殊的动作……都是门派先师们传下来的“绝活”，必须重点钻研。不管这些技术是不是适合自己，或者自己在实践中是不是合用，都必须花费很大的精力去练习，争取模仿得惟妙惟肖。否则，作为门派继承人就不够“正宗”、不算“真传”。

但是从练习者纯粹为了自身的提高和进步的角度来看，我们完全没有必要把有限的时间和精力投入对祖师爷招牌动作的“模仿秀”上。就像前面我们谈到的，到底是拳练人还是人练拳？做主的是你还是拳？如果是你，那么抓住形意拳的特点就行了，不用管其他的。

那么，什么是形意拳的特点？家师张烈先生在第一天的教学中就告诉笔者，形意拳的最大特点或者说最大优势，就是让训练习练者实现动能的最大输出。用通俗的话讲就是释放出自己的最强劲力。提醒一下大家：这并不局限于打击力强大，而是整动状态的动能强大。

如何达到动能最大呢？

高中物理学中的动能公式告诉我们，$E_k=\frac{1}{2}mv^2$。对于我们来说，要想增大动能，就得尽可能增加参与运动的身体部分，参与运动的身体部分越多，质量就越大，同时尽可能提高运动的速度。

可能很多对形意拳充满憧憬的朋友觉得这种说法太低端了，太不玄妙了。形意拳的特质不应该是内含修道之理、外具战阵之功吗？形意拳的发力不应该是丹田爆炸、周身鼓荡、劲惊四梢、步到人飞吗？

怎么拿出一个高中物理学的动能公式就算解读完了？真就这么简单、这么直白？

对有这样想法的朋友，笔者深表理解。这种说法是直指核心，所谓“真传一句话”即是如此。当然形意拳的外延是很丰富的，甭说一句话，一千句、一万句也说不完。

如果大家真能看透形意拳、练对形意拳，那就要用一句话说出关键，而不是用千言万语去描绘一幅瑰丽的图画——这样很难抓住焦点。这个理论上看起来容易，甚至给人一种简单、粗暴的感觉。但是真要做到，其实非常不容易，因为形意拳的功法体系和技术体系就是围绕这个理论建立起来的。所以，这里笔者建议打算练习形意拳的朋友们不要太沉迷于一些对形意拳的精彩描述，多思考一些切合实际的、接地气的问题。

当然，形意拳确实有种种巧妙的劲力变化与应用效果，但是强大的基础身体能力才是这种种劲力变化的根基，而不是什么神奇的技术、手法。形意拳中也确实保有源自道家的内功、源自禅修的心法等。但是这些功法是服务于拳学体系的，而不是让我们拿来自我陶醉的。而且内家拳传世的功法可能有成百上千个，但是我们的生命是有限的，不要抱着“收集功法式”的心思去练功，也不要因为“这个功法是祖师爷秘传、独传的”就盲目投入大量时间和精力。只有适合自己所学体系的功法才是好功法，只有能真实提高自身能力的功法才是最佳的功法。尤其对形意拳初学者来说，应以能提高自身的基础身体素质的功法为首选。

是否能实现动能的最大输出可以作为我们检验功法好坏的标准。以“提质”“增速”两个要求为目标，检验所学的形意功法体系和训练程序的有效性，包括可能会让人感觉神秘莫测的丹田功、周天功之类的功法。如果通过一段时间的训练，确能达成这两个目标，自己的整动能力比以前增强了，我们就可以说这个功法体系和训练程序是有效的。

要实现动能的最大输出，张烈老师给出的方法是在每个动作中把步法前进的速度、躯干运动的速度和出手的速度叠加起来。这三个要求用形意门的传统术语表述出来就是：

步法上，后蹬前趟，既有“步如犁行”的功力，又有“马奔虎践”的速度。此是“整步”。

身法上，“式式不离虎扑”，且躯干核心（脊柱－骨盆）能体现出“行若槐虫，起落担担”之内涵。此是“整撞”。

手法上，运动模式是“起钻落翻”。这里的手法不是单纯指手掌或上肢的运动，而是从脚到头、从根节到梢节，贯穿周身整体的螺旋拧裹之劲。这种运动模式明显区别于普通人出拳时手臂的伸缩运动。此是“整动”。

这三项能力可以说是构筑形意拳技术体系的基础三要素。如果练习者能在训练和应用中明显体现出这三点，那就可以说达到了形意拳的“六十分”标准。

下面我们就来聊聊形意拳的具体功法和原理。

一、形意功法体系的基本设计思路

如前文所说，要提高所谓的形意劲，就要围绕两点进行专项强化：一是增加参与整体移动的身体质量；二是提高身体的整体移动速度。形意拳的功法虽多，但基本上都是围绕这两点设计的。

先说说增加参与整体移动的身体质量的问题。这个概念理解起来其实不难。当我们想对目标发起猛烈进攻时，本能地就会尽量把体重压上去。

普通人可能想象不出这会是怎么一个情景，但我们可以通过日常生活中的例子体认一下。比如，要破坏一扇锁着的门，我们尝试的步骤大致如下：先用手推一下门，没推动。然后上半身前倾，用部分体重增加推力，仍然没有推动。开始用脚踹门，但是门板太厚实，踹不开。退后两步，然后前脚上步加速，后腿正蹬。此时的动作已经带上了相当大的体重冲力，但是仍然踹不开。最后，后退若干步，起跑加速，腾空跃起，身体团紧，然后借着下坠的力量，以肩部为“撞角”，整个人砸在门板上。

大家可以发现，在这个过程中我们的身体会不断地调动更多的骨骼和肌肉参与运动，既增大力量，又利用体重，从而增大整体的撞击力。形意拳提升攻击力的思路也是如此。

以传统武术中的技术为例，身体腾空的“凌空侧踹”或者“飞身跺子脚”等的打击力是非常大的。这是因为我们的身体质量全部投入了发力过程，同时还能借用一部分重力加速度的助力。

但是为什么我们在实战中不会轻易使用类似技术呢？因为这种技术预动太大，动作幅度太大，行程时间太长，且滞空时两脚离地，很容易失去平衡。而且，对手也不会老老实实地站在原地等着我们完成这类动作。对手很有可能利用我们实施动作的前半程时间进行闪避，或者利用我们滞空时出现的“拔根”（即失重状态）予以反击。

所以，形意拳的主要思路就是在这两个看似矛盾的问题之间找到一个“鱼与熊掌兼得”的解决方案。一方面，我们要尽可能保留这种身体“腾空 – 降落”时产生的巨大冲击力；另一方面，要缩小动作幅度，缩短动作完成时间，同时还要增加自身稳定性，避免跌倒和被对方“半渡而击”。

具体的解决办法就是让躯干去完成“腾空 – 降落”这个动作。通俗地说就是“用身体作拳头”，把整个身体砸在对方身上。因为躯干占身体总质量的份额最大，可以产生比四肢更大的动能。在实际操作中，我们为了更准确地控制躯干的运动，于是把躯干质量产生的沉重感聚合为一个“点”。以这个“点”的运动感知和控制躯干在空间中的运动。

这个“点”的位置大致在人体的腹腔中央，古人借用丹道的术语而称之为丹田，民国时期有武术家尝试用现代科学解读武术时称之为重心。实际上，这个重心不能单纯地从物理学上的“重心”概念去理解，否则就太机械了。应该说，它是物理学上的人体重心和我们对躯干自重的内在感受点的一个结合体。这也就是强调，我们的意识可以对其加以感知和控制。

所以，形意拳的标准训练流程是以劈拳开蒙，以“鹰熊合演”结业，其中隐含的寓意就是以丹田引动下的躯干的立圆运动作为形意拳运动模式的主线（其中的副线、暗线暂不在讨论范围内）。

与此同时，我们还需要把四肢和躯干表层（相对的）的筋骨部分打造成一个三维立体的“框架”，这就好像是一个镂空的车壳子（图 5–3），我们称

图 5–3　车辆的框架结构

之为“外结构”。

然后，把躯干——重点是以丹田和脊柱为代表的“发动机系统”（图5-4）——置于其中。我们称这个“发动机系统”为“内结构”。这样内外嵌套，让躯干的起落运动始终保持在这个框架之内。

图 5-4　车辆的核心——发动机系统

内核（内结构）和外壳（外结构）之间还需要用由经筋和骨骼串联成的“传导链条”连接。这样，躯干这个“发动机”的转数再高、输出动力再大，其力量也是沿着“劲路”传导，不会使身体结构产生太大的形变。

这样做的原因：一方面，为了保持外结构的稳定，避免一动就把自身结构崩散了；另一方面，为了发挥桩架的优势，让内结构运动产生的力量，以传导的方式作用于外结构和对方的接触点，省去屈伸四肢的时间。

综上所述，我们可以看出，形意拳功法体系的总体设计思路很像打造一辆车。先以自身的骨、筋、肉为原材料，把身体各个部分改造成“车的零件”；再把这些零件组装成一部整车；最后调试这辆车，让它稳定运行。搞清楚了这套流程，也就明白了形意拳的各种功法的用意、作用和递进顺序。

二、形意拳功法体系的三条主线

桩架、发动机、运动模式，内家拳都是围绕这三个元素搭建的。这三者有不同的搭配方法，而形意拳提供的是常人最容易练出来、用出来的版本——桩架、丹田功、起钻落翻。

下面，我们就以形意拳为例，看一下这三个元素如何构建一个内家拳体系。

（一）桩架

形意功法体系的第一条主线就是构建桩架。这就好比是先造车壳子。

注意：这里说的是桩架，不是桩功。桩功的内涵太丰富，横跨了数个训练领域。这里仅讨论桩架，即筋骨的结构，便于初学者理解。

桩架可以有效解决运动中人体结构框架的稳固性问题。大家都知道，三角形结构最稳定，抗冲击性强。同时，三角形的角的尖端锋利，有利于突击破防。所以，形意拳选用了三角形作为自己桩架的主体结构，最典型的表现就是三体式。

图 5-5　全身大三角

三体式的桩架结构，从全身来看就是两脚和头部构成一个大三角形（图 5-5）。在这个大三角框架内：

下盘中每条腿以膝盖为顶角，大腿骨和小腿骨为角的两边，还有一条隐藏的底边（图 5-6）。这条底边从物质层面上讲是由骨盆的坐骨结节到后脚跟之间的经筋链联结而成。

图 5-6　腿部三角

这条经筋是附着在腿骨后面的，形态上是随着腿弓弯曲的，但是从内在劲力上来说是向后绷直的劲，像一根弓弦一样。所以，拳谱上有一个看似矛盾的说法：“委中大筋竭力要直，两（膝）盖骨竭力要曲。”委中是位于腘窝里的一个穴位（图 5-7）。这里有一根大筋通过，属于足太阳膀胱经。普通人的这根筋很弱，陷在肉里，腿使劲时只有委中两侧的两根小筋能绷起来，两根小筋之间还是软肉。只有经过专门练习的人的这根筋才会绷起来，腿部的支撑结构才能完整、强劲。大腿骨、小腿骨、这根筋可谓“两实一虚”，构成一个小三角形结构。

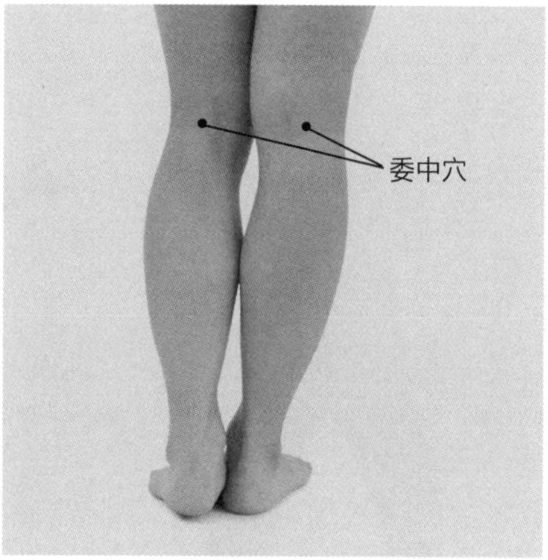

图 5-7 委中穴位置

然后以两条腿为边、骶髂关节为顶点构成了一个中等三角形（图 5-8），躯干结构就建立在这个三角形结构上。

中盘也就是躯干，是多个三角形结构的复合体，其中最关键的是两个，一个是两肩胛到尾闾的倒三角（图 5-9），另一个是两胯到大椎的正三角（图 5-10），两个三角形结构是重叠的（图 5-11），稳固而不失弹性。

在这两个大三角的基础上还叠加着多个小三角，比如头部到两肩（图 5-12）、两肩到膻中（图 5-13）、两髋到膻中（图 5-14），等等。

图 5-8 下盘三角

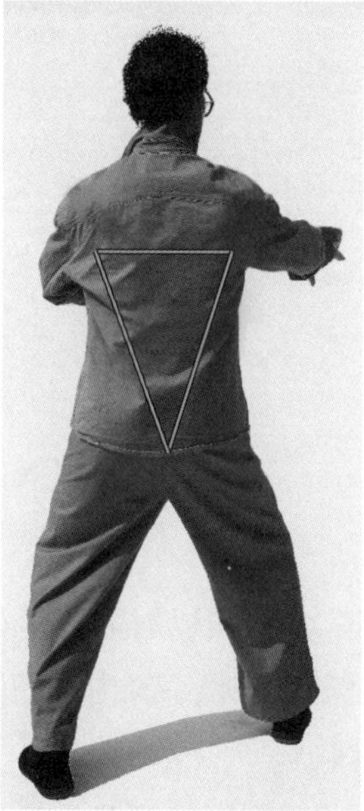
图 5-9 肩胛尾闾三角

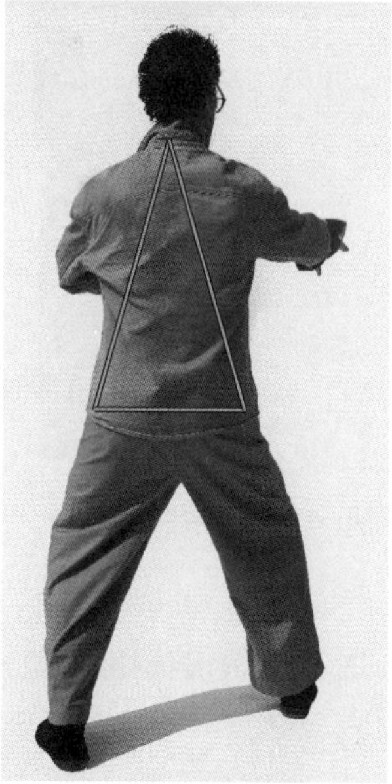
图 5-10 两胯大椎三角

图 5-11 叠加图

图 5-12 头肩三角

图 5-13 两肩膻中三角

图 5-14 两髋膻中三角

上盘，就一臂而言，其三角形是以肘关节为顶角，大臂骨、前臂骨为边（图 5-15）。与腿部类似，上盘底边是手臂内侧的阴面经筋链。它还有一个虚边，就是手指到肩窝的劲意线。

就整个上盘而言，是以两臂为边，两臂的延长线在中线所在平面上的交点为顶点，构成中等三角形。两肩胛骨之间的横向经筋为底边（图 5-16）。普通人此处的经筋是缩在脊柱上的，筋腱很短，而且左右两边是被脊柱“分割”开的，形不成连通的直线。所以，上盘的三角形结构要建立起来，必须有开肩、开背的基础。后背开阔雄厚，三角形结构的基底才稳固。这个三角形的结构是以大椎穴为枢纽，与躯干结构联结起来的。

形意拳三体式的基本结构就是由多个三角形构成的立体棱柱。它结构稳定，顶点有角，侧锋有棱，攻防性能比较平衡。

图 5-15　上盘手臂三角。左臂以阴面经筋为底边，右臂以手指到肩窝劲意线为底边

图 5-16　上盘三角结构图

但是如果只达到这一步，最多可以称作三角式或者楔形（立体三角）式，还不足以称作三体式。

如何才算真正的三体式呢？那就需要对三体式进行进一步的解读。

这得先从三体式的释名说起。关于三体式之名的由来，说法很多。最常见的说法是头、手、足对应天、地、人，所以叫三体式。这个解释未免有点粗了。

其实从内功修炼的角度来讲，“三体”取意于“阴阳相合生三体，三体重生万物张”之意。“三体”指阴阳和合之后蕴含生机的那种状态。

这个三体式也可称为三才式。因形意内功由无极开始，继而虚无含一气，继而太极生两仪，然后阴阳相合生三才，从内气、内劲的感觉上体认，练习者有上接天、下入地、中间蕴藏人之灵性（知觉应变之能），故称三才式。

但是从拳术来说，前辈更多称之为三体式，这又是为何呢？在此，我们介绍一种本门传承的观点，仅供大家参考。

所谓“三体”是指身分三体，即将身体分成三个部分。类似的解读法早年间也有，通常是指身体的上、中、下三盘。但是，本门重点训练的是将身体特别是躯干部分分为左、中、右三部。左半身、右半身大家都好理解，难理解的是中间身。

通常我们理解形意拳整劲是指把躯干练成一个“球”或者一个“桶子”，然后是这个桶子似的躯干带动四肢做各种上下、前后、左右的运动，即是整。

但是本门的整劲，则是出自左、中、右三身协同运作，也就是躯干这个“桶子”，或者说立方体，内部有开有合，略似手风琴的风箱。三身配合形成各种整体运作的效果，而不是简单的三者并力一向。打个不太恰当的比方，这三身就像是三扇屏风。它首先是一个整体，同时要分开协调地运作。运动身体就像在三维空间中摆弄一个这样的屏风。

所以，本门的三体式要求先得站出“三身分化”。这可不是一件容易的事，不仅是对身体的材料强度与结构强度提出了高标准，同时也对练习者在拳学方面的灵性（涉及头脑和神经）提出了高要求，因为头脑要看顾、支配的身体部位大大增加，神经回路中需要来回传导的运动信息量也大大增加了。这就要求练习者头脑中储备的拳学信息要丰富，神经反应要敏锐，不是仅前进后退、举手抬脚那么简单。

首先，我们先要建立起“中间身”的概念。这个概念其实是传统武术理论中“中线”概念的实体化呈现。中间身是指以脊柱－丹田为核心，连同任督二脉所在环状区域的筋、骨、肉所构成的躯干部分。这是最关键的一身，在拳架变化中我们需要以中身掌控中线、中轴和重心。

其次，要形成中间身就需要在浑圆桩的中后期阶段掌握“二分阴阳”的方法。在浑圆桩的均衡状态下躯体分出阴阳，与此同时，阴阳之间便出现了中线。到了三体式阶段，中线进一步清晰化、具体化，才能形成中间身。有了中间身，左右半身的阴阳变化就有了平衡的基准线，就不会混淆和分配失衡。

为了便于理解，我们可以把自己的身体想象成一支古代的军队。三体式相当于把这支军队分为左、中、右三个阵列。一般以左手、左脚在前的左正顺步三体式为例。

左军前置为先锋，遥指对方的面门及中线，威胁对方；腕、肘、肩三节在空中定位，如同哨卡，测控距离；左前臂整体构成一个大钝角三角形的间架支撑，遮护中军和右翼，为中军和右军的调动营造出一个“回旋空间”。

中军位于左、右两军之间，兵力最雄厚，随时可以率左、右两部直接突进。但其在实际应用中更常见的情况是居中策应，游走盘旋，含机待变。一旦发现战机，中轴略加偏移就可以把大部分躯干质量叠加在左半身或右半身上，形成主力冲击的效果。

右军作为隐藏起来的机动兵力，是进攻的主力，它可以从三条进军路线上出击。一是左臂下方，相当于借左臂的遮护偷袭对方。二是中线，即在中军的支持下正面冲锋。三是外线大迂回，即整个右半身走外弧线，过左脚，抢对方前半身的外侧位，包抄对方的身体侧翼，从对方的反应盲区发起进攻。

再次，在此基础上，三者之间的关系可以互相变化。例如，左三体式变为右三体式，则为左右阴阳互变。或者从左顺步三体式变为左脚右手在前的拗步三体式，则形成了上下、左右、前后的交叉阴阳变化。

身体还可以进一步划分，如同一支集团军可以划分为各级小部队，每支小部队根据自己的属性、任务而有自己的变化方式。例如，躯干有升降、摇旋、拧转之变，肩胯膝肘、肱臂股腿等中节有开合、伸缩、拧裹等变化，踝腕指趾等梢节也各有变化。

最后，再加上整体在空间中的直、横、斜、弧、曲等位移变化，则整个身体如同古代军阵，大阵之中套小阵，变化莫测。形意拳的五行十二形等拳式即是由此衍生而出。

由此可知三体式在形意拳体系中的重要性，更可见三体式“三身分化，中身为主”这一基本属性的重要性。所以老前辈说，形意拳不仅是化枪为拳，更是化阵为拳，可以用兵法指导拳术。

桩架有了可以随时分化、组合、变化的能力，形意拳深厚的桩功才能转化为实用时的强大的攻击力。

（二）丹田功

形意拳功法体系的第二条主线是丹田功，也就是构建躯干“三身”运动的中枢，简单地说就是使桩架运动的“发动机”。

丹田功也分若干层次，这里先从最基础的筋骨结构层次开始解读。

第一步，我们要改变原有运动中枢的位置。

普通人在日常运动中双臂运动较多，所以运动中枢主要在“肩背十字”，以胸椎、肋骨、胸骨围成的胸廓为根基，运用胸、背、肩的肌肉控制两臂，身体其他部位配合。内家拳以身步运动为主，运动中枢在腰、腹、胯区域，以“骶髂十字”为标志。

练丹田功，先得找到丹田所在。而想找到丹田，要先让旧的运动中枢放弃对全身运动的“主导权”。否则我们一动，胸背就发挥支配作用，丹田怎么也找不出来。

因此，丹田功并不是一开始就直接练丹田，它是在上一步调整桩架的基础上，先完成“松肩下气”，也就是把身体的运动中枢从“肩背十字”下降到“骶髂十字”。这是个自然过程，不能靠技术性动作完成。因为动作过大就会惊动“肩背十字”。只要它主动，“骶髂十字”就“消极怠工”了。所以，必须是在保持桩架中放松，再在放松中进行一系列的微调，让躯干结构自然沉降，嵌入整体筋骨间架的“槽位”，并且要稳住。不能站桩时能沉住，一动起来又提上去了。

这个过程会使身体的重心下沉，再加上还要配合一些呼吸法，呼吸法又会引起一些体内的气感，所以古人把这步功夫笼统地称作气沉丹田，导致后人就把这一段内容和炼气方面的东西搞混了。我们要从提高功法的针对性角度，把这几个方面的内容梳理清楚，以避免认识上产生混乱。

第二步，锻炼盆腔和腹腔的内膜饱满圆撑，把“丹田球”真正“做”出来。

很多人对丹田的印象多半是小腹内有一点空腔感和膨胀感。其实仅仅靠腹部筋膜肌肉的作用最多能鼓起一个“瓢”来，哪能构成一个“球”呢？要想构筑完整的“丹田球”，至少要把会阴、尾闾、盆腔后壁的筋膜都腾起来，最直观的感受是臀部深处的体腔内也产生空腔感，再加上膈膜的下沉，腰围一周（带脉）的抱拢，共同围拢成一个球形的筋膜腔。

光有这个结构还不够，还得通过呼吸法调整内压，让这个“丹田球”不断涨缩，反复锤炼其内部的筋膜强度，达到稳固的程度。按老前辈的要求，最后丹田要练得像一个打足了气的皮球，不能是一个漏气的瘪皮球。

等这个“丹田球”的结构初步稳固后就要训练它动起来。这就涉及“丹田球”表层附着的大量筋腱和肌肉，比如腹部、臀部、腰部等部位，那些竖向、横向、斜向的肌肉要练得协调一致，不互相干扰。“丹田球”的正转、反转、斜转都能流畅自如，而且还要能随意切换方向、加速或减速、改变频率。这样丹田滚转的输出能力才能跟得上行拳，乃至满足实用的需要。

第三步，训练丹田运动产生的力量通过筋骨链向表层框架各个点位传导，从而形成新的劲力传导模式。

正因为我们是利用自身经筋构造的链条状筋骨传力结构，所以我们的新动力结构天然契合人体的气血循环路线。

最基础的循行模式是以“丹田球”为中心和源点，劲力先沿着脊柱上升（督脉），然后沿着胸腹中线（任脉）回归丹田，这是劲力在躯干上的循行轨迹。在这个主循环圈上，一部分劲力沿着脊柱传导到肩窝、胯窝四个枢纽，再沿着四肢的三阳经向指（趾）尖输出，到达梢节顶点后再循着三阴经流回胸腹，最后汇入任脉，回归丹田。

四肢循环再加上任督循环，一共五个循环，形态有点像海星。

所以，形意拳的劲力轨迹是一个个阴阳循环的圆，而不是一条条的线。即使外形动作上打出一个看似直线的拳法，比如崩拳或者炮拳，其劲力轨迹也是一个长轴约一米、短轴只有几毫米的椭圆形。大家可以把它想象成一个细长条形的轮带锯。所以，形意拳的手法连绵不断，而且手臂结构上总带着前搓和回挂的劲，也就是所谓的“出手如钢锉，回手如钩杆”（图 5–17）。

这种劲并不是拳手刻意做一个前搓或者回挂的动作产生的，而是丹田劲在手臂阴阳两面经筋上循环时自然产生的效果。

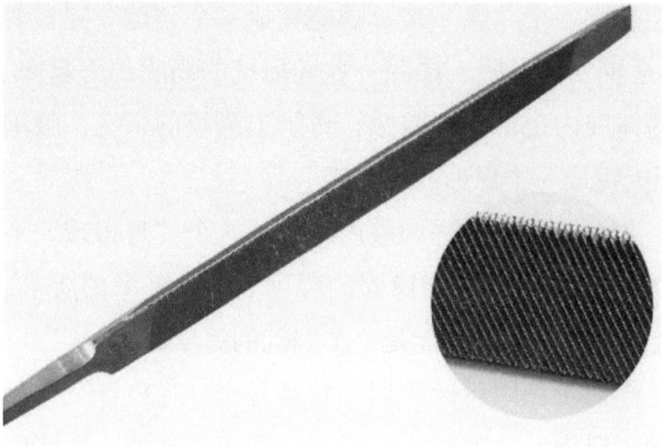
图 5-17 钢锉表面有小毛刺，能来回拉扯物体表面，形意拳手臂劲力与此相似

“丹田球”的运动轨迹基本上是各种圆或弧，丹田劲在身体上传导的路线是各种长椭圆，所以丹田运转必然会引起躯干和四肢在外形上呈现出一种波浪式运动。故而人们形象地把形意拳的劲称作“翻浪劲”。

（三）起钻落翻

形意拳功法体系的第三条主线就是“起钻落翻”的整体运动模式。过去老前辈讲解“起钻落翻”的时候，往往是用“起手钻拳，落手劈拳或横抹”做示范，这就给人留下一个印象，即形意拳的“起钻落翻”是一个手上的技术动作。这其实是个很大的误解。

首先，内家拳中“手法”这个概念其实是格斗技术的代称。可能是因为内家拳练到较高境界时动作幅度很小，往往只用手部接触、控制对手，就可以将一身的整劲通过指掌之间某个接触点作用于对方，所以老前辈喜欢把一个或一组技术动作称为“一手儿”。他们讲解技术的时候往往说：“今天教你一手儿。”“看这，还有一把手儿呢。”嘴上说的是手，其实可能包括踢、打、摔、拿、放等。

其次，“整体运动模式”这个概念不是“做一个动作时全身一起动了”那么简单。就像一支部队，实施步炮协同 + 步坦协同的战术不是说步兵、炮兵、坦克兵一拥而上，或者同时开枪、开炮就行了。它要有一套彼此配合的机制，谁主谁辅、谁先谁后，谁做什么动作，每个个体都得按照事先制订的规则来执行，从而形成井然有序的整体运动。

很多人练内家拳只知道“整劲”这个词，但是并不知道整体怎么动才能产生整劲，甚至想当然地认为通过站桩站整了，然后整个身体砸向对手就叫整劲了。

通过前面章节的介绍，大家知道人体其实是可以划分为若干节的，每一节都有自己相对独立的结构和运动模式。在此之上，所有节还得有一个总的运动模式，否则各节一起动，各行其是，不就散架了吗？

这就好像一支游行队伍，里面的每个人都有自己的步点节奏和表演动作，有的人可能是一直向前走，有的人可能是走两步就转个圈，有的人甚至可能是退两步再快进几步，但是这支队伍作为一个整体要保持一个大致队形，比如方阵、圆阵、雁行阵。同时，还要有一个总的前进方向，不能走着走着就各自散开了。这个“大致队形 + 前进方向”就可以视作是简单的整体运动模式。

形意拳的“起钻落翻”就是这样的一种统合全身各节运动的模式。为何形意拳前辈要设计这样一种形式来规范、统合我们的身体运动呢？它的优势何在？

前面说到丹田劲力运转在躯干、四肢上表现为阴阳循环的椭圆形轨迹。大家不难发现，这种轮状劲确实比单纯的线性劲力有优势。打个不太恰当的比喻，线性劲相当于抡圆了以后直接抛出去的流星锤，锤头有极大杀伤力，但是这种劲力是抛射出去时有劲，收回来时没劲。而且劲力是在锤头打到顶点时最大，而在其加速时其实并没有那么大，可以被阻截破坏（技击中专门有“堵”法）。

轮状劲虽然去、回均有劲，但是“轮子”的侧面还是没有劲力分布，所以“以横破竖，以竖破横”的原则依然适用。例如，电风扇的扇叶旋转起来以后，叶片的边缘固然让人不敢碰触，但要是拿根小棍往轴心和扇叶的连接处附近一杵，照样能把它卡停，甚至可以把扇叶绷断。

如何解决这个问题？不得不佩服前人的智慧，形意拳前辈给出的解决方案是把轮环结构升级为螺旋结构。也就是把长椭圆以其长轴为中心轴这么一拧，拧成麻花状，让劲力轨迹呈螺纹状分布。这就好像一颗螺丝钉（图 5–18）。

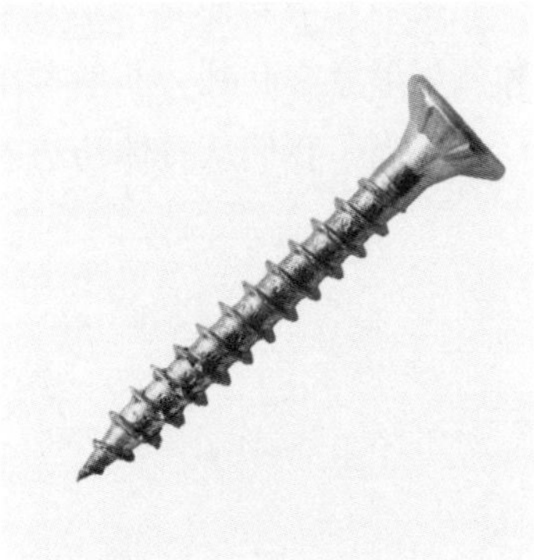

图 5–18　如同螺丝钉般的形意拳劲力

拧螺丝钉可以利用斜面、杠杆、扭距几

种方式达到省力的效果。有些钉子钉不进去的硬木头，螺丝钉却可以拧进去。

这种螺旋拧裹的运动模式，具有以下几个方面的优势。

一是能保证动力链上的各个关节在运动时兼具灵活和稳固两种效果。每个关节都围绕一个中心轴螺旋拧转，这就使各关节屈伸的幅度很小，而拧转的幅度较大。减少了自己运动造成的形变过大的问题。

二是能把经筋螺旋绞缠在骨架结构上，起到加固作用，增强打击效果，同时尽量消除形意拳冲撞式打法产生的反作用力对自身关节的伤害。

这个其实不难理解，一般人打拳的时候，在打中目标时都会下意识地把拳头拧一下。这一拧使手腕的筋产生绞缠效果，组成腕关节的那些碎骨就会被筋腱包裹起来，形成一个暂时的刚体结构。既能使手臂传导过来的力量不被耗散地传导到拳锋处，又能保护腕关节不会被反作用力挫伤。形意拳只不过是把这个机制尽可能地复制到了全身各个关节。

三是旋转可以使对方的阻抗力发生偏转。当全身的骨架，特别是劲力的主要传导链条，都在做螺旋拧裹运动时，我们完全可以把这个形态看作一根正在转动的钻杆。大家知道，正在转动的圆柱体的表面是有离心力的。外物碰上它是会被甩开的。所以，形意拳讲究起手钻横，其实就是利用这种从脚到身、从身到手的螺旋拧裹形成的离心力为桩架的整体冲击施加一层保护。对方的防御间架，以及反击、阻隔技术，大概率地会被我们的楔形结构破开缝隙，进而被体表的这层劲力撞大创口，使我们的桩架整体冲击取得直捣黄龙的效果。

本节是对形意拳功法体系的立意和特点的简要论述，希望能对大家理解和认识形意拳起到一些参考作用。

下面，我们从具体功法入手，看看这些理论是如何付诸实践的。

第三节 形意拳构建内型的主要功法——三体式

本节介绍的三体式的理论、观点和练法源自宋虎臣、李旭洲、张贵良先生传下来的宋氏形意拳一脉。此乃一家之言，仅作为内家拳法构建内型的具体例子，仅供大家作为参考。

一、三体式概论

三体式作为形意拳最基本、最核心的桩功，历来为形意门人所重视，素有“万法出于三体式”之说。但是，最易为人所误解的也在于此。

很多人都有着或有过如下的想法：

三体式只有一种形态；

三体式在形意拳各个流派中的功用是一样的；

别家的三体式跟自己学的不一样，所以别家都是错的，只有师父教自己的三体式是唯一正确的。

由此产生了孰对孰错、孰真孰假、正宗与旁门等一系列争执。其实，形意拳有很多流派，之所以有流派差异，主要的原因并不是其中有什么真传与假传、门内与门外、嫡传与非嫡传的缘故。但凡假的东西，都不会有太长的生命力，早就在百年的传承过程中被淘汰了。其实，不同流派代表的是不同的训练体系，是不同的训练思路、理论和侧重点差异的产物。这点即使是在现代搏击中也屡见不鲜，拳击还分很多种流派呢。所以，用某个技术的差异来划分对错是毫无意义的。

虽然三体式在各个形意拳流派中都是根本功法，但是各家的训练思路、理论和侧重点不同，因此各家三体式的训练目的和功用都不同。我们在研究和学习三体式时必须将其放入相应的形意拳训练体系之中来研究，从这支形意拳的整个训练体系的思路、理论、侧重点，以及功法构成等方面综合分析三体式在这支形意体系中的作用。

就三体式本身而言，不过是一个特定的桩架罢了。这个桩架要想发挥核心作用，乃至衍生出一门拳法，则必然要在某种特定的训练理论和具体行功心法的指导下才能实现。

不同的训练理论和心法自然会产生不同的训练效果。有的三体式起到类似浑圆桩的作用（仅从拳理上分析，浑圆桩的训练功用应当与三体式有所不同）；有的三体式则起到熟悉攻防理念（如中线、三节、九宫等技击概念）或作为技击戒备式的作用；有的三体式是训练技击时拳手该有的身体和心理状态；有的三体式用来训练基本间架结构；还有的三体式内在要求更高，可发挥更加综合的训练作用，这里就不一一列举了。所以，各个支派的三体式都会有差异，这其实是非常正常的一件事。

就三体式的训练效果来说，人体各项能力的训练、发展的唤醒方法、训练要求都不一样，不可能都靠一个三体式解决。如果非要这么要求三体式，那肯定是想面面俱到，但实际上面面不到，很容易就把人练废了、练疲了，也就练不出来了。

所以，三体式必须借助某种形意拳训练体系来发挥自己的作用，它需要五行拳、十二形等功法，以及其他各种辅助训练方法作为系统配套。单靠一个三体式是无法练成形意拳的。

不同支派（训练体系）所追求的最终训练目标（成果）其实都有一定差异，而三体式则必然要为其最终目标而服务。所以，不同派系的三体式其实不能互相比较，故而不必标榜自己的才是正宗的，而别家的都是未得“真传”。

二、李旭洲传宋氏形意拳三体式的理论和特点

（一）本派三体式的指导思想

以训练思路而言，本派三体式的主要训练目的是锻炼身体内的各个系统之间的“相互关系”。也就是在运动时，身体的各个系统应该如何协调运作、各自分别负责什么、管辖范围是哪一部分。这些系统既有外在的、空间上的、肢体运动上的概念，也包含内在的、虚指的、脏腑气血、能量运行等概念。

所以，本派三体式相对于别家而言，从理论设计上可以说是比较“中庸”的。它既不偏于锻炼身体素质，如筋骨、气血等，也不偏于强化技击方面的能力，而是对身体内部涉及拳术的各个元素均提出一定的要求，再以某种法度统摄它们，促使其运行达到高度协调的要求，以取得整和整动的效果。在这一过程中，还要尽可能协调好练和用之间的关系。把握好练和用之间的一个比较中庸的度，即能用到什么程度（对用法理论理解到什么程度）就练到什么程度（身体各系统功能和相互之间的协调性），反之亦然，从而使身体功能与应用之间同步提高，而且互相契合。这是本派三体式的一个特点。

那么，这里所谓的涉及拳术的各个元素是指什么呢？我们来打个比方：如果说练三体式相当于把身体练成一部高效机器的话，那么这些身体内部的各种元素就等于是组合成这部机器的具有各种不同功能的零部件。这些零部件会是什么呢？它们显然不是手臂如何摆放、腿脚是什么要求、腰胯又如何……这些是纯肢体类的东西。

这些可以被称为要素的东西都必然是涉及身体操作的根本，是关键点，是统率某个系统或代表某种特质的东西。这些要素中当然会有实体的部分，但必然也会有一些看不见、摸不到的概念性要素。对拳学修炼而言，这些概念性要素反而更为重要，我们必须在练功中把这些“虚”的东西练成“实”的（可感知、可操控的）。

我们将这些拳术要素中主要的几种按照在三体式中的不同作用分类如下。

1. 一个核心：重心

当然，也有一些流派认为三体式的核心是炼气。关于这一点，其实孙存周先生有一个观点：初学者不妨先把“气”理解成“重心”。以我们多年的实

践经验来看，这样操作对初学者更有现实意义。

本派三体式是通过对重心的微调来操控桩架，从而使桩架能够刺激到身体上单纯依靠外练而难以刺激到的部位（如深层筋膜、经筋等），确保激活核心区域，激发体内具原理属性和原则性的东西（如“中”“指中力”“左、中、右三身”等），将静态的桩练成动态（内动）的桩，以及提高桩架训练强度。

重心微调的常用方法有重心下沉和重心后移两种。还有非常之法，暂不必提。我们常听说的所谓的蹲低桩其实不是弯曲腿部或压低身姿，其本质是重心下沉，能沉多少就低多少，单纯弯曲腿部没有任何意义。而重心能沉下多少对身体内部的刺激程度都是不同的。

而重心后移是指重心由五五居中的位置逐步靠向后腿。由五五分配重心逐步变为四六、三七、二八分配重心。在这个过程中，重心的一点点移动变化都会牵动身体内部各个系统的变化，带来极大的改变。

注意：以上微调必须是重心主动移动，而不是靠肢体动作的被动牵动，让人误以为是重心变化。这二者是有本质区别的，取决于能不能带动身体内部的变化。

这个判断标准是看你在重心微调时重心能动多少。无论是下沉微调还是后移微调，真实的重心主动微调的难度都是极大的，每次能移动的距离是以毫米计的，一毫米、两毫米的改变就是极大的进步。而觉得轻轻松松就能移开一大段的，基本就是肢体变化牵动的，而不是重心主动移动产生的。

2. 两大关键：中轴和丹田

内家拳常说：“练根不练梢。”所谓的根，我们认为是指中轴和丹田。

从浅义上讲，中轴是我们身体的纵向坐标轴（上下方向），因为我们的身体是在三维空间中运动的，人是直立运动的，所以这个轴就显得格外重要。人在各种运动中若想保持好身体的均衡和平衡，都须以中轴作为根本的基准点。

往深层含义上讲，中轴是人体结构的核心。它是人体内如同枣核一样的东西，可以将它视为虚化的、缩小的人体本身。而人体如同套娃一样，是一层层套在中轴之上的。人体的各种运动都可以视为是中轴在内里先运动，然后反映到外在身体上来的。

从这个角度理解中轴，则人体运动中的涨缩、鼓荡乃至意练法里的所谓

“与天地呼应”的意念就都易于理解了（无非是把天地作为最大的那层套娃套在体外而已）。内家拳中一些日常不太常见或难以理解的运动状态，这样一思考就能做出来了，如猴形练缩身。

简单地说，丹田就是桩架运动的动力核心，类似“发动机系统”。这在前文已有论述，这里不再赘述。

3. 三项基础

形意拳的内型是通过三体式唤醒、构建和锻炼了体内的哪些系统、元素而形成的呢？一是体内的骨架结构，二是体内的经筋结构，三是体内的气血循环结构（周天）。

三体式锻炼初始不必谈及神意，这个还太遥远，也比较虚，也不必提及脏腑系统，这部分需要练习者到了五行拳阶段才能真切地有所体认。初练三体式若先能把此三项基础练出来，即为及格。

（二）本派三体式的技术特点

1. 本派三体式的功架特点

特点一：先天横劲。

本派三体式注重对横劲的锻炼，而且强调要练先天横劲。这是个什么概念呢？大家可以做个试验：两脚左右开立，好比站了一个高马步，不需要姿势太低。这时有人横向（从侧面）推你的肩膀，你会被推倒吗？你会发现对方即使用了很大的力量，也不能把你推到。而且，如果你让身体再自然一点、放松一点，就会产生一种沉坠感。具有这种沉坠感后，对方连撼动你都很难。

明明没有用力去顶抗对方的推力，那么是什么力量保证了你不会被推倒呢？这个不动即有的劲就是横劲。

本派三体式桩功就是重点利用了这个我们自身具备的劲。这个劲，我们称之为先天横劲。

其他的如用腰胯力左右旋转发力，或用其他发力方式打出来的横向劲力，虽然也叫横劲，但被归为后天横劲，因为你要靠动作才能产生力量。

特点二：身正胯斜。

这里的身主要指脊柱。胯则是指骨盆。常人的躯干结构中脊柱、骨盆、丹田（如果理解不了丹田，可以简单理解成腹腔）三者不可分，没有相对运动的余地。所以，一般站三体式求整，整个躯干仿佛是个桶子或板砖，脊柱、骨盆、丹田的朝向只能保持一致，进而导致下一步的运动方式非常单一，正就是正，侧就是侧，斜就是斜。

而形意拳练习者，经过无极桩、浑圆桩的锻炼后脊柱、骨盆、丹田都有了相对的独立运动能力。所以本门三体式要求骨盆呈 45°，而脊柱则在内部拧转，朝向正前方，丹田遂呈螺旋压缩蓄势态。这样，躯干在静态中也具备了向多个方向运动的能力。此时，从外形上体现出来就是身正而胯斜。

特点三：沉肩斜肘。

最初的形意拳要求严格的沉肩坠肘，两臂贴身，滚出滚入。这样的优点是间架紧凑、防守严密，但是一旦练习时对要领把握有所偏差就容易形成夹胸，对养生不利。后来，有的形意拳前辈吸收了八卦掌等其他拳种的优点，发展出了“肩撑肘横”的技术要领。此要领可以使腋下以及胸、背、腰、腹的经筋、筋膜得以充分舒展。但是，“肩撑肘横”要领对练习者自身的筋骨结构强度要求很高，一旦筋骨结构强度不足就容易形成耸肩架肘、肋下空虚。

所以，本门三体式最后定架采用的是比较中庸的做法，要求肘尖斜向下 45°，即沉肩斜肘。这样比沉肩坠肘的腋下要宽松一些，又比肩撑肘横的结构紧凑一些。

但是这种结构要求肩轴能够做开合 - 旋转的运动，即可以准确地向沉肩坠肘、肩撑肘横乃至展肩吊肘三个角度变化。此运动又被称为腋下开合，其动作标准是大臂骨拧转，而不是单纯的屈张。

图 5-19　半边阴阳鱼结构

特点四：半边阴阳鱼结构。

本派三体式继承了浑圆桩的锻炼成果，也充分发挥了三体式天然的三角身架结构特点，故而其桩架既不是三角结构，也不是浑圆桩的圆结构，而是介乎于二者之间的类似半边阴阳鱼的、变形的水滴结构（图 5-19）。

图 5-20　三体式俯视图

这是充分发挥了三角和圆的结构优势而形成的结构（图 5-20）。它既有三角结构的中线合力、锋矢突破的效用，又有圆结构的六面整力、圆不易受力的效果。

2. 本派三体式的功效

筋骨锻炼功效：六相具现（鸡腿、龙身、熊膀、鹰捉、虎抱头、雷声）。

重心后移，后腿支撑身体，腿表层的四面大筋挑起，内中还有一根主筋从足心直通丹田，升出一股撑顶劲。身体坐在后腿上，胯根始终曲蓄、保持弹性，随时可以发出蹬劲，是为鸡腿。

脊柱从尾闾向上贯劲，特别是脊柱两侧大筋挑起，直贯头顶，有冲天之雄，是为龙身。

两膀侧开展，并向前包裹，厚实松沉，劲力直贯双掌，是为熊膀。

五指贯劲，如同钢爪，臂筋挑起，甲欲透骨，是为鹰捉。

挑顶竖项，后颈大椎穴领起全身，如虎扑食之前头伏在两爪之间，而颈项梗起之态，两肩放松下沉而前裹，是为虎抱头。

丹田内运，五内震动，成其雷声。

劲力锻炼功效：钢钎手、鹰捉力、结构力。

这部分下文会有详述，这里不展开。

图 5-21 三体式

三、本派三体式的具体练法和技术细节

（一）三体式架构解读

本门三体式站姿如图 5-21：

1. 下盘：川字步（横步扣膝）

先在地面上确定一条直线（可选择铺设大块地砖的地面）。后脚脚跟外切于这条直线，前脚脚尖斜交于这条直线。两脚尖均是斜 45°。两脚间距约一脚半，以能不费力地自由移动为度。

前膝有前顶（同时微内扣）之意，后膝有内扣之意，两膝略有弯曲（皆有跪意），逐渐增大下蹲幅度，以不低于 135° 为宜，以免损伤膝盖。

裆内是左右横开外撑劲，重心五五分配，整个下盘呈斜马步。这样才能使两腿内外的大筋均匀挑起。

这些要领切不可用力去做。待两腿大筋初步挑起后，髋、膝、踝关节松开且有一定活动量之后，自然会形成真实的两大腿内裹之合劲。

下盘是横步，则身上自然具备先天横劲。随着练习者对自身的体认越来越深入，慢慢就能体会到这种内在劲力，并利用桩功等功法将其培育壮大。

2. 中盘：正三角间架（身正胯斜）

身体因下盘的斜马步步型限制而形成一个略小于 45° 的斜面，这就是所谓的“看正似斜，看斜似正”，有（敌人）正看（我）似斜，（敌人）斜看（我）似正之说。这个身位既可以彻底变为正面，发动冲撞之力，又可以瞬间变为侧面，发挥撇闪之功，非常灵活。

整体上，仍然要保持“无极桩之四要”中的坐胯戳腰：身体如同坐在一个凳子上，要有坐的真实感觉。有前辈曾云：“站桩站到感觉是坐着才对。”

有了“坐”的感觉，则松腰敛臀、命门后撑等要领自然到位。

腰椎要有像旗杆或船桅一样插在骨盆里的感觉。平时我们的腰椎是吊在胸椎下面的。站桩时，要先一节一节地松开，然后逐节下沉。尾椎在骨盆上形成一个支撑点，各节椎盘像累积木一样，一块托着一块，从下往上竖起来，并且重新合成一个弓状体，挺拔有力，这样身体才沉实稳健。

后胯与后肩在一条垂线上，如同整体贴住一个墙面一般。整体劲感是后贴，但不是后靠。

3. 上盘：松肩垂肘（沉肩斜肘）、吊腕

肩部关节要深度放松，相关筋腱放长以后，肩微向前合扣，不能用拙力。两肩胛骨要真有下落并与背骨合槽归位之感。

肩松下来之后，肘部自然产生下沉之劲，而不是人为向下压肘。这样既要满足沉肩坠肘之要求，同时肘部还要保持“肩撑肘横”的内在支撑劲力。整体外形是肘尖 45° 指向斜下方。

宋氏形意拳三体式的最初手型是平掌吊腕。自己在家里练的话，可以先打一个前直拳，然后保持前臂、手腕、手背都不动，单把手指张开，拇指内扣一点，其他四指向前，指尖再稍微扣一点，像一条蛇张开嘴亮出牙。这时候手型就差不多定下来了。

这个手型因为手指、手掌（背）、前臂阳面基本在一个平面上，没有过大的曲折，手臂的三阴、三阳经会比较顺畅，气血容易灌注到手指尖上，时间久了则指力会变强，本门称之为“钢钎手”，俗称“铁叉子手”。

腕骨要松开，手在保持“钢钎手”手型不变的前提下，整体从腕骨上松下来，只有食指保持挑劲，这样会使腕部的阳池穴产生向上的承力，好像空中有线吊着一样。慢慢食指经前臂阳面到肘部之间会有一根大筋挑起，这根大筋对内劲从手臂向外传导极为重要。

前后两手之间如持大枪，前手食指就如枪尖。前后手之间要有争力，这个争力其实是前手定位不动，重心下沉、后移，后手向后抽枪的劲。

后手的起始位置是在前肘下，向后抽枪时的运动范围就是抽到脐前为止（这个抽枪可以是想象，也可以实际把动作做出来）。这段距离就是三体式状态下后手的运动范围：前不过前肘，后不过肚脐。后手向前过了前肘就不应该再伸展手臂，而是要变式了。这是动作变化的规矩。

后肩找前手，后肩肩头与前手手腕有对拉呼应之感，与前手食指指尖在一条线上。

（二）三体式的拳学含义

1. 基准姿势

本派三体式并不是作为技击戒备式之用的，而是作为一种身体状态的基准姿势，即侧身态姿势。这是相对于浑圆桩的正身态姿势而言的。

这是一个重要的概念。为了保证身体的桩架稳定，尤其是在动态条件下稳定，以及经历了动态影响后依然稳定，有必要给身体定下几个基准姿势作为变化的标准，以保证运动时不会出现错乱。

人体最基本的身姿变化是正身（正面、平行姿态站立）、侧身（侧面、前后姿态站立）变化，所以最初的基准姿势就是浑圆桩（正面桩）、三体式（侧面桩）。

任何桩架的变化运动都是以这两个姿势作为开始或者结束，或以这两个姿势进行运动。形意门里的老话所说的“落地回原”“式式还原”即是此意。

图 5-22　清代武士拉弓图

本门三体式可以按照一定的变式规矩直接从浑圆桩变化而成。整个变化过程里面包含了正侧变化、顺拗变化、上下变化、斜向变化（左上右下、右上左下等），左、中、右三身协调而动。

2. 劲力结构

整个三体式如同左图里这张张开的弓（图 5-22）。三体式从某种角度而言其实是一个劲力结构，而不能仅仅只是间架结构。脊柱和丹田是弓背，筋和筋膜是弓弦，整个身体则是箭。

整个身体的筋和筋膜在三体式状态下要形成类似图 5–23 所示的张拉状态。

图 5–23　人体张拉状态

三体式不能仅仅停留于筋骨间架结构状态，这仅仅只是一个阶段，或者说是三体式的一部分。练习日久，人体则必须形成张拉结构（或劲力结构）状态（图 5–24）。

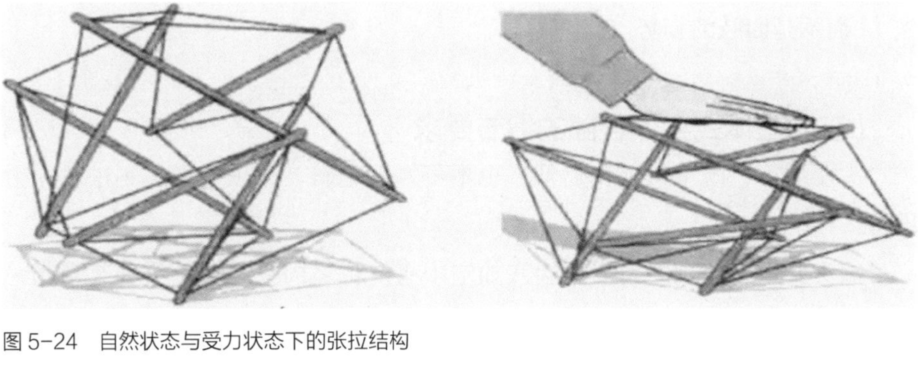

图 5–24　自然状态与受力状态下的张拉结构

这个张拉结构在受力状态下，还必须形成如下页图中这样的发力状态，就像这个急于奔驰的骏马和极力想拉住它的人之间的关系（图 5–25）。

图 5-25 拉住马的状态

步子想蹚出去，身体又要拉住它，这就是形意拳“轻刀快马”的三体式劲力结构。

上半身的间架结构力（确切说是整体桩架）与下半身的步子劲（确切说是整体突进能力）浑然一体，形成三体式的整动之势，内里蕴含着整动之劲。动步就要有劲，周身一动，身体各部分自然协调而动。这样才能形成整体的自然力。

由此可知，在拳学应用方面，三体式重点练的是桩的整动能力（身步法），而不是四肢的姿势。

（三）三体式身体各部的细节要求

头要端正，既不可前俯后仰，也不可左右歪斜。颈项微梗，不松软无力即可。

额头要略有前顶之意。百会穴如空中有绳将之向上拎起。头部有领起一身之劲的意思。

下颌要内收，有遮护咽喉之意。收下颌的要领在于微微点头，如同与人打招呼一样，则下颌可自然放松而收，不会有僵硬之感。

眼要平视远望，视线不可散乱，亦不可呆滞。不是盯住目标，否则就僵死了。应凝神聚意，笼罩目标。如是养练法，则要求目光漫视，不可紧盯着一个目标看，要似看非看，等着事物自己映进眼中，而不是自己主动去看。

口要轻闭，牙宜轻扣，舌尖要轻顶上腭，有津液则下咽。

肩要平，即两锁骨连线要与地面水平，不能一高一低，且肩头要有内裹之势，即虎抱头。

肘要同时具有横撑与沉坠之劲。肘尖斜 45° 指向地面，兼收沉肩坠肘、肩撑肘横之效。

前臂要有自然的沉坠劲和向前的撑顶劲，五指如钢钎，手臂整体（从手指到肩胛骨）如同一杆短铁枪。

腕要吊，掌要塌，掌背成瓦楞形，有支撑力。五指自然分开，食指挑起前顶，拇指微曲（回扣），其余三指有回钩之意，虎口撑圆，手心涵空内吸。

胸部要虚含而不能窝，膻中穴之气下沉，则可空胸顺气。

脊柱要保持正直。

两肋要如鱼鳃一般左右横开，然后向前合抱，同时也有松沉之感、呼吸之感，此为肋之开合。

腰要下塌，命门填平。

小腹宜充实，但不要绷腹肌或者鼓肚子。

尾闾自然松垂、放开，垂到位后自然前卷。此为尾闾内收，自然接好任督二脉，丹田上下合住劲。

后脚暗含蹬地劲，不可露形；前脚有向下的踱转之劲，前膝有上提之劲。双脚五趾抓地，足心涵空。前脚的脚跟可微微提起，但仍要保持下踩之劲。

鼻准、双手、双腿要合于中线之上。

三体式应左右交替练习，使得左右平衡，不可偏重一边。

第四节 劈拳功法

练习三体式小有所得之后就应该马上结合五行拳进行练习。三体式是框架，五行劲力是内容。内容填到了框架里才是有机整体。因受篇幅所限，我们不能把五行拳功法一一罗列，在此仅以五行拳的“母拳”——劈拳为例，具体介绍一下内家拳是如何由桩功（内型）转入拳架（内动）的。

一、劈拳简述

在通常的形意拳教学中，大部分老师都会把劈拳作为开拳第一课。从功架选用上说，一般采用正架顺步劈拳，甚至很多形意拳练习者长期只练这种劈拳。

但是在各个支派中，对于这种劈拳的功用的理解差别很大。最常见的说法是求劈拳劲的，有所谓“劈斧之意，推山之功”之说。有的站位更高，说劈拳是练整体桩劲的。还有的阐发更深入，强调劈拳要练出身法来……这些说法都对，都有道理，可以说都阐明了“正架劈拳”功能的某一个方面。

以我们的观点来看，劈拳本身的意义其实远超作为五行拳之一甚至五行拳之首的地位。劈拳本身就可以构成形意拳入门阶段的一个小训练体系。以常见的正架顺步劈拳来说，它就好比书法中的“永字八法”，它的表现形式是写一个“永”字，但目的其实是训练八种用笔法则。

我们这个观点也是根据形意拳动桩的训练目的来讲的。形意拳的动桩（五行拳、十二形等）是在训练我们掌握桩态下的变化和运动，即整动。包括形意拳劲力的产生也是在桩态运动范畴内的，因为有了桩的“动态”，才在这个动的过程中产生了劲力效果。

家师张烈先生总结形意拳劲力如何产生时讲到移动速度 + 转身速度 + 出手速度。三个速度的叠加其实是三种运动形式的叠加，速度无非是运动的快慢罢了。

劈拳的运动形式比较复杂，是多种运动形式的结合。劈拳其实是练形意拳的运动模式。

有些朋友可能习惯于把劈拳看成是一个单纯的功架，读到此处恐怕难以理解。我们不妨把这个说法拆开分析，以便大家调整思路。

如果把劈拳视为一个单纯的功法，如为找劲、练劲服务，那完全没必要练顺步劈拳，只练习原地劈拳就够了，何必非要动步呢?

有人会说，你原地能发力了，也得会动步发力啊。这就恰恰说明步子是可以“叠加”上去的。步法体现的是步子劲，所以步法可以作为一个单独的能力来练习，在本派功法体系中是用“催桩步”来练习。

那么，动步劈拳就可以视为是原地劈拳运动 + 步法运动。这就是劈拳是多种运动形式结合的意思。当然，完整的劈拳不会只是两个运动形式的结合，而是诸多元素的复合体。

以本派劈拳为例，所复合的元素大致如下：

（1）桩架结构：结构整劲，如“铁叉子手”等；

（2）重心运动：沉身运动——沉劈劲；

（3）步法：横步开合运动——步子劲；

（4）手部轨迹：纵圆运动——松沉摺劲；

（5）桩架运动：钻劈运动——撞劲。

以上几个元素大致涵盖了形意拳最基本的训练目标和出功夫的要点所在。这几个元素如果能表达清楚、交代明白就是一个“六十分”的劈拳。

进一步说，五行拳乃至十二形也是这些元素的不同调整、延伸和变化，所以有“劈拳为母”“形意看劈拳”之说。劈拳练扎实了，练习者对形意拳的运动模式就有了准确的把握和身体表达能力。

所以说，五行拳中的劈拳不是一个技术动作，而是一个小训练体系。练好劈拳是形意拳训练的入门正途。

二、劈拳的正式练法

我们以李旭洲先生所传宋氏形意拳的劈拳练法为分析对象，再进一步解读一下劈拳体系的内涵。

（一）原地劈拳（鹰捉力）

保持三体式桩形。双掌如同捋住一根很粗的大杆子，杆子被若干绳索吊在空中，然后纯粹用丹田的爆发力带动桩架突然整体斜横向旋转，将杆子捋到身体侧后方，同时将绑缚在杆子上的绳索全部挣断。

要求两臂保持三角间架结构，不能变形，要整体下摺。借着双臂的自重，极力抖开肩背骨缝深处的筋腱和筋膜，力争达到“双肩齐脱”的效果。

做动作时，五指如鹰爪、钢钩，每个手指都要保持弓形的桩架结构，不能散乱。不能变成手掌劲、腕子劲或前臂劲。

整体运动轨迹是向斜下划弧，其实就是劈枪的路线。最好下劈的动作完成后顺着整体桩架的弹性回弹还原成三体式。不要做成“一、二”两拍。

（二）雁形包裹专项训练

包裹是从心意拳的裹拳发展而来的，是形意拳一脉比较有特色的技术。在李旭洲先生所传的山西宋氏形意拳中这个技术非常重要。

包裹是一个非常形象的名称，其理念是为了能把对手控制住、圈住，压缩对手的活动空间和变化能力，如同用包袱皮把对手裹住了一样。

传统形意拳中的包裹技术多是用“裹横”，突出表现为“臂裹”的形式，如裹肘、裹膀等。李旭洲先生则将它进一步强调为“身裹”，要求练习者躯干的左、右半身能像大雁的翅膀一样突然展开、猝然合抱，以“雁合翅”技术裹住对方，然后再施以合身撞击，就是雁形包裹最典型的表现形式。大家不难发现，这是建立在本门三体式的“三身”理念之上的，如果把躯干练成了大木桶，肯定没法裹。

雁形包裹也是活涮关节、建立五行身法运动总模式的重要功法。所以，在练习劈拳之前，雁形包裹是要拿出来反复单操的。

雁形包裹的具体练法如下：

起式后，以右三体式姿势（参见图 5–21）站立。

（1）双手拧转，两手握拳，保持上盘的浑圆间架，即前肘向前的顶劲不丢，前手向下划弧至丹田，后手配合，也在肚脐前划一个小弧，归至丹田，身体呈下立桩的桩形。

（2）此时右拳心向前，右肘尖指向前上方，小指一侧掌沿朝左，呈吊肘形，封住中线和右外门。左手拳心向右，左肘轻轻贴住左肋，护住中线的下部（心窝到小腹），闭住左外门（图 5–26）。

这个动作是腰轴内转形成的。腰轴在躯干“外浑圆”的“壳”里右转，而胯不动，腰椎上自然使出绞花劲。

两前臂向回锁挂时须肩开一线，手向回摇而身向前闯进，内在的劲势含有头打、（左）肩打、身靠之意。此谓“吞吐同时，出入并用”。

（3）双手拉回到丹田之前时，拳眼朝向丹田，拳心向下，拳背向上（图 5–27）。然后，腰轴自然回弹，两手一翻，拳眼向上，沿任脉提起至胸前（图 5–28）。此势前臂阳面的大筋含有弸力，可崩弹对方的虎扑、双按之类的攻击手法。

（4）此时右前脚向前蹉蹬一步，前胯窝打开，脚尖外摆呈 45°。前膝与脚尖方向保持一致，带有前顶劲。

而是以身子下沉之势把前脚催出去，注意：用身体把腿碾出去，暗含扁踹腿。

身体从两腰开始分成左右两半向前包裹，催动双肘相合，两前臂自然产生“拧裹滚搓”之力，推动双拳从心窝处继续沿着任脉向上钻（图 5–29），到下颌处斜向上 45° 从口前沿身体中线钻出。右拳在前，左拳顶在右肘内侧，呈定势时大臂基本与地面平行，右手大致在眉高。两手小指翻天，双肘内合，

图 5-26　吊肘形

图 5-27　拳眼朝向丹田

图 5-28　腰轴回弹

图 5-29　双肘相合、双拳沿任脉上钻

但不失左右横撑之劲，两前臂间架自然合二为一，合成一个楔形或枪尖形（图 5-30）。

（5）双拳向内翻转、变俯掌、呈三体式（图 5-31），然后腰轴内转将两手拉回，然后重复上述动作即可。

图 5-30　枪尖形

图 5-31　三体式

这是雁形包裹单操法之一，以后还有展翅、合翅等变式，均需专门练习。

注意：雁形包裹的身体（根节）和手臂（梢节）的浑圆结构运动不能在一个平面上，身、手运动的轨迹自然形成两个互反互衬的圆，为后续的五行拳定下身法运动的总模式。

手臂形成的浑圆结构如同一面盾牌，向侧后运动，将对方的正面直线攻击滑卸到一旁，同时进身侧撞，肘尖始终要对准对方的心窝。

（三）劈拳行步练法

（1）在雁形包裹的第 4 步双拳钻到位的基础上，重心移至前腿，两腿之间的劲力从互撑变为相合，用后胯将左后脚提起，跟步上来。两膝相合，两足相并，左脚贴在右脚脚踝处，右脚独立着地，呈寒鸡势，又名含机势，即含机待变之意。这一动有一暗腿，为勾挂腿（图 5–32）。

两腿并步时，谷道内提，缩身团聚，但注意外形上不要显露出来。

（2）承上动，两臂翻转，呈双插掌，两虎口均向上，左手小鱼际一侧摩擦着右前臂大鱼际一侧的筋向前穿，直到两手上下相叠，两肘相合。但肩窝要松开横撑，不可挤胸（图 5–33）。

图 5–32　劈拳 1

图 5–33　劈拳 2

（3）前手变插掌时，前推劲不能丢，即不能往回缩手。后手插掌压着前臂摩经而出，后手小鱼际和前手虎口相擦，如火石摩擦出火星。先出钢钎手，意似已穿透对方皮肉，扎入对方体内。然后前臂内旋变掌，五指一炸，掌心吐力，呈劈拳。左腿同时向前探出，在落地的一瞬间臀胯一坐、腰轴一旋、足下一踹、两手掌一翻，劲力直射而出，重心在一刹那变为五五分配，而后迅速回弹呈左三才势（图 5–34）。

左腿落步时为横开步，不是纵开步。用胯动推送大腿，两小腿要磨胫而出，落脚时纵膝落胯，踝脚尖。此势暗含趼子脚。

图 5-34 劈拳 3

（四）劈拳的内动要求

内动比外形动作更细腻，非言语所能尽述。简单来说：

（1）发劲瞬间，“丹田球”内转，走的是前立圆轨迹，后胯起，前胯落，势如大式劈枪。

（2）内劲的劲路是从后足升起，沿督脉直升头顶，然后从任脉落下，沿前腿降至前足。

三、劈拳走架的要点

1. 劈拳练习时，三节、三身都要调动起来

躯干三节，即上节（胸部）、中节（腰部）、下节（胯部）的空间位置、变化角度、运动幅度都要搞明白。左、中、右三身要交代清楚。

三盘九节都要充分舒张开，不可被其他部位的运动挤扁，不可因为动态运动而变形。应该各安其位，各自发挥自己的作用。

而左、中、右三身的运动轨迹模式是在整体协调的大前提下各走各路的。每个局部都要充分完成自己的运动轨迹，不可含糊，不可凑合，不可做不到位。

2. 既要保持身架紧凑，又要把桩架开合体现清楚

要记住跟步时为合，起钻时为开。这时身体该打开的部位、关节都要充分打开，该动的地方都要动起来。这点不可马虎，否则落翻的时候很多地方是动不起来的，自然也就发不出内劲：一是因为肢体关节没打开，没有活动空间；二是因为该动的部位没动，没有被激活，产生不了动力。

3. 本派劈拳讲究的是撂劲式发力

所谓撂劲式发力，好比你拎着几十斤重的面粉袋子，拎不动了，往地上一撂，面粉袋子往地面“砰”地一砸，很有劲。

怎么做到撂劲？有两个要点：

一是放松自然。身体做到自然放松就会体会到自身体重，这时身体有沉重感，就是松沉劲。松沉劲是自然劲之一，就是自身天然具备的劲力。

二是要求动作做到位。每一个动作都能在动作标准的前提下将身体自然地尽量舒展开。不会有地方“拿”着劲，该舒张的筋骨、该打开的关节都打开，这就是动作做到位。能准确地将动作做到位，则劲力自然就会释放出来，不必追求发劲感，而是要关注动作的标准、准确、到位，即“到位即有力”。

以上二者结合即撂劲。

4. 劈拳雁形包裹，起钻上步，打的是整体冲撞能力

整体冲撞能力不取决于步子大小，而在于身体，尤其是躯干会不会主动。例如，河北派形意拳有蹚步，讲究前蹚后蹬，很容易体现冲撞。而我们所学的宋氏形意拳的劈拳没有蹚步，而是先天横步，讲究到位一撂就都有了，所以这个冲撞劲就不容易体会。但不容易体会、动作小不等于没有，这反而更需要我们求其根本，更加精细地去练。所以，要讲究身体会带着撞劲运动，这样，小位移、小空间也能打出整撞劲来。

5. 劈拳动作中包含着大动和小动

大动是外动，主要是空间位移；小动是内动，丹点引爆、间架内变。二者皆不可忽视，须内外协调一致，都要做到位。尤其是内动，细节多、难练、难体认，更要细心体会。从学术的角度讲，内动更重要。

以上是本门劈拳练法的简要介绍，希望能对大家理解形意拳概念下“内型 - 内动 - 内劲”的表现形式有所助益。

第五节　形意拳的全盘练法

讲完劈拳，其实我们想阐述的功理方面的话题就已经说清楚了。本节是延伸话题，涉及应用方面，就当是为了和形意门的广大同门、同好们多聊两句。

现实中，我们常常听到年轻的同门抱怨形意拳难学、难练，苦练多年也不易练出功夫。其实，这不是形意拳技术的问题，而是训练标准不清的问题。形意拳的练法是有标准的，这个标准掌握在教练手里。可能年轻的朋友们会感觉奇怪：我有老师啊。请大家认清一个现实：不是每一个形意拳的老师都是好教练。

老师可能功夫很高，掌握的功法很多，也愿意倾囊相授，但是他未必懂得怎样教会一个人——哪怕他是名家之后、宗师弟子。

对于任何学识、任何技艺，能够到达一定高度和认知水平的永远是少数人。泥沙俱下、鱼龙混杂是造成目前这种乱象的根本原因。

以前真正的职业拳师，无论哪个门派的，都是按照一定标准训练的。即使现在，仍有一部分拳师是按照这样的程序训练出来的，这样的老师笔者有幸遇到过三位，分属不同的门派和拳种。这样的老师教拳，条理清楚，规矩严谨。

形意拳的标准化练习程序是怎样的?

第一步，练桩功。

第一阶段以无极桩、浑圆桩为代表的正面桩类为主，主要目的就是调整身姿、身架，以正身形为主。

第二阶段仍是以正面桩类为主，要正确体会放松，同时滋养筋骨，逐步强化筋骨。

第三阶段还是以正面桩类为主，这时筋骨已经基本成型，开始体会如何构建间架结构。

第四阶段才是正面桩和以三体式为代表的侧面桩结合的练习，从某种程度来说仍以正面桩为主，其目的主要是体会间架结构的各种变化和应用。

第五阶段是正面桩和以三体式为代表的侧面桩结合的练习，从某种程度来说仍以正面桩为主，其目的是开始体会桩劲的产生。

桩劲与间架结构力是两回事。间架结构力可以理解成初级的桩劲。其实，形意拳等内家拳一开始就是以桩劲为追求目标。所以，在早年的形意拳里，间架结构力作为一个阶段性的训练成果是隐而不显的，没什么人论述它，也没有什么人在意它，都把它当成一个过渡性的东西（事实也确实如此），随它来去。

就笔者的练习体会来看，间架结构力的出现确实是桩功练习的一个客观阶段。从便于学习和应用的角度来看，把间架结构力当成一个正式的训练阶段单列出来是有必要的，只是不要止步于此。所以，这里特别强调间架后面还有桩劲阶段，那才是我们重点追求的目标。

第六阶段以正面桩和侧面桩为主，再加上各种强化类桩为锻炼手段。这里特别提出强化类桩的出现是为了强化筋骨能力和桩劲的。到了这个阶段，桩功基础基本及格。

第二步，练行桩。

行桩就是以五行拳为代表的动功，十二形之类的也在此例，不过十二形强度更大，练习安排得比较靠后。

行桩练习不是非得等到第一步六个阶段全练完才能练习，一般是在第一步第四阶段达标后就可以练习了。但是在这之前不要练，因为效费比太低，出错的概率更高。

行桩本质上就是练习桩的移动和变化，故而必须有桩功基础后才能练习。

第三步，练步法。

形意拳的步法分两大类：一类是步型，另一类是步法。

步型是指腿部的桩架结构。我们有两条腿，所以还有一个两腿桩架之间的变化与配合关系的问题。步型又是配合身法变化而使用的，也可以视为下盘桩架的各种变化，从形态上看就是顺步、横步、拗步、盘步等。注意：这些步型都是桩形，不是动作。能不能把这些步型校准、变化精准是很重要的能力，所以特别强调一下。

而寸步、过步、三角步等是真正应用“步”的方法。其中，有的步法是为桩架在空间中的各种移动形式服务的，如横走竖撞、横拉斜进。这类步法大家见得多，也容易理解。还有一类步法是为桩架在某些紧急情况下突然变化或做特殊变化服务的。知晓这种步法的人就不多了，也不太容易理解。

五行拳里出现的常用步型、步法就足够我们平日练习用了。一般在五行拳熟练达标后，才需要进行专项步法练习。

第四步，练揉手。

练揉手的熟悉桩劲应用原理和变化理论，掌握为何桩劲可以克敌制胜的道理，以及桩的变化原则。这在基础的步法练熟后就可以练习了。

第五步，距离感训练。

第一阶段，通过双人对练把形意拳的几种基本距离感定型在身上。

第二阶段，通过双人对练掌握不同距离下的身步变化原则。

第六步，练习实战用的散招散式。

第一阶段，以原则性技术为核心，即学习怎么用是对的、怎么用是错的。此阶段练习可以跟第五步的第二阶段练习一并进行。

下面两个阶段则最好在第五步训练完成后再练习。

第二阶段，以模式化技术为核心，即学习所有技术是按照什么样的模式、轨迹、原则变化的。

第三阶段，学习一些成手成招，不必多，三五式即可，作为例题或练习题性质的技术，加深对第二阶段内容的理解，乃至升华。

第七步，摸肩抢步。

这属于轻对抗练习。双方在对抗中熟悉和掌握学到的各种原则。这可以跟第五步、第六步的练习混搭着练。根据不同的训练目的，可以有不同的条件限制和规则限制。

轻对抗可以视为一种增加了难度的常规练习。

第八步，实战对抗。

第一阶段，条件实战，即限定某些技术使用的实战模式。例如，限定使用劈拳，掌握正劈、横劈、反劈等的不同应用情况和效果。

第二阶段，半开放式实战，即限定必须达成某种目的或效果的实战模式。例如，限定以步冲撞必须达成什么效果或者运用龙形技术必须达成什么效果，从而建立一个对技术应用的正确认识，而不是随便使用一个技术就完了，不考虑效果。

第三阶段，完全开放式实战。

第九步，全盘打磨。

把十二形在这个阶段完全掰开揉碎讲透，将全部形意拳融合在身步变化中，需要结合第八步一起进行。不实际对抗，则不足以理解。

至此，形意拳的训练基本完成。只要坚持锻炼，这种练法基本都能收到一定的效果。

以上内容是按照训练程序来说的，如果是就受训者本人的感受来讲，受训者在不同阶段的学习目标如下：

第一步，先掌握松。不懂什么是真松，则练不出合格的形意拳。

第二步，体会到间架结构力。

第三步，体会到桩劲。

第四步，体会到整。理解了什么是桩劲后才能体会到真正的整。此外所谓的整，都不够准确。

第五步，掌握桩怎么移动。

第六步，掌握桩怎么变化。

第七步，掌握桩怎么活起来。

可能有些朋友注意到笔者所列的这个训练程序里没有发力练习，不禁心生疑惑：

形意拳居然没有发力练习？确实没有。在笔者所学的形意拳（其实是各种内家拳）技术体系里，力不是“发”出来的，它是随着身体运动而自然产生的。那种做一个很明显、很威猛、很唬人的动作才能“发”出来的力，实际是用不上的。

笔者常跟人举例子：一头熊随便用巴掌拍你一下，你能看出它的动作的哪一阶段是蓄力、哪一阶段是发力吗？根本看不出来！它就是很自然地一撂或一挥，可那一巴掌你受得了吗?!

所以，笔者不是说形意拳没有发力，而是说没有发力练习。形意拳的这种发力不是靠某种名叫“发力”的动作练出来的。发力的关键在于身体的高度协调，而不是靠某个刻意做出的动作。具体训练：

第一步可以从身、手互不干涉体认开始，各动各的，然后揣摩身、手的各自运动轨迹和范畴。

第二步就是确定各自的运动模式和范畴。

第三步就是让各自的运动模式和范畴有序地结合起来，形成整体运动。

第四步是整体运动瞬间加速，这其实是第三步的一个阶段。把它单列为一步是为了帮助初学者在认知上从这种特殊的运动形式和我们日常印象中的发力之间找到一个交集，使初学者相信这种不练发力的训练模式最后能产生发力的效果。

这个有点像公司运营。各个部门独立发挥作用，然后在公司的整体运作机制下有序配合，向外界提供产品或服务，最后形成的结果就是公司赚到钱。在拳术上，这就相当于是把力发出去了，运营机制越合理、效率越高，力就发得越好。公司管理越混乱，力发得就越差，如此而已。

可能很多朋友无法理解这个观点。说到发力，大家会更愿意接受类似“发力是模拟弓箭、模拟开枪开炮，或是模拟投石机”等这样的理论。还有就是喜欢看前辈们示范那种看上去特别令人神往的发力动作，比如周身一抖、浑身一颤、六面一争……

但别沉迷于这个，尤其别拿前辈那个“帅劲”当发力的感觉，更不可把那些动作当成发力的练习动作。那些动作纯粹是劲力透体而出之后，身体呈现的一种自然现象。有这个也好，没有这个也罢，并不影响你把劲力放透。这就相当于是开炮的后坐力。炮弹的发射药爆炸产生的后坐力让炮身猛地后退了一下，而不是炮身猛地后退了一下把炮弹打出去。

如果硬要说形意拳有什么发力训练的话，那就是以下三点：

第一，身体彻底放松下来；

第二，通过桩功，根据一定标准改造自身的筋骨结构；

第三，按照正确的要领和原则，完成正确的桩架内外变化。

做到了以上三点，力自然就能发出来，而且威力稳定、灵活多变。根本不需要去练蓄发，或者专门的发力动作。

笔者对五行拳的定位也跟一些朋友理解的不同，在笔者看来，五行拳的地位完全没有那么“重要”。

这一半原因是对“形意拳的本质到底是什么”的理解不同。另一半原因则是训练手段选择的不同——如果在理解方面大家差别不大的话，笔者选择了一种比较折中、稳妥的路线。

笔者所学的形意拳中对于“内型 – 内动 – 内劲”的训练程序大致如此，谨供大家参考。

第六章

八卦掌

从李存义、张占魁前辈开始，形意拳、八卦掌就经常被提及，并相互比较。这两种拳的修习者也经常相互参研，互相交流印证，亦不乏两种拳同习者。

然而，内家拳研究者多习惯于从它们的共通之处进行研究阐发，它们的相异之处却少见论述。尤其将它们做对比，从而点明八卦掌的特点、特长的则更少见。

但须知，它们有相同、相通之处，提供了它们能够交流互鉴的可能性。八卦掌、形意拳两门弟子代代交好、交流，必然是因为二者的道理和技术有所区别，且区别之处可以互补。它们是因为有差异才交流，不是因为趋同才交流。否则，经过这么多代人交流，它们早就成为一种拳术了。

孙禄堂先生创孙氏拳“三拳合一”，但依然保留着形意拳、八卦掌、太极拳各自独立的技术体系，也就是保存了三者的差异性。

所以说，八卦掌肯定是有其独到之处的，这才值得形意拳练习者去研究学习。作为内家拳的研习者，我们应该将研究重点放在八卦掌的特点、特长，以及与其他内家拳的区别之上，这样才更有研究价值和意义。

在这一章，笔者不揣浅陋，尝试继续以“内家拳体系”这个大概念为背景，将八卦掌的功理、功法的独特之处，以及其主要技术元素在“内家拳体系”中的地位和作用解读一二。

请注意，本章节仅是笔者对八卦掌这一拳种的泛泛之论，并非专门讲解哪一家哪一派的八卦掌理论或是技术。

第一节　八卦掌的立意

前文我们谈到了内家拳改造人体时首重构建内型，而内型的基础就是身架结构。

在一门成型的内家拳拳术中，该门拳术特有的身架结构是构成其体系的核心元素之一。因为身架结构是“改造人体、塑造人体新的运动方式”的第一步。无此一步，则后续功法无入手处，将来更不能用于实战。

任何一门内家拳术都有自己独特的身架结构，如形意拳三体式的第一重意义就是形意拳的身架结构。所以，形意拳才有“万法出于三体式”之说。这就是为了向练习者强调这个概念，即形意拳范畴的各种动作都可以从三体式这个基础身形架构开始。

前文我们论述了这个身体结构的构建过程。大家不难发现，三体式所代表的、体现的主要是一种“筋骨建构”的思路。这里就有了形意拳与八卦掌的第一个区别：八卦掌的身架结构并不是筋骨结构，而是气脉结构。什么叫气脉结构？在“洗髓经”一章中，我们提到过人体的周身气血可以视作一个无形躯体。由于气血主要在经络中运行，所以我们可以把人体的经络网视作一个由气脉连接而成的人体模型，也就是“气脉建构”的概念。

当然，筋骨结构是支持人体的实体架子，八卦掌的气脉结构并不能真的脱离骨架和经筋等实体而存在。但是，八卦掌的人体改造工程确实没有止于筋骨层面，而是在筋骨建构的基础上更深入一步，是以气脉结构为主导。所以说，八卦掌的身架建构的思路与形意拳不同，在后续功法、技术的特性方面也不相同。这就好比由不同的领导带领同一个团队，其工作方式也是不一样的。

当然，作为练习者，两种思维兼备是最好的了。

一、八卦掌的身架：气脉建构

（一）“气脉建构”的概念

气脉建构这种指导思想，或者说功法理论，可以视作洗髓经理论在八卦掌中的体现。正如形意拳功法体系的思想主线源自易筋经理论，八卦掌的功法体系可以看作是洗髓经理论在武术领域的延伸和发展。

大家在练习八卦掌的时候，可以从拳法的技术需求、功法设计的侧重点、练功时出现的内感觉三个方面体会八卦掌体系与洗髓经的那种天然契合，非常有意思！

洗髓经赋予八卦掌的除了气血功法理念外，最关键的就是“气脉建构”的概念。

怎么理解“气脉建构”呢？这先要从传统医学的经络学说说起。外在有形的经筋和内在无形的经络合成经脉系统。这如同筋骨可以搭建起人体间架结构一样，人体的经脉系统也可以构建一个经脉结构。

筋骨结构可以想象成树木形态，树冠撑开，枝繁叶茂，拳谚有所谓“玉树挂宝衣”之说——这是初期，后期还可以将其想象成球体。这些大家多多少少都有个概念，或者听过一些这方面的理论，大致有个印象。

那经脉结构是什么样的呢？

1. 经脉结构初期是以十二正经为主构成的结构

十二正经是有相应的有形的十二经筋的，所以理解十二正经的结构可以通过经筋结构过渡一下。

十二经筋结构建成的要求是“大筋挑起”，这是一种筋骨强健、纵横连络的形态。与之对应的是经筋内的十二经络自然就气血充盈、经络贯通。二者一表一里，相辅相成，给人一种直观的经脉形成结构的感觉。

经络贯通之后自然就会产生某种气血循环圈，这是人体自然具备的，练功只是进一步疏通、强化，并使我们对其有所感知。这种气血循环圈也就是拳学上的周天。周天是经脉结构的主体，就像路网的主干道、水网的主干网。

有这个基础之后就能形成初步的经脉结构了，这才是八卦掌所要求的经脉结构。

再往后，我们又会发现仅靠十二正经是不够的，必然要拓展到奇经八脉，因为任督二脉、带脉、中脉等脉的循行路线恰好是人体的横向、纵向剖面、中轴，是人体结构的基本线，故也是经脉结构的基本线。更深层的经脉结构要先由这几条经脉定下基本的框架。

由奇经八脉定下基本的经纬线和中轴，那么后期的周天锻炼，如小周天、大周天、卯酉周天等就有了基础的框架可依。

气脉结构发展到高级阶段也是一种“浑圆”概念，与筋骨结构最后可以形成浑圆间架一样。

几个不同循环轨迹的周天相互联络贯通就构成了立体的经脉结构，就如同现在的立交桥（图 6-1）。

图 6-1　人体的经脉结构是立体的，类似于立交桥

图 6-2 八卦掌的经筋形态类似于这种拧成一股的钢缆承重绳

气脉建构（经脉结构）大致是这么个形态。气脉为里，经筋为表。八卦掌以气脉为主，表现在身体构造上则经筋的形态与形意拳有很大不同。拳谚有云：八卦如大蟒钢鞭。这个钢鞭类似于钢缆承重绳（图 6-2）那种钢鞭，而不是竹节钢鞭那种硬鞭。这与形意拳那种钢架冲车式的筋骨结构是截然不同的，两者的运动特性自然也是不同的。

我们把八卦这种身架建构方式称为气脉建构。明确了这个概念，可以帮助练习者意识到八卦掌建构身架的主体元素是气脉，而不是筋骨。

这种建构模式的理论基础是洗髓经。以洗髓经的思想所构建出来的“内型 - 内动 - 内劲”有其特殊的性质和运动模式。

2. 气脉建构的创建过程

要建立人体气脉建构的蓝图，首先必须强调“中脉”的概念。中脉在内家拳的气脉建构理论中是一个居于核心地位的关键概念。

中脉在气脉建构中代表的是中轴。尤其是在初学者对自身中轴没有切实感受之前，先以中脉当作中轴在气脉建构上的投影，这是一个方便之法。其实，刚开始谁都不大可能有切实的中轴感觉，甚至不可能一开始就“练到”气脉意义上的中脉，所以，只能先在意识里建立人体结构上的“中”的概念。

为什么非要这样做呢？因为练习内家拳必须先有一个身架结构。前面说过，人体结构应当是平衡、均衡的。筋骨间架可以先以脊椎为中轴。气脉建构就必须以中脉为中轴。中脉不容易感觉到，所以必须从一开始就在意识里牢固树立一个“中”的概念，以此为参照物去定位不同经络上的点、线之间的空间关系。

这个结构上的“中”的概念是贯穿气脉建构中每个周天循环的。每一个周天的侧重点都是仅限于一条或几条经络。有了“中”这条基准线，任何一组经络的周天循环就都会围绕着同一个核心来运作。这样就不会造成整体气脉建构的失衡。

故而，在气脉建构伊始，中脉相当于起到了标尺、标杆的作用。中脉位于人体躯干之中，所以以中脉为基准可以自然确定人体之“中”，也就是定下了气脉建构之“中”。这有点像古代建城，先不修中央大道，但要在规划中把中央大道的位置留出来。然后，以这条还不存在的道路为主轴建房、修路、通明沟暗渠、建城墙……这条中央大道也就自然显现出来了，然后只要平整了土地，大道基本上就通了。

所以，以中脉为基础定出中轴，然后逐步打通四周的经脉，即前任后督、左右维跷，带脉一周为壁垒，最后打通中脉，这就初步搭起了人体经络的结构框架。人体的气脉结构也就有了雏形（图 6–3）。

注意：这里只谈气脉结构上中脉的意义，并且对整个气脉结构的解读也是只谈结构上的概念，不涉及气机运转层面。

经脉建构正确与否是以气血是否通畅、顺达为标准的。这与筋骨建构以劲力通达为标准虽有所重叠，但也有差异。经筋从属于经络，故而在气脉建构中经络以另一种方式将经筋串联了起来，构成了内家拳的气脉建构。我们还可以理解成经筋以经络路线为内在骨架搭建了一个结构，跟以骨骼为内在骨架搭建起来的间架结构不太一样。在这个结构关系中，无形的经络是骨架，柔韧的经筋为维系，坚硬的骨骼反而变成了辅助支持。这与形意拳的间架理念正好相反。

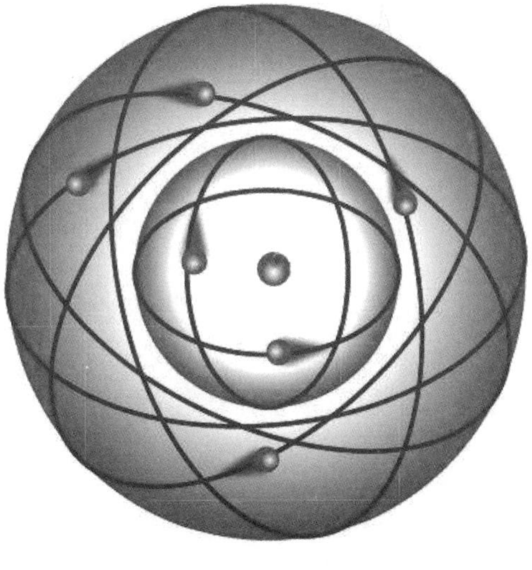

图 6–3 八卦气脉结构是周天的叠加复合，类似“经典原子模型”图

这种联络方式使得八卦掌能做出很多古怪、独特的动作。这些动作如果要在骨架结构的状态

下完成是非常吃力的。所以有“八卦如龙”之说，八卦掌盘架不见棱角，有柔若无骨之感。

（二）气脉建构需从养气、炼气入手

在实践中，气脉建构的建立是要以气感为主要引导的，尤其是练习初期，练习者是非常依赖气感的。

这个气感绝非来自单纯的臆想，或者不知真假的某种感觉，而是来自真实的气血充沛感、气血流畅感和气血通达感。尤其是气血在经络中自然地运行，不同经络串联起来会形成真实的周天运行之感。

气血真实地充盈起来才能有真实的气感。气血必须真正地滋养经筋且直到经筋强壮的程度，才能让经筋发育到能承载周天循环的强度。周天循环圈只有稳固到了几乎有形有质的程度，才能够支持气脉建立立体的“建构”。

笔者所学的八卦掌理论认为，练八卦掌当从养气、炼气入手，须先培养气血。具体方法，除了前文介绍的洗髓经功法和无极桩功法外，专属于八卦掌的炼气法门就是走转。走转就是俗称的八卦转圈功法。这个功法有一个重要的作用就是炼气，除了有通常的培养壮大自身气血的功效之外，师传还有称为得气的功效，即“得天地清气以补我身”的意思。

得气的要领在于走转时要注意浑身放松，尤其要心静，这点最为重要。随着练功日久，松静功夫达到一定程度后走转时能感觉自身像飘在空中，进而逐渐有自己融入天地之间的感觉，即得气了。这也可以视为洗髓经的静功思想在动功中的进一步阐发。由此可见，内家拳确实是对易筋和洗髓功夫的发展。

（三）气脉构成的浑圆结构是内浑圆

气脉建构的最后目标也是建立一种浑圆结构。这种浑圆状态不靠筋骨间架撑圆抱球以显形，所以我们称之为内浑圆，也有同道根据其特殊形态而称之为软浑圆。

1. 内浑圆是气脉形成的浑圆状态

这也就是说，气脉建构不是搭成人形结构就算完了，还必须形成浑圆态。

这种以“气”为主导形成的浑圆，以气脉周天为骨架，衬以筋骨，又蒙以筋膜，从而形成球状的浑圆态，这就是软浑圆的意思。

既然称为软浑圆，那么无论是作为虚质部分代表的、各种周天相互联系形成的周天结构的形态，还是作为实质部分代表的、筋膜劲力舒张充盈的形态，都必须练到浑圆如球的状态方可称为浑圆。

软浑圆不以骨架为支撑结构，而以内气和筋膜张力为内在支撑，所以它表现出的桩架特点是弹性而不是刚性，尤其是不露外形。正是因为有这种特性，八卦掌的劲在孙氏武学理论中被形容成钢丝球。

2. 脏腑的气脉建构是内浑圆球的“内胆”

内浑圆的构成要素不仅仅有气脉、筋膜，还包含脏腑之间的气脉建构。内浑圆是以气为本。这里说的气是指维持人体运动所需的能量，当它被养练到能充盈全身、运行强劲、强健有力，足以成为身体很多功能运转时的主导，方可说是“以气为本”。同时，“气”（能量）这个概念还强调不同的人体功能的作用。

气的不同功能主要表现在脏腑的不同功用上（对此类概念有兴趣的朋友可以查看中医理论）。形意拳的五行拳功法主要对应五脏。八卦掌的内功有所拓展，涉及六腑。

从十二经的气血循环方向来看，是从五脏六腑流出或注入。同时，五脏六腑之间也是有直接的内气循环的。它们按照内功修炼的原理联络成一个结构，即脏腑结构。这是一种功能性结构，可以强化脏腑之气的作用。同时，脏腑之间的各种内气联络方式还会产生不同的功能差异。

气在行周天的过程中，融合脏腑之气以强化功用，获得不同的增益效果，就是脏腑结构的作用。这才是完整的内浑圆概念。

具体的脏腑结构及其内气联络方式，各家有各家的法门，本书就不详细举例了，各宗各法即可。仅说一个大家熟知的例子，即所谓“心肾相交”的说法。如果将它降低到拳学意义的层次，就可视为是一种脏腑结构。

第二节 八卦掌的运动模式：圆运动

八卦掌的内动和外动模式都是圆运动。这个提法可能很多朋友会觉得是故作高深，形意拳的翻浪劲、起钻落翻模式表现的不也是圆吗？而且很多拳法都有圆运动轨迹。八卦掌的圆运动又有何特殊之处而值得单独拿出来说呢？这个还是要从“内动－内劲”上分析。

八卦掌的内动方式与形意拳是有很大差异的。老辈常说：“形意直中求、八卦变中求。”这里的“直”和“变”不仅仅是说形意拳走直趟子、八卦掌转圈这么浅层次的差异。应该说，正是因为两种拳的内动方式有根本性差异，才造成了这种外在运动形式上的明显区别。

形意拳的“内动－内劲”的指导思想还是偏“直劲”，正如大枪劲的灵魂是最后那一扎。大枪的拦拿之法虽然“以圆机为之本”，但终究是为了服务于那一扎。说白了，起钻落翻、走圆划弧是为了与行家里手争胜机，碰上俗手、庸手，或者已经得机得势，还费那个劲干什么？“不钻不翻、一寸为先”，那可是写在谱上的。

而八卦掌的内外运动的指导思想就是走圆，内动模式是自转、公转，外动轨迹（身形步法）是大圈走、小圈变，最后用的技法和劲力也是以各种圆劲为主。与其他拳法相比，这一点确实是有些特殊。八卦掌的“圆”，可以说是一个复合性概念。

一、八卦掌的总体运动模式是三维空间中立体的圆运动

这怎么理解？

首先是三维空间，其次是立体，最后强调的是圆运动。

（一）三维空间

这个概念强调的是练习者头脑中的空间感应该是三维的，而不是二维的。空间感，简单来说，就是空间定位能力。那什么叫三维、二维呢？两者有什么区别？

打个不太恰当的比喻，这好比是地上的老虎和水中的游鱼。老虎的运动方向主要是“前、后、左、右”，基本上是在一个二维平面内运动。而游鱼除了前、后、左、右，还可以在水面和水底之间的区域进行大幅度的升降运动。等于比老虎多了一个纵向维度。鱼的运动就是三维空间运动。

大家还可以做个实验来理解三维空间。请先站在一个地方，或者坐在椅子上也可以。然后，以自己为原点开始尝试感知身体周围的空间。

这时我们最先感知到的是自己正面的空间区域，也就是“前”。我们的眼睛长在脸的正前方，所以很自然地就能建立起来对前方区域的空间感。说具体点就是进入这个区域的人或物大概距离我们有多远，其行进轨迹大概与我们的中线处于一个什么角度，是比较容易判断的。

有了“前”就可以很自然地感知到“后”，也就是我们背后的空间区域。这样我们就建立了一维的空间感知。不过，因为没有视力支持，所以我们对“后方”的空间感会比“前方”弱很多。虽然也能投入一定的注意力，如果后方来人或有物体接近，我们会有所察觉，但不易判断其距离和方位。

明确了“前、后”，我们可以把感知能力往左、右调动，从而感知到左、右空间。这样我们就建立了二维的空间感知。不过一般人对左、右两侧的空间会有一种奇特的“陌生”感。虽然左、右两侧近在咫尺，但给人的感觉却如同隔壁陌生邻居的屋子——一直知道它们在那里，但自己从来没进去过。这就是因为我们对左、右两侧的空间感知太弱了。

如果左、右的空间感只是弱，那么，到了上、下时一般人的空间感就约

等于没有。就算你想投入注意力，也不知道该怎么办。如同把一个人突然丢进了宇宙中，没有参照物，你都没法给自己做空间定位。但幸好我们还是处于地面上，所以建立一个基本的上、下概念还是可以的。

在静止状态下，我们可以是比较从容地建立一个相对清晰的，具有前后、左右、上下六个方向的三维坐标系。

然后，我们试着动一动，走两步。

向前走是最自然的、最舒服的。向后走也行，但是会有一点儿缺乏安全感，怕撞到东西，怕摔倒。

横向左右移动（不能转身，直接横移），会感觉有点别扭，走不了那么利索。上、下运动时一般人能做到的就是跳一下、蹲一下，除此之外，大脑里就没有能对应的其他动作了。

须知，你的身体是不敢向感知能力覆盖不到的区域运动的。就算大脑强迫身体去，身体也会抗拒，会采取自我保护措施。这个大家也可以实验：你现在闭上眼睛，就算前面是一马平川，你都不敢像睁着眼的时候那样大步流星地往前走，而是会很谨慎地小步往前蹭。

所以，在拳术训练中，空间感知能力的培养和应用是很重要的一环。而且，要应对的局面越复杂，空间感知能力就必须越全面。

（二）立体运动

所谓立体运动就是三维空间感的延伸。当习练者意识到自己是在三维空间中运动时就有了将动作放在三维空间中做的可能。这就会改变“只能表达出动作的起点和落点，中间过程只能含糊过去”的动作习惯，而能够做到将动作主干放在起落之间的那段时间内完成。

什么是“只能表达出动作的起点和落点”呢？这就好像我们要跨过一个水洼，普通人只能做预备起跳和跳过落地这两个动作，而当身体处于水洼上空时身体是不受自己控制的，是被动的运动状态。

当身体不受自己控制，处于被动的非动作态时，这样的“运动”在内家拳理中是不被承认的，是无效运动。

如果用画图来表示的话，当我们除去无效运动，仅统计有效动作时，整个动作轨迹就表现为点到点（图 6-4）。这种只有起点和落点清楚的动作是非立体的，在拳理中就不算三维动作。

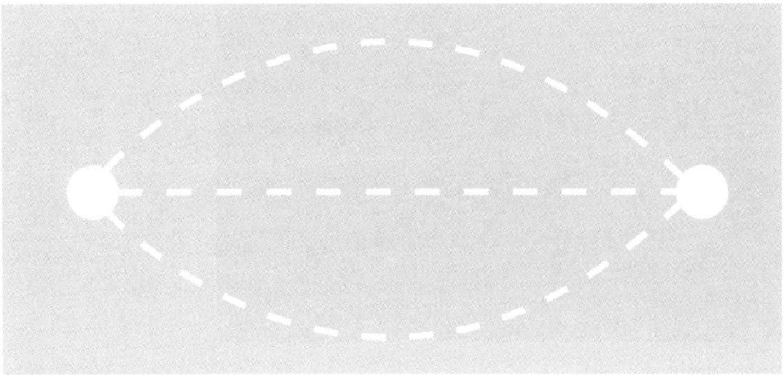

图 6-4 虚线部分是无效动作

而三维动作就好比篮球运动中的滞空动作，是主动控制身体的运动。这个比方虽有些不太恰当，但可以说明这个意思。

起落点及空中运动都是有效的、清楚明白的动作才是三维立体动作。当我们画图来表示时（图 6-5），即点在方向线上的移动轨迹要完整，不能有无效动作打断这个轨迹。

三维立体运动必须是有效动作。这意味着首先是有具体动作，而不能是静止的。其次是动作是主动的。最后，动作是饱满的，是铺展到整个三维空

图 6-5 图中仰泳动作轨迹是完整的

图 6-6　水母的六面运动

间里向六面延伸的。最典型的例子就是水母的运动（图 6-6）。

若想做到这点，如果单凭想象去操控身体模拟这种运动是很难达成的。最简单的办法就是换个思路：给身体创造不得不进行三维立体运动的条件，即直接把身体放到三维空间中，好比直接让身体处于滞空状态。此时身体做出的动作基本就是三维立体的。

八卦掌是怎么表达三维动作的？这体现在八卦走转功法之中。习练者在练习八卦走转功法时可以把身体分为三个部分：双臂、中轴、双腿。在练习走转时，这三个部分是按照功法原理互相协调、互相配合进行运作的。以单换掌走转（图 6-7）为例。

图 6-7　单换掌式

首先，在走单换掌时，双臂是不动的。

其次，在走单换掌时，双腿要走转不停，走转起来如同行云流水，没有间断，两脚不断交替前进。

最后，最关键的就是中轴，不易理解的话先理解成躯干也可以。在走单换掌时，中轴是在一腿落地、另一腿即将抬起之时单独运动的。这就是说中轴并不是被双腿托着运动而自己不动，这点跟双臂不同，中轴是会自己主动运动的。还有一个关键点：它运动的时机是在两腿交替之时。

这是一个什么时间点？这恰好是身体处于三维空间中单重状态的瞬间。当两腿都落地时，身体由双腿支撑就是双重状态。而当我们的重心并没有腿支撑——一腿即将抬起，另一腿刚刚落地，还未站稳——这一瞬间并没有腿真正支撑身体，身体这时处于瞬间的单重状态。这就使得躯干部位（中轴）处于三维空间之中，好像龙腾空而起了一样（类似于篮球运动中的滞空动作），这时中轴主动拧转向前。这就是八卦掌单换掌走转的三维运动方式，也是最基本的三维运动方式。

八卦转掌功的所有掌式的主干动作都是在两腿换步之时由中轴（躯干）主动完成的三维运动方式。

当我们处于三维运动中时就自然具备了向六个方向（三维）运动的动力。这可以从八卦掌的其他掌式中清楚地体现出来，典型的就是狮子滚球掌。

如果没有中轴在两腿换步之时主动运动，则走转功法也只能算是如同蛇爬行一样的二维运动罢了。

综上所述，在三维空间感知与三维立体运动方面，八卦掌确实有自己的独到之处。

（三）圆运动

圆运动显著表现在八卦掌的身法和劲力方面。

1. 八卦掌的身法是不停旋转的

这不是由步法走圈带出来的，而是躯干的核心，即中轴主动自转产生的。如果对中轴没感觉，可以先理解成“骨盆－脊椎”这个中枢。

例如，单换掌就是练习中轴做最基础的正转圆和反转圆。身体中轴的圆运动产生了身法，进而产生了走圈的步法，而不是步法产生了身法。内动产生了外动，而不是外动拖着内里动。两者的主从关系一定要分清。

八卦掌的小八掌、大八掌、六十四掌等升级变化，其实就是各种圆的复合叠加。虽然圆的轨迹不一定是正圆，可能是各种圆的变体，但一切运动不能脱离圆的意识和中轴的圆转变化。这是八卦掌的身法准则。

图 6-8 圆劲类似于圆锯的切割原理

2. 八卦掌的劲力是“圆劲”

正因为八卦掌的内动是圆运动，所以产生的内劲也是“圆劲”。如果对圆劲没有直观认识，可以看看电风扇叶片或者圆锯（图 6-8）。

也就是说，八卦掌的劲走的不是圆周那一圈的边，而是从圆的轴心到圆周都圆满无缺的一个整圆面。走这个劲时必须一气呵成，中间无有断续，劲力均衡不偏，不可一停一顿或忽强忽弱，这才能形成“圆劲”。

没练过八卦掌的人可能不太好理解这个“圆劲”有啥用处。这种劲力的特殊性可以从片旋掌中体会一二。这里说的不是片旋掌的招术动作，而是片旋劲。这个“片”就是片烤鸭那个“片”。你看厨师用刀把鸭肉一片片地从鸭身上削下来，那个片是很轻、很薄的切入感，而不是劈、剁。“旋”是少数民族吃羊腿时先用刀尖扎进肉里，然后推动刀身转一圈而旋下一块儿肉来，用的是“旋”劲。这种劲随着身步转动就发出来了，而且劲力轨迹合圆，具有自然的连贯性，不用使很大的力气，不会干扰八卦掌走转的节奏。

“圆劲”是八卦掌的基础性劲力，八卦掌的劲力变化和升级都以此为本。

3. 八卦掌的主要手法轨迹也是圆形

这不能算是显著的特色（因为太极拳也是如此），因此不必特意强调了。这三个要素里面含有一两项的拳种有很多，但同时满足三项条件的确实不多。八卦掌是身步、劲力、手法三方面全部合圆的代表性拳种。

二、八卦掌的圆运动轨迹形成球体的各种截面

八卦掌的桩架结构在空间中的整体变化就像一个螺旋的钢丝球（图 6-9）在滚动。这是比单纯的平、横、纵、斜等圆运动更复杂的运动模式。

因受人体结构所限，我们不可能真的把自己聚合成一个封闭的球壳。所以，八卦掌的各种动作都相当于各个方向的扇面、弧面，然后这些动作的轨迹在三维空间中合成了一个球形轮廓。或者说，各个动作是在一个球体的框架上截取部分区域。比如，单换掌的身和手运动的轨迹相当于在这个球面上截取了一个圆形区域（图 6–10）。

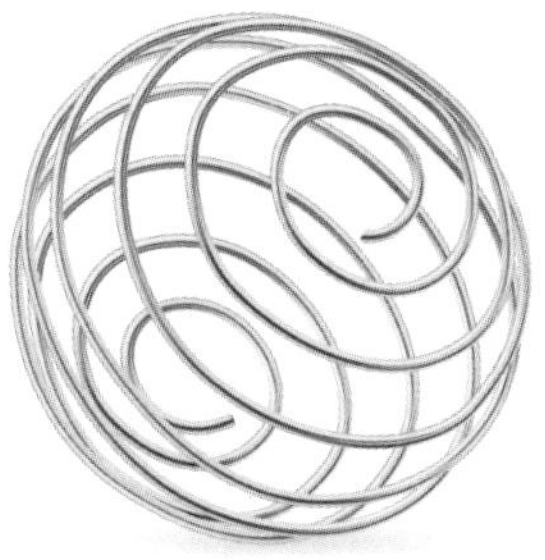

图 6-9 螺旋钢丝球

所以，大家研究八卦掌的圆运动时一定要结合它的气脉建构的思想去理解。八卦掌的本意是想构建一个球形结构（浑圆态）。但是受人体结构所限，我们的四肢不可能像蚌壳一样完整地合拢起来。八卦掌采取的办法是复合、叠加通过各种球形截面的运动，建立一个动态的球形结构。所以，各家八卦掌的基础八掌或称定式八掌，基本上都是在构建球体上的经纬圈或者弧面。

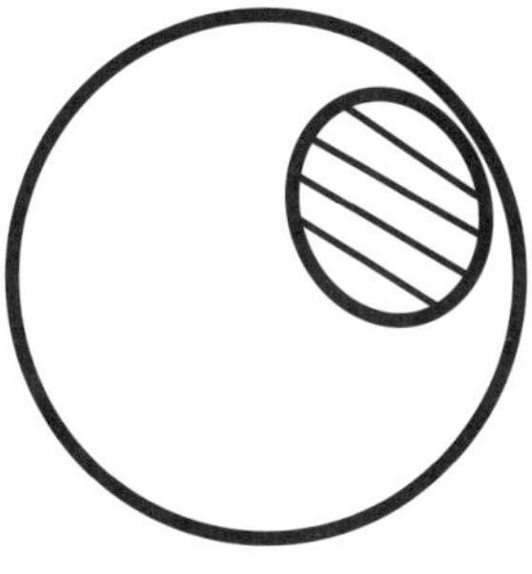

图 6-10 阴影部分为身和手运动轨迹截取的区域

三、练八卦掌时的躯干运动轨迹是偏心圆运动

练习八卦掌行步走圈时，躯干在空间中的运动表现出来的是偏心圆（图 6–11）的轨迹。

这里需要注意，不能把八卦掌的身体移动轨迹想象成单纯的正圆运动，即不能只考虑自转（自身的转动）或者只考虑公转（绕圈运动）。八卦掌的行步走圈是一种公转与自转相结合的圆套圆的运动模式，只注重某一方面而忽略了另一方面则无法保证功法的效果。

图 6-11 白色圆形是躯干的运动轨迹

八卦走转必须同时兼顾公转与自转，尤

其要注意揣摩这两种转法之间互相磨合、互相促进的效果。偏心圆运动模式比单纯的正圆运动对身体能力的要求更高。

四、圆运动对关节、筋骨、气血的需求更高

八卦掌的复合圆运动模式对身体活动量的要求突出体现在各个关节处。这种立体的、多向的圆运动要求各个关节活动量更大、活动能力更强。这是在练八卦掌时格外需要留意的地方。

无论躯干大关节还是四肢小关节，八卦掌都对其提出了比一般性的骨节转动更高的要求。所以练八卦掌必须要“开关节”。一般锻炼关节的要求可以称作“活关节”。“开关节”则是比“活关节”更进一步。

“活关节”练到产生近乎脱臼式的质变时，才能称为“开关节”。具体来说就是关节内要伸展出更大的“活动空间”，即两个骨节之间的关节囊要舒展开，而不仅仅是骨节间相连的筋腱的“柔韧性”增强。关节要具备更强的活动能力，而不是灵活性。也就是说，不是只要灵活就够了，还必须有足够的韧性和强度，以支撑身体完成一些大幅度拧转、下势等明显超负荷的动作。

结合前面的内容，我们可以把易筋经的原始功法视作对人体筋骨的“正常”级锻炼，把形意拳视作对筋骨的“加强”级锻炼，而八卦掌则是对筋骨的“变态”级锻炼。

满足“变态”的筋骨锻炼要求就必须要有气血的参与，于是自然引入了增强气血方面的内容，也就是洗髓经的功法。

所以，八卦掌的“打开”关节并不只是在筋骨层面下功夫。一般人认为的那种单纯的抻拉拽磨是绝不可取的，因为那样做不仅不可能做到“开关节”，还极有可能对关节造成不必要的磨损。

八卦掌的“开关节”是用洗髓经中的“自我按摩”的思路，在保证气血供应充足、周身气脉通畅的前提下，通过拳架动作慢慢地把关节揉开。习练者在练习过程中要放松、柔和、走圆、不停地疏通气脉，以更充盈的气血去濡养关节，包括利用气血反复冲击经筋缩紧之处。这样气脉、气血在“开关

节”的过程中也同步得到了锻炼。这也是八卦掌功法契合洗髓经功理的例证之一。

五、八卦步练的不是步法

八卦步练的不是步法，而是腿上的功夫。注意：这里说的是八卦步，不是八卦走转。二者是有区别的。八卦走转是一种综合性的功法，而八卦步仅仅是组成走转功法的元素之一。

什么叫步？腿移动一段距离，从而出现了明确的空间位移，这叫步。不同的位移方法就是步法，如直进步、后退步、斜行步、三角步、四门步，等等。

但八卦步不是为了练这种位移。八卦步练的是腿上的功夫，所以它是功架，并不是步法。练八卦走转时，一步的距离大小不是看你的腿能迈多远，而是看你的腿能伸展至多远。这如同练易筋经时伸展手臂一样，用“伸懒腰”的劲把腿部的筋骨完全伸展开，不要再有任何多余的位移。这是八卦步的行步功夫，锻炼的是腿部筋骨的伸展能力。这好比把一块本来折叠起来的布铺展开来，占了很大的面积，但不能说这块布产生了位移。

这是八卦掌的基本的基本、根本的根本，所以武术界认为八卦掌实际上是腿上的功夫。

这种行步功法练的是腿上的骨节、经筋、经络，目的是既要把髋、膝、足三节练灵活，又要把腿上的足三阴三阳经练通，气血能到达脚趾尖，相应的经筋能灌上劲。

凡是走圈时腿没有舒展到位的都是在练步，不是练腿，没法得到切实的好处。身、腿、步的关系好比是俄罗斯套娃，一个套一个，层次分明。腿上的功夫若是练不明白，身、腿、步就分不清了，八卦掌的功夫也就交代不清楚了。

八卦步首先要练出来的是符合八卦掌基本规范的一步。这所谓的一步是指两腿的筋骨间架做一个开合。这个开合的幅度是由两腿之间所有的关节、经筋的伸展量决定的。自身的筋骨韧性、强度最大能伸展多少距离就伸展多少，不要有任何位移。这好比打开一个人字梯，你把梯子的两脚打开，支在那里就行了，不用再挪动。这一步对八卦掌来说就如同先学数字“1”，后面才好学“2、3、4、5…”，然后再学加减乘除等。

后期练的八卦掌身步法则是铺开和位移的结合体，二者缺一不可。这其实是“腿部功架+位移方法”形成的步法，本质是一种“拿腿当手用”的思路。正如形意拳的上盘手法其实是易筋经功架和拳法技术相结合形成的。八卦掌也是用这个思路，只不过是从下盘练起而已。

这跟固定好某个步型，然后进行位移所形成的某种步法的练法是不同的。所以，八卦掌并不讲究走什么专门的蹚步之类的步法，因为“腿部功架+位移方法”的走法自然就是蹚趟一体了。这是八卦步要练的东西。

六、八卦掌圆运动的本质：周天运转

（一）“通周天”并不神秘

上文讲到了在气脉建构中周天的作用很重要，可能会给人一种气脉建构很难的感觉，因为大家通常会觉得“通周天”是很难的事。

确实，“通周天”并不简单，但是在拳学范畴里大家也不必把它想象得太难。这就好比考试，若是想考 100 分固然非常困难，但是要考 60 分，则是努努力就能达到的事情。“通周天”也是一样，并不是考到 100 分才算“通周天”，有 60 分就够了。

在内家拳范畴内，任督二脉的气血循环顺畅就可以称为“小周天已通”。这听来好像过于简单，但如果按照佛道修行标准的要求，这确实是不容易练成的功夫。但是我们谈的只是内家拳范畴内的周天，其境界与概念并不与修行的概念和标准相同。我们甚至可以说得更直白些：内家拳这种调理身体的周天功法的要求不需要太高。只要大家认真按照周天功法的标准去练，人人可练成。

“通周天”的功法，也是分很多种类的。比如常见的所谓“通周天”大多是“意通周天”，因为多是需要意念引导产生“通周天”的感觉。而这个周天感基本由意念想象的循行路线而产生，并不一定真的是练到经脉了（当然也不是说绝对不可能练到）。

本门观点来看，并不主张这种周天练法。本门所倡导的“周天法”究其原则来说，是通过固本培元，养足气血，气血充盈后自会按照十二经络和奇经八脉的轨迹循行。

这一切都有赖于气血养足自然而行，并不过多借助意念引导。这既是自然会发生的，也是必然会发生的。待气血养足后，你想不让它循行都不行。所以，这种“周天法”简便易行，原理也比较简单，也不会出现一些朋友担心的出偏、练错问题。只要自己不乱想，想出问题都难。只要坚持锻炼，人人可行，并无神秘之处。

至于真正的佛门、道家的修行者用的周天功法及其理论则根本不在我们讨论的范围之内，也不必多想这方面的问题。强调一下：我们所谈论的理论和方法都限于内家拳范畴。

本门“周天法”的练习顺序是先通小周天（任督周天），待小周天练习有成后自然会带起大周天循环。这都是水到渠成的事情。

再次强调一下：本门所倡导的“通周天”功法并无神奇之处，无非是经筋、经络、气血锻炼有成后的一种自然结果，大家不必过多解读。

虽然我们一直在说“通周天”并不高深，但这种说法主要是针对混淆内家拳的周天概念和修行界的周天概念的现象，是“矫枉须过正”的说法。实际上周天是内家拳功法体系中一个不可或缺的元素，在内家拳中起着重要的作用，所以我们不可轻视它。

正确对待周天的态度是认真学习内家拳的原理、原则，按照功法体系的标准认真练习，建立起对周天在内家拳中的作用的准确且符合实际的认识，不做任何无意义的猜想和过多的联想。

（二）周天与八卦掌的“内动－内劲”的关系

八卦掌的身架结构是气脉连接而成的，所以八卦掌的内动其实是内气在经脉中运行，引发气脉所统摄的经筋、经筋串联的骨骼、骨骼上附着的肌肉共同运动所产生的。气脉连接之后会自然形成周天，所以八卦掌的“内动－内劲”模式是自然契合周天运转轨迹的。周天在八卦掌中不仅起到了构建结构的作用，还有规范运动（发力）模式的作用。

形意拳的发力是通过劲力的通达感来逐步建立和修正自己的运动模式。八卦掌则是通过气脉的通达感来建立和修正自己的运动模式。也就是说，八卦掌的运动从一开始就是以气为主导的，所以其轨迹自然就合乎周天运转的路线。反过来说，八卦掌的动作只有与周天轨迹相合才能保证气脉内的气感通畅，从而运动顺达。这是一种必然的因果关系。

在介绍易筋经的时候，我们提到过炼气必须腾膜。八卦掌这种以气运劲的模式，相较于经筋的作用，更为强调筋膜的作用。所以，八卦掌运劲发力可以表现为躯干四肢交叉贯通，整体间架呈现柔韧弹性的摆摇式发劲形态。不同于形意拳的刚体结构明显、躯体“整块”平移的发劲形式，八卦掌的发劲可以说是刚如钢尺弹振、柔如树枝摇曳或旗帜舒卷（图 6–12）。

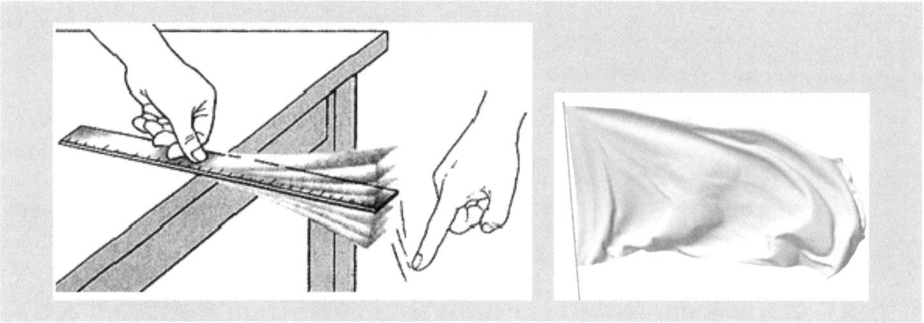

图 6–12 八卦掌发劲的“刚”与“柔”

八卦掌的这种运劲模式修炼到高境界就是所谓的“旋风劲”，即以中轴拧身，以身带步，做高速的正转、反转、旋进、旋出，而身步运动能自然衍生出强大的离心力和向心力。

七、八卦掌内外圆运动的核心：松腰

修炼八卦掌功法，登堂入室的关键要领就是松腰。千万不要以为这个很简单，或当成是一句圈里的套话——太多内家拳都强调要松腰了。这个要诀内涵很丰富，很多要领、要求都融合进了松腰里。

（一）松腰得气

前面我们谈了八卦掌以炼气为本，而炼气需要松腰。

打开中焦（气脉上下贯通的要道）的关键在于松腰；激活两肾与命门（气之源头）的关键在于松腰，所以有“把握住腰隙练功”之说；贯通中脉的要点也在于松腰，中脉是炼气、用气之首脉。

（二）松腰练脊柱

八卦掌的身体动作主要依靠脊柱运动来完成，所以练活、强健脊柱是八卦掌功法的重要任务，而活脊柱的关键在于活腰。

腰松不开，脊柱就不能上下贯通；腰松不开，也就练不到尾椎，整条脊柱就缺失了根部两节，也就谈不上整体松活；腰是掌控脊柱灵活变化的部位。整条脊柱的舒展不是从颈椎舒展到尾椎，也不是从尾椎舒展到颈椎，而是从腰向两头舒展，所以松腰是活脊柱的关键。

内家拳中的“塌腰”要领就是服务于这个目的的。要展现身法变化的灵变时也是要求“调（diào）腰”。

（三）走转功夫在于松腰

八卦掌是身法拳而不是步法拳，盘活身法的要点在于腰。走转练的是两腿的功夫。两腿的根最终是接在腰上的，而不是依靠腿部有什么特殊的窍门练出来的。所以，练活两腿的关键在于练腰，在于松腰。

因此，八卦掌内外圆运动的核心是腰功，而腰功的基本功就是松腰。

第三节　八卦走转功

走转是八卦掌的基本功。我们前面提到过八卦掌的功理和洗髓经是一条线下来的。八卦掌所使用的筑基法门“松静、养气、练脊柱”与洗髓经完全一致。

洗髓经功法中的行步法融入八卦掌内，与八卦掌固有的行步功法相结合，互参互助，逐渐发展成了八卦走转的功法，其要点在于以脊柱运动来带动两腿行步。原理简单，但是功效强大，内涵丰富。

下面针对这些内涵简单谈谈八卦掌走转的功法。

一、八卦走转的圈

八卦掌走转的圈有大小之分。大圈，有八步圈、十六步圈、三十二步圈之说；小圈，则有四步圈、三步圈、两步圈、一步圈之说等。其中，八步圈是最常规的走法，也最为适中合用。至于这八步圈要走多大，周长要达到多少，这就因人而异了。

前面我们说过，八卦步的起始阶段是功法。它的练功目的不是走多少步凑成一个圈，而是先练习下盘的开合功。每一步的步幅都是下盘功架开的幅度。因此，八卦圈的大小是根据自己的步幅（下盘开合的幅度）确定的，不是以人为制定的规矩为准。

你的步幅要以你自己恰好把一条腿伸到头（不太吃力，又不太轻松的一步）为基准。这个步幅以后就不变了，左右脚皆是如此。然后，走转八步，圈定一个圆，这就是你走转圈的大小。

至于十六步圈，则是为了把身体走开，有类似伸筋拔骨之效，是训练极限走的能力。三十二步圈则是跑圈，不是走的，那是另一种练法。而四步圈、三步圈、两步圈、一步圈皆是为了满足训练实用能力的需求。在此不赘述。

二、八卦掌走转主要是锻练下盘

八卦掌的下盘是个广义概念，比一般的“胯、膝、足”的下盘概念大。具体地说，下盘是由腰（脊）、胯、腿三大节共同构成的。要确立好下盘的运动模式，这三大节是在同一条逻辑线上。

没错，八卦掌走转锻炼下盘的目的就是要确立下盘的运动模式，确定好下盘各部位之间的秩序关系。这跟上盘其实一样，广义的上盘也可以视为是由胯、腰脊、手臂三大节共同组成的。腰胯是如何带动手臂运动的？何处为主动、何处为从动？手臂运动时走了什么轨迹？腰胯又走了什么轨迹？这几种轨迹是如何咬合在一起的？这些就是运动模式和秩序关系需要确定的方面。

上盘的运动模式好练，秩序关系也好确定。毕竟人的上盘比下盘更容易感知、操控，一些主动、从动的逻辑关系在头脑中也更容易理解。

但是下盘难练，下盘各节都不易感知到，也不易操控。尤其下盘承担着支撑身体和移动身体的功能，一些在上盘看来很容易理解的逻辑关系，在下盘来看就不好操作了。比如腰胯带动腿部运动能在踢腿和迈步时形成统一的感觉吗？如果说腰胯带动运动腿可以做到，那么支撑腿是否也是腰胯带动的？支撑腿和运动腿之间的关系又是怎样的？如此等等，很多此类运动模式和秩序关系上的问题需要在走转功法里解决。

由此可以看出，常人日常的步态和下盘的动作模式是不符合内家拳标准的，尤其在涉及重心调整、姿态调整、身体均衡等方面时，常人的处理方式比较简单——只需达到能用就好、够用就好的程度，但是容易出问题。所以，我们也经常听说一些因步姿不正确而导致的身体问题。

八卦掌要求的步态是比较复杂的，它既提出了对正确步态（涉及身体的均衡、平衡、稳定、端正等方面）的要求，又提出了应对复杂情况的步态（涉及各种极端情况下的身姿调整、重心调整、步法调整等方面）的要求。这都要求我们学会新的走路方式，这与常人走路是绝不相同的。人的步态原本也不是天生就正确的，是需要学习的。

三、八卦掌走转的要领

走转看上去像走路，但实际上它是一种综合性锻炼身体的方法，因为人能够做到直立行走，这本身就对全身提出了很高的要求。

在行走时，人全身的各个系统、各个部位都在尽力完成各自的工作以利于行走，也都在进行密切的关联活动以确保整个行走过程的协调与稳定。行走时，腰、胯、腿、头部、肩部、双臂等部位都会参与到行走动作中来，都有自己的任务。尤其是脊柱和骨盆这对核心组合，更是极为关键的一环。

说走转是八卦掌的核心功法丝毫不为过，走转确实有极大的锻炼价值和锻炼意义。本小节就介绍走转的一些细节。

（一）里直外扣

走转时注意一脚走直，另一脚走扣，这是里直外扣的走法。比如向左转，则左脚是里脚，右脚就是外脚。走转的时候，里脚一直走直线，而外脚则是在落脚的时候内扣一下。

注意：外脚不是开始就扣脚，只需要在最后落脚的时候扣一下就可以。

一脚走直，另一脚走扣，体现在身法上就是一横一竖的变化。所以，这本质上是以直扣的走法变化在走转中不断地锻炼横竖互补互变，这点大家可以多多体会。

（二）腰身拧转

走转时要注意松腰。松腰和走转是一体的。越走腰越松，腰越松则两腿也越松，走转得也越好，这是一个互相促进的关系。

走转轨迹呈圆形，会自然形成一种拧转劲，这股劲会影响身体，达到拧松身体的效果。此时可以逐步尝试加上腰身自主的拧转劲（不必一开始就这么做），从而把腰松得更好。

走圈带来的拧转劲是公转，自己主动加的拧转劲是自转，自转与公转相呼应就是走转功法了。

（三）走转不停

走转是动态的功法。无论是第一天练走转，还是练了几年，都要注意走转起来就要有势动不停的意思。也就是一直走，中间不能有停顿，不能有停顿下来的定式。无论你走得快还是慢，不停的意思都是一样的。

走转时，人体是处于拧转的体态，唯有不停才能让功法活起来，让全身在走转中充分松开、活开，让气血行开。这就如同一个陀螺，只有不停地转才能保持直立，一旦停止就会倒下。走转的旋转态才是功态，只有不停顿才能保持功态的持续，一旦停顿就失去意义了。

（四）下盘建构

走转时一般常用下沉掌或抱月掌的掌式，其中下沉掌最为多见。走转时要注意两臂如抱球那样的抱成圆，这就是上盘的结构形态。

同样，下盘也有自己的间架结构，两大腿骨之间也要抱成圆，也是如抱球那样，这是下盘的结构形态。

下盘结构除了可以从站桩中练习，在走转中也可以练习。走转即行桩，简单而言就是桩连续动起来。

走转练习下盘结构时不可急躁，要练得细致。要注意体会桩中的结构关系在走转中是怎样一点点变化的，从这个形态慢慢换成下一个形态（越慢、越扎实越好）。无论怎么变，结构所维系的各个部分的协调关系不能变。结构不能丢，劲力不能散。能进行动态变化的结构才是真正的结构。

四、八卦掌走转功法以清静心法为根本

练习八卦掌走转功法时先不要想过多、过高的功理。诚然，走转功法可以支持八卦掌从入门到高深的不同阶段的锻炼需求，既能练出初级的功夫，也能练出高级的功夫。

建议大家在初级阶段多练筋骨功夫，以及通经络、行气血的功夫，这样才能获得更大的益处。不要一开始就想着马上练习高深的功夫。

什么是八卦掌走转的入门练法？放松、心静、养气，以及松腰、松开腿部关节的走转法。这既是最常用的走法，也是最扎实的走法。这种走转法最能养练身体。

任何高深的功法或任何身体的变化都离不开稳固的身体基础条件。所以说，不怕厚培根基。再高深的功夫也不过是初级功夫的升华罢了，所谓磨刀不误砍柴工。

从自身实际感觉的角度来讲，养练身体的走转法有“松活身体，舒张腰腿”“松开腰（胯），拧转身体”“松开气脉，松静得气”三个阶段。这是一条自动升级的脉络，坚持从初级功夫走起，自然就会过渡到高深的阶段。

至于其他的一些变化，比如我们谈到的气脉建构、行气运劲，这些都离不开这个扎实的基础支持，否则皆是空中楼阁。

第七章

孙氏武学浅析

按照一般的顺序，形意拳、八卦掌讲完之后就该谈谈太极拳了。但是恰好笔者准备用来做案例的太极拳是孙式太极拳，这就多了一些问题。

众所周知，孙式太极拳作为孙氏武学的重要组成部分，与孙氏形意拳、孙氏八卦掌共同组成孙氏三拳。所以，很多人对孙式太极拳有些误解，认为它不那么纯粹。因此，在介绍太极拳之前，我们得把孙氏武学的思想和理论简要介绍一下，为我们后面解读太极拳的机理做个铺垫。

笔者有幸曾随孙氏武学传人张烈先生学习了孙氏三拳。张烈老师是孙存周先生的弟子，他所继承的孙氏武学，除了孙禄堂老先生所传之外，还有孙存周先生自己的心得，这其中有些独特的地方。不过孙氏武学博大精深，笔者愚钝，至今也难以登堂入室。下文所谈只能说是一些个人浅见，仅供大家参考。不当之处，还请诸位贤明多多指正。

第一节　孙氏武学的“三拳合一”

自民国以来，孙氏武学一直在武林中享有盛誉，但同时也一直笼罩着一层神秘的面纱。孙氏拳以形意拳、八卦掌、太极拳“三拳合一”为人称道，但这个“三拳合一”到底有何独到之处也一直是众说纷纭。

有人说，“三拳合一”是指孙式太极拳，因为这是孙氏武学中成型最晚的拳种，孙式太极拳是把形意拳和八卦掌融合于太极拳之中。又有人说，所谓“三拳合一”是三拳都带着形意拳的东西，因为孙禄堂老先生的形意拳功夫最扎实，也有人说，孙式太极拳是太极拳掺合了形意拳、八卦掌，不是真太极。还有人说，“三拳合一”是形意拳、八卦掌、太极拳的重新排列组合……种种说法不一而足。但这些说法其实都属于臆测，是外界对孙氏武学的误读。

对有师授的孙氏武学传人来说，我们所见所学与其说是形意拳、八卦掌、太极拳三种拳，不如说是只有一种拳，即孙氏拳。

什么是孙氏拳？孙氏拳其实不是指称某种拳术，而是指一个统一的武学思想和武学理论。而孙氏拳的那些套路、动作不过是这种武学思想和武学理论的外在表达形式。也就是说，孙禄堂先生创立“三拳合一”的孙氏拳不是创编了三套动作形式不同的套路，而是对形意拳、太极拳、八卦掌理论、功法和技术理念进行了归纳整理、总结提炼，最后冶为一炉，统一形成了一套标准、规范的学术体系。

孙禄堂先生这个“三拳合一”的学术体系有以下三个特点：将三拳的拳学思想提炼、统一为“中和”理论；将三拳的锻炼程序提炼、统一为以“无极学”等为代表的训练理论和训练体系；将形意拳、八卦掌、太极拳的技术动作规范到同一标准的技术动作体系之内，具体到每个动作应该做到什么程度、可以做到什么程度、以什么标准进行变化，都有规矩可依。

注意：孙氏拳的本质是一种学术体系，而不是一个拳种。这才是孙氏拳“三拳合一”的含义。

虽然这套学术体系以“孙氏”命名，但就像欧姆定律、欧氏几何一样，这是对创始人的一种尊崇和纪念，而非表示这是一宗一姓之私学。而孙氏形意拳、孙氏八卦掌、孙式太极拳只不过是这套武学思想理论的三种不同表达方式。

需要特别指出的是，三拳中任何一种拳法单独拿出来都不能代表完整的孙氏武学理念，而只能表现其中的某一部分。如果我们把完整的孙氏武学当成一个整圆的话，孙氏三拳则是这个整圆上的扇区，面积大小有所不同，部分区域还有重合。

所以说，孙氏形意拳、孙氏八卦掌、孙式太极拳并非因有某种独门绝技或是融合了其他拳种才得名。它们如此命名仅仅是因为它们是孙氏武学体系的代表。或者可以说是先有了孙氏武学体系，然后才有了孙氏形意拳、孙氏八卦掌、孙式太极拳。孙氏武学体系是第一位的，孙氏三拳是孙氏武学体系下的次一级的概念。

第二节 既然“合一”，为何还保留“三拳”

笔者曾经在其他场合为朋友们解释过孙氏武学“三拳合一”的理念。当时就有一些朋友问我：既然老先生已经从理论上把三拳的体系打通了，为什么不干脆创编一套集三拳的优势技术于一身的新拳法呢？我们直接学这套拳多好啊？

有这种想法，说明他们还没有真正理解“三拳合一”的意义所在。孙氏“三拳合一”合在其武学理论和指导思想上，而不是技术动作的“合一”。不仅不在技术动作上“合一”，而且孙氏的“三拳合一”必须将三拳分别保留下来。

因为从学术角度看，不将它们统一为一个套路更有意义和价值。要知道，孙氏形意拳、孙式太极拳、孙氏八卦掌是对孙氏武学思想的三个不同方向、不同角度的不同表达。关键就在这个“不同”上，因为三拳之间的区别和差异恰恰是它们的学术价值所在，不容抹杀。

所以，孙氏拳中的形意拳、八卦掌、太极拳确确实实的是三种拳。每种拳都是对其本拳种的立意，即核心思想的具体而纯粹的表达。所以，在修习孙氏三拳的时候，练习者尤其是初学者一定不要往一种拳里掺杂其他两种拳的东西。如果形意拳里面掺了太极拳，或者太极拳里面掺了八卦掌，或者八卦掌里面掺了形意拳、太极拳以后，你所修炼的技术就不再是对形意拳的原理和原则、八卦掌的原理和原则、太极拳的原理和原则的准确的、精确的表达。

这就好比是在考英语作文的时候，你觉得光写英语不足以展示自己的才学，那么在中间插两句中文的古诗词吧，让老师看看什么叫“学贯中西”。但老师不仅不会给你加分，反而还会扣分。

总之，孙氏三拳各自代表了一种武学思想，体现了武学大道的一部分或一个侧面。例如，孙氏形意拳就体现了内家武学中“横走竖撞（横竖是理，走撞是横竖道理之用）”的内容。这是老先生整编拳架时根据“形意”的立意而做出的取舍。孙式太极拳、孙氏八卦掌也是如此，都是在武学大道上各自择取了一部分内容，然后提炼而成的。

形意拳、八卦掌、太极拳互助互补才算完整，这样才成就了孙氏拳。

第三节 孙氏三拳是统于理，不是合于术

孙氏武学的“三拳合一”是合在理论上，不是合在技术上，更不是合在动作上。“三拳合一”是原理统一，不是外在形式统一。

现实生活中，确实有人津津乐道于拳里这一式是形意拳，那一式是八卦掌……以套路动作内容丰富而扬扬自得。而他得意于套路动作的包罗万象，其实就是他对拳学理论的认识并不到位造成的，所以才执着于成为一个“动作收集家”。

当然，也有真正的高手把各家的内家拳法的理论和技术都吃透后，根据自己的身体条件和技术风格对三拳技法进行裁剪、取舍，将两种或三种拳法的技术元素有机地融合在一起，形成了技术体系更全面的新拳种。不过这种技术层面的新拳法往往最适合创始人本人，以及与他的身体条件、脾气秉性相近的人，普适性不强。

而孙氏武学的“三拳合一”与上述两种情况不同。孙氏三拳提炼出了一个统一的原理。我们可以称这个原理为“内家拳之理”。什么是“内家拳之理”？大家常听说形意拳、八卦掌、太极拳是一个道理。这个道理指的就是“内家拳之理”，即内家拳共同遵循的道理。这里有必要提醒大家一下：“形意拳、八卦掌、太极拳是一个道理”这句话是从纯理论的角度、纯学术研究的角度而言的，也就是说形意拳、八卦掌、太极拳都符合“内家拳之理”，从这个层面来讲，形意拳、八卦掌、太极拳是一个道理。但这绝不是说形意拳的道理 = 八卦掌的道理 = 太极拳的道理。

强调这个绝非多此一举。因为很多人听说了这句话就真的认为练好形意拳、八卦掌、太极拳之中的任意一种就能最终掌握内家拳的全部道理。其实，这个说法对于那些已经处于内家拳较高境界的老师们而言说说无妨，但对初学者来说就是一句空话、大话。

刚开始学习一种内家拳的时候，大多数人只能做到掌握其技术——可能只是这个拳种的一些特色技术（如形意拳的崩拳、八卦掌的拓掌等）——不大可能掌握其理论。而在后期，即使掌握了某种拳的大部分技术，也并不能保证就能参透这门拳法的道理。能掌握技术并不等于就能掌握理论，这点大家必须要明白。

明理是远比学会技术难得多的事。明理跟掌握技术是两个范畴的东西。我们常听说好的运动员不见得就是好教练，因为教练必须要明理，而运动员并不一定需要。

退一步说，即使你已经领悟了一种内家拳的拳理，也不一定能够悟透内家拳的全部原理。很多人学了一门内家拳，又看到了“形意拳、八卦掌、太极拳是一个道理”这句空话，就想当然地认为学了一门拳——比如形意拳——则自然而然地就能懂八卦掌和太极拳了……

但其实任何一种内家拳的技术都只是内家拳统一原理的部分表达。前文我们说了，完整的内家拳就好比一个圆，而形意拳、八卦掌、太极拳的学术体系分别是圆上的一个扇形，习练者要通过这个扇形反推出这个圆的原貌，可想而知有多难了。

也有人认为，既然只学一家悟不透，那么学三家不就可以了吗？孙禄堂先生不也是参学三家，然后悟透的吗？其实这要看你怎么学、怎么理解。

很多人直接学孙禄堂先生已经整理完的孙氏拳，还会认为孙氏拳是将三拳的动作合为一家了。练太极拳的时候，总琢磨着哪个动作是形意拳、哪个步法是八卦掌，而练形意拳的时候又在研究哪个手法是太极拳的、哪个身势是八卦掌的……这虽然是直接学孙禄堂先生整理完的体系，但都理解错了。直接学原始形意拳、八卦掌、太极拳的人更要小心。

还是那句话，形意拳、八卦掌、太极拳三家拳好比三个点，你可能觉得有三个点就可以确定一个圆（内家拳统一原理）了，可以一览此圆全貌。但是，你想没想过，万一它（内家拳统一原理）是一个球呢？你所能领悟的圆，可能只是这个球的一个侧影或截面而已。

所以说，从收集三拳的技术动作来研究其中相似性的角度去思考“三拳合一”，如同管中窥豹。你即使是换了三个角度去看，也是看不到全貌的。因为用枚举法研究技术，并不能总结出根本原理。

很多人觉得，把形意拳、八卦掌、太极拳的技术合在一起就自然能参悟出完整的内家拳原理。可问题是内家拳并不只有形意拳、八卦掌、太极拳，也有别家的特色技术，如六合八法拳、南派鹤拳，等等。按照这个思路研究下去，你只要还有一家拳法没学过，就不能保证自己的理论体系是完整的、统摄所有技术的。那这“拼图游戏”要拼到什么时候是个头呢？拼不完的。没有对核心原理、基本原则的精准把握，只是在动作、技术层面进行大量地收集和堆砌，很有可能导致一个不伦不类的结果。

孙禄堂先生能成功是透过现象看本质，将三家的拳理统一，才完成这个“拼图”。老先生悟透了三拳因何分为三拳，每一拳各自代表了什么本质性的武学原理，然后探索“三拳合一”，逐步推导出了内家拳统一原理，最后根据这个原理重新制定三家拳法的规范，作为表达这个统一原理的形式。这才是孙氏拳的“三拳合一”。

孙氏拳的技术和动作是以内家拳统一原理为根本，参考原始三拳的立意，删繁就简，只保留最根本、最核心的东西，不设招术。三拳套路中的每个动作都是拳理的表达，相当于一个个的定理和公式。孙氏拳想留给人们的与其说是技术，不如说是原则、原理和解题的能力。所以，孙禄堂先生的著作中的每个动作不写“×× 式”，而称为“×× 学”，就是怕读者学了技术而丢了原理。

第四节 孙氏武学原理和思想

孙氏拳的原理和思想，即孙氏拳用于“三拳合一”的原理和思想，既是发端于传统文化的，也是根植于传统文化的。孙氏拳的原理和思想可以说是中国传统文化在武学原理上的投影。

孙氏拳的整体设计、架构、功法的推演等皆是以传统文化的理论来指导武术修炼的实践，无不是传统文化思想在实践中应用的典范。

首先，孙氏拳的立意是基于传统文化中“修齐治平”思想的。孙氏拳首重“修身”，重在探求和突破人体自身的极限。这个“立意”不同于一般拳术，并非以追求更高效的“打人”之术为训练目标。据传，孙禄堂老先生曾对弟子们讲过“汝等若要强身健体，我教汝绰绰有余。若要打天下第一，则速速另投明师”，就是这个思想的体现。

孙禄堂老先生所言的“强身健体”并不仅仅是使身体强健的意思，更是指精神上的强健、人格上的强健。所谓“天行健，君子以自强不息”即是此意。故而孙氏拳在功、技两方面的设计上皆突出了以“修身为本”的思想。

其次，在功法层面上，孙氏拳以“气一元”论为指导思想，以“中”为核心，强调周身为“一气”，以“一气”理论把全身内外、精神和身体、有形和无形部分统合在一起。它以“一气”的“无极、太极、两仪、三才、四象、五行……”的变化来指导人体经过锻炼后应该产生的变化，使功法锻炼与天地之理相印证、相呼应、相融合，将武学之道对人体的锻炼上升到完善自身、升华自身、成就自身的程度，使练拳脱离了单纯技术的层次而上升到人生修养的层次。

最后，在技法层面上，孙氏拳把武学中“术”的内容压缩到了极低的程度，让练习者没法凭借某个“绝招”或者“秘传”手法战胜别人。这就必须以强大的身体功能和符合功理的运动模式降服对手，从而杜绝了练习者投机取巧的可能，迫使练习者只能在自身修养上下大功夫。

所以说，孙氏武学是独树一帜的。

孙氏三拳合于一理，这个理是整个孙氏武学体系的根本。孙氏拳的理采用的是传统儒家思想的“中和”之理。此“中和”之理在理论上来讲是“中和”，在拳术实践上来讲则是“中”。故此理合于大道，亦合于武学之道。

中道最难。《中庸》云：“中也者，天下之大本也；和也者，天下之达道也。致中和，天地位焉，万物育焉。”又云：“天命之谓性，率性之谓道，修道之谓教。”中，性之未发，含于内，谓之中；不过不失，无过不及，谓之中；为性，为体。和，发而中节，恰到好处，谓之和。为情，为用。

中和即体用合一，在现实世界中，大道根本与作用一体不二。中和之道体现在人身之上，体现在武学理论之上，可以表述为：中即人之“中”，指的是人的最本质的核心，是人的“真身”“本体”，这是体。和是指用身体将武学之道做出最精准、最适宜的表达，这是用。

孙氏拳研究的就是这个本质核心，抓住的就是这个本质核心，练的就是这个本质核心。将“中”把握住、修炼好，使之成为统摄、融合人体各种内型构架的一个集成体，再以三拳之特性作为这个“总内型”的动态表达（此时，内动、外动已经统一了）。

那么，在拳学实践中，我们该如何理解和把握这个“中”呢？中是大道核心，不可思议，等而下之，就是中气；中气虚无缥缈，再等而下之，就是中轴、中脉；中轴、中脉难以具象，再等而下之，就是中线和丹田点；中线和丹田点难以把握，再等而下之，就是“脊椎－丹田球”这个内型中枢。在理论解读方面，练习者不妨采取这么一个“降本流末”的方式，便于理解。在具体操作层面，孙氏武学的“内功”就是按照这个顺序一点一点、一步一步练上去的。

下面以家师张烈先生传授给我们的入门功法体系为例做一解说，以便让大家对孙门“以中为核心的功法体系”有个直观的感受。

1. 深蹲

脊柱挺直而臀部挨地。这个可以视作中轴在“上下”维度上运动的极限。

2. 龙形盘坐

要求左右转 180°。这个可以视作中轴在“上下 + 左右（旋转）”两个维度上运动的极限。

3. 崩拳步

俗称大步。这个可以视作中轴在“前后”维度上“半步”运动（前脚进，后脚跟，但不过前脚，故称半步）的极限。

4. 鹞形翻身

可以视作“人体间架以中轴为核心”，向内裹抱和向外展开（束展）的极限。

5. 燕子抄水

要求尽量做到胸骨擦过地面。可以视作中轴贴地走下弧时能做到的极限。

6. 龙形

要求不许蹦高，就在盘坐的压缩形态下完成龙形的左右腾空换式。这个功法全靠中轴爆发式的抽拔提顿。

7. 原地崩拳

可以视作中轴的“发力”训练，其实没有所谓的“发力”。家师再三强调，练崩拳时不要存“发力”的心思，就是中轴带动整体间架“拔地而起”——但只取这个劲势而不能露形，没有前面龙形的功底的话则根本无法理解这个要求——同时做左右 45° 极速切换。对我们而言，只是桩架左右变了一下，并无“发力”之心。但是这个过程中，如果间架接触到了对方，那自然会产生重击的效果。

类似的筑基功法还有一些，这里就不一一列举了。张烈老师在博客上对此有相关的介绍，有兴趣的朋友不妨去了解一下。

这里笔者只想再强调一下，自孙禄堂祖师起，孙门历代传人其实是一直把内家拳作为一个“科研课题”来进行研究。前辈们取得的学术成果，或者说最后形成的“研究报告”，就是所谓的孙氏拳。

孙氏拳的“心法”以及拳架中的“规矩”体现了他们当时对内家拳开展研究所能达到的理论高度。这为我们今天学习和研究内家拳提供了珍贵的思想、理论、模型和数据。

我辈后学应当领会孙氏拳的立意，以一种探讨学术的角度来看待孙氏拳、理解孙氏拳，要从这份“研究报告”中探求内家拳的规律、模式、规矩。不要总猜想孙祖师在三拳套路中暗藏了什么秘传的技巧或招法。

第五节 孙氏三体式

一、孙氏临界三体式的概念和意义

孙氏拳的特点中有一点是为武术界所公认的，那就是孙氏拳的要点在于三体式，孙氏三体式必定是有些独特说法的。本节仅就个人所学，粗略谈谈孙氏三体式的一些特色。

笔者所学的孙氏三体式是孙存周师爷传授张烈老师的。张烈老师说，他拜师之后的第一年，师爷别的啥也没教，就盯着他站了一年三体式。

孙存周老先生作为一代武学大家，其学术显于武林的却不多，这点很让人遗憾。近些年，比较著名的也仅是张烈老师的部分著作见于网络，也曾在网络上引起一番议论和争论。其中，最出名的也是关于三体式的争议，从这点就可见大家对三体式的关注程度。

引起争议的是张烈老师公布的孙氏临界三体式的练法。在张烈老师之前，大部分人从未听说过这种练法。于是还闹过笑话，因为这种三体式的练法比较“极端”，所以有人给它起了个“极限三体式”的名字。又因为并不了解这种三体式的具体练法，还根据网络上的一些孙氏拳的要领，自我想象了一个“极限三体式”的样子，错把孙禄堂老先生示范的孙式太极拳的“云手下式”动作作为了“极限三体式”的示范。

其实本无“极限三体式”一说，即便想把张烈老师的三体式与其他三体式区分开，比较合适的说法也是临界三体式。张烈老师原先也不是这么称呼它的。张烈老师只有一种三体式，除了这种三体式，张烈老师也没学过别的三体式。所谓的临界三体式，对张烈老师来说就是普通三体式。只是在跟其他人接触后，有人指出，你学的这个三体式还有“临界态”一说啊。张烈老师才发现原来这还是个“特点”，所以也就接受了这个称呼。

关于临界态的具体练法和说法，张烈老师的著作里已经充分说明了，笔者在这里仅转贴一段，简略说明这个问题。

以下文字引自博客《张烈老师讲武术》：

三体式的出左脚……

……

能正确伸出左腿的训练方法：

动作1：标准站立。

动作2：做好三体式的标准下蹲，这时先不考虑手上的动作，两臂仍在体侧。

动作3：把上身向右倾斜一点，也就是说你的重心由于身体的右倾已转移到右腿上。这时你的左腿可以向前迈了。迈到标准的步幅，使膝盖前端与脚跟在一条垂线上。

动作4：左脚向前迈成标准步幅后，把开始向右倾斜的身子逐渐直立起来，或者说是整个身体向左慢慢倾倒（请注意，倾倒的过程中要注意肩胯相合，胯不能突出，身体是一个整体地倒过去——编者注），在倾倒的过程中要注意自己腿的感觉。

在向左倾倒到要倒不倒时，你会突然感到像过电一样两腿一震，感到两腿发热，好像从来也没有用过这么大的力量，非常吃力，同时会感到两脚的脚趾用力抓着地，两脚好像弓一样弓起来，只是脚趾和脚后跟着地。我将这要倒不倒的这一点称之为临界点。

详细的内容请看《张烈老师讲武术》系列文字和视频。下面仅就个人的一点粗浅心得和想法聊几句。

张烈老师的临界三体式站法引起了一些误解。最常见的就是跟所谓的“极限”说法相混淆。其实，在张烈老师所讲的孙氏拳理论里，极限是极限，临界是临界。两者是两个不同的概念。

极限通常指的是达到动作规定的标准，达到身体承受能力的极致。大家可以参看前面说的入门功，基本上都有做到极限的要求。简单而言，就是尽己所能。

而临界则不是这个概念。临界指的是身体失衡的一瞬间的状态，即人将倒而未倒的状态。

由此可以看出，两个概念其实指向的是不同的内容。极限指向的是筋骨锻炼的标准，而临界指向的是重心锻炼的标准。

说到重心，有人会把临界态与孙氏拳中广为人知的“坐满足跟”的要求相混淆，认为重心全放在后腿上，并且进一步放到后腿足跟上就是临界态，或者是重心尽量往后坐到快倒时就是临界态，还有人管这个叫单重。

然而，这个既不是单重，也不是临界态。临界态三体式在张烈老师的著作里明确说明了是侧倒，而不是后倒。为何这么要求？因为只有这种方式才符合形意拳、八卦掌、太极拳三拳之理，满足下一步三拳之运动要求。也有内家拳派用前倾或后倒的方式练重心的，区别的关键在于它们不用考虑将来“三拳合一”的问题。

那么，这种抓住重心练功的方式有何好处呢？这可以从孙存周老先生的一个典故谈起。传说，曾有门中前辈请教孙存周老先生“如何炼气”的问题，孙存周老先生回答说，你只需把拳术中有关气的要求都想成是对重心的要求就行了。从中我们可以看出抓住重心练功的好处：重心既可以代替很多概念（限于入手阶段），也可以统合很多要素。这些要素都事关拳术核心。有些不太容易感知到、刺激到、锻炼到，通过对重心的把控练习则变得相对容易感知、刺激和锻炼。这些要素有的是实体，有的则是虚体，有的甚至只是一些概念、定义、要求。故而不好练，却又必须练。

那么，这些核心内容包括哪些呢？简单来说：

（1）实体类的：脊柱、骨盆、经筋、内膜等；

（2）虚体类的：重心、中轴、气脉、丹田、周天等；

（3）概念类的：正、整、整动、极限、虚实等。

孙氏三体式通过对重心的调控将这些核心要素调动起来，而后将人体潜在的各种运动能力“引”出来，进一步提升为内家拳所需的“功力”，从而把握住了内家拳学的根本。孙氏临界三体式则是实现这个目的最佳、最基本的手段。这是孙氏三体式的设计思路和训练目的的独到之处。

从这个角度讲，孙氏三体式并不单纯从属于一种拳术（如形意拳），其本身也不是为单一拳种设计的。它是服务于整个内家拳统一原理的。

在孙氏拳体系里，孙氏形意拳的根本是临界态三体式，八卦掌和太极拳的根本则是在这个临界态基础上由八卦掌和太极拳的特点而衍生出来的变化。故而我们可以说，孙氏三体式的本质不在于这个“式子”的外形姿势，而是在于通过它练出的身体功能和身体状态。我们姑且称之为三体态。孙氏三体式是孙氏拳的核心功法之一，是“三拳合一”理论的具体体现和论证。

二、三体式与孙氏三拳的关系

孙氏三体式在孙氏武学体系内地位非常高、作用非常重要，但是我们必须说明：从技术角度而非理论角度来说，三体式的功架、桩法、姿势是形意拳的根本，但孙氏八卦掌和孙式太极拳可不是以三体式（姿势）为根本的。孙氏拳的根本是无极式和太极式，这是由孙氏拳的拳理决定的。

孙氏三拳的运转都遵循“气一元论”的生化发展理论。无极式和太极式分别代表身体的无极态和太极态，这在“气一元论”中是最初始的两种状态，所以是根本。

孙氏拳的进阶不是先练某个式子，再练某个式子这样靠技术动作来串接。它遵循的是人体改造的发展规律。在孙氏三拳的实际修炼中，身体的无极态合格了，继而就自然转变为太极态，然后太极态向两仪态转变，两仪态向三才态或四象态转变……这是孙氏三拳的演进逻辑。

既然拳的变化是人体的“态”的发展，是“中和”理论的演变，那么，如何表达和展现这个“态”就不必拘泥于某个特定的姿势了。只要是符合道理的、能准确表达出这个“态”的概念的式子就是正确的。

大家可以观察到，其实孙氏三拳的外形姿势自太极式开始就已经各不相同了。所以，大家不要被孙氏三体式的外形姿势限制住，非要把八卦掌、太极拳的拳架跟三体式的姿势和要求严丝合缝地对应上。

笔者见过孙氏同门转八卦掌、走太极架的时候，极力想表达出“式式不离三体式”的深刻内涵，结果使自己很拘谨。这个笔者深表理解。当初笔者学孙氏八卦掌时，张烈老师开始说三体式一转身就是八卦掌的青龙转身式。但到实际操作的时候，他把一些八卦掌的细节要领补充进去之后，笔者发觉身上的劲跟形意拳阶段就完全不一样了。当时笔者也很担心是不是把三体式的东西给丢了。

后来自己练到一定程度才明白，其实按照拳理来推，三体式姿势所构建的内型向上发展就应该是形意拳的“内动－内劲”，这跟八卦掌的理念根本不是一个路子。张烈老师开始的时候那么讲是为了强调“三体态”——例如中轴正直、肩胯相合、临界态等基本要领——到了八卦掌阶段也不能丢。“三体式一转身就是八卦掌的青龙转身式”只是用来教初学者的方便法门，作为一时之用可以，当成原则、原理来说就不合适了。所以，这里专门向准备练习孙氏拳的同好做一个提示。

如果单从理论上来讲，三体式锻炼的是一种以中轴统摄身体、以重心调动身体的能力。这种特殊的身体运动功能确实是在孙氏三拳中一以贯之的，但从结构形态、外形姿势上来说，三体式这个姿态就是为了后面练习形意拳服务的，其暗含的三体式姿势外形带给身体的状态最适合形意拳的横走竖撞的变化模式。故而是形意拳的基本态。

而太极拳的基本——太极态，八卦掌的基本——两仪、四象态，都与三体式的外形姿势不太相合。所以，如果想从孙氏八卦掌或孙式太极拳入手，大可不必将三体式时时挂心、处处强调了。

尤其对孙式太极拳来说，三体式的姿势不但不是助力，反而是一种约束。因为孙式太极拳的动作范畴很宽泛，如孙式太极的单鞭拳明明是个斜横步桩型，你非让它符合三体式的姿势或要领，这会多别扭啊。

习拳不可教条，应当真的把拳理吃透，并结合自身实践去理解，不可仅凭概念和想象就去做一知半解式的解读。当为学者戒。

三、浑圆桩与孙氏三体式

有这么一个说法：浑圆桩侧过身来就是三体式，笔者学的宋氏形意拳采取的就是这个训练思路。但这不是孙氏拳的拳理。

孙氏拳说起来并没有普通意义上间架结构的概念，所以没法拿一般意义上的楔形结构、十字结构、菱形结构、弧形结构、圆形结构等筋骨结构类的概念来套用。

前面说过，在孙氏拳中，筋骨结构、气脉结构、周天结构、脏腑结构这些要素都已经融在“中”之中了。所以，孙氏三体式体现的是“中和态”。

“中和”的概念，与浑圆概念还是有区别的。

如果要把“浑圆概念”和“中和概念”都拔高到大道一如的境界，那笔者也只能承认两者是一回事。但是具体到用理论指导实践上，这两个概念是分别引导人往不同方向发展的，其操作起来难易程度的差别也很大，所以强行把二者混同并没有什么意义。

第六节 孙氏形意拳

孙氏三体式与原始形意拳的三体式立意不尽相同，所以孙氏形意拳的训练程序和要求也有自己的特色。这里简要介绍一下孙氏形意拳的特点和要领，为大家理解“中和理论以三拳为表现形式”提供参考。

一、劈拳练正，崩拳练整

为何孙氏形意强调劈拳练正、崩拳练整？为何不是按练劈拳劲、崩拳劲这么划分？为何说学会劈拳、崩拳就可以掌握孙氏形意拳的大半？这体现了孙氏拳的什么思想？

是“劲自形出，不做劲而劲自足”？浅了。

对劈拳、崩拳训练主旨的这种定义反映的是孙家看待拳的视角不同。孙家的这种理论的立足点很高，是由“见山是山”到了“见山还是山”的境界。

这是什么意思？

当我们初学拳的时候，我们觉得练拳、练功就是在锻炼身体素质，如力量、速度、柔韧性、弹跳力、打击力、抗打力，等等。此为“见山是山”。

学拳两三年后发现练内家拳必须练各种桩法，完成内型建构，然后必须盘架，找劲变劲。于是就有了五行练劲说、五行身法说等理论。在这诸多方面，各家有各家的高招。此为“见山不是山”。

而孙氏拳，则是“见山还是山”。孙氏武学认为，拳归根结底讲究的还是身体素质，或者说是功力。

前人说“功大不讲理”。孙氏武学说，为什么不能“功大又合理”呢？

如何使功力和拳理完美契合？

那就是“正、整”二字。这二字把内家拳身体素质的概念提炼、提纯了，是从本质上来阐释内家拳练习者的身体素质。

所有的身体素质都被视为“正、整”概念的外延：

所谓的各种劲力都是“正、整”自然具备的；

所有的身法都是“正、整”的运动；

不具备足够强大的力量、柔韧性、间架结构等基本素质的身体，也就无法完成准确、到位的“正、整”动作。

劈拳练正怎么理解？

从真正练拳、研究拳的角度来说，五行拳不管有多么精妙，说到底还是人体所做的几种动作。那么，我们可以说五行拳功法的主体是人体。我们练习五行拳时要练的不是五行拳动作的优美，而是人体完成这些动作所需要的各种能力。

所以，从这个角度出发，孙氏形意的劈拳学研究的就是如何训练人体在动态模式下的中正能力。

劈拳的动作本来就包含前后移动、起钻落翻、左右转身等基本动态。孙氏劈拳要求无论如何动都必须能够保证：

（1）动作发自中轴（中轴变动能力），同时身体各部分的动作达到相互均衡，恰到好处，无过、无不及；

（2）动作的起承转合，自身始终能保持姿态端正，没有歪斜牵扯（动态平衡能力）；

（3）身体桩架结构稳定，没有大幅度变形（桩架结构强度）。

这就是劈拳练正。

崩拳练整呢？

就是在“正”的基础上做最大幅度、最快速度的整体运动。张烈老师形象地拿对方当柱子，整个人“一头撞死”在对方身上。

注意：不是“用力”撞对方一下，而是真用撞死自己的心和力去完成这个动作。这时候你不会考虑自己是用哪里“发力”、力量走的是哪一条传导链。

整个人已经和这股力道合一了。

孙氏的五行拳、十二形在应用中都是要求在动态中始终保持自身的中正均整，用整体桩架的质量伤敌，用整体运动的大势破敌，而不是抛射出一部分肢体打人。如此才能做到拳谱上所谓的“莫在一丝存”。这就是孙氏拳所要训练出的形意劲力、形意打法。

简单来说，能做到周身整体这一动才算是孙氏拳练习者打出的“一拳”。单纯出一臂、伸一腿或者转一下腰胯都只能说是局部运动。这与一般人理解的拳法是用“拳（头）”打人的概念有本质的区别。

这就是孙氏武学概念中的“正”和“整”。

正则至刚，整则至猛。

二、纯任自然，自然而然

孙氏拳对身体素质的要求很高，训练强度很大，而且还要做到内外均衡贯通，内外齐到，内外齐动。这就必须把骨和筋分清，骨架立住，筋路打通，劲发于中，走筋绕骨。面对如此高难度的要求，孙氏拳要求习练者必须全部出于自然，不能勉强做。

未能达到这些要求的人练内家拳时常常表现为自身初步练出了骨骼间架和部分大筋，未及把筋路彻底打通，就用筋骨凑出来的固定框架赶紧开始练用法了。筋路不通就强用肌肉拙力来驱动。只要力大手快，也可克敌制胜。

也有的人为了达成周身贯通的效果，强调用意念调动筋骨、气血，激发整体。就习武之人而言，此法见效较快，未尝不可取。

但孙氏拳认为，上述方式虽易上手，但是对身心健康不利。孙氏拳坚持纯粹的自然练法，虽然周期稍长，但练出来的东西是“长在身上”的，并不需要刻意去用意、用力激发。这种自然劲儿，搭上手，对方就不好受。

三、内外一气，演化五行

孙氏形意五行拳是经无极、虚无含一气、太极、两仪、三才诸法训练，人体已经达到“中和态”之后衍生出来的五行之用，即一气之起落、一气之伸缩、一气之流行、一气之开合、一气之抟聚。这个训练程序不同于原始的形意五行拳理论。

在一般的形意拳训练程序中，五行拳是为了给初学者打基础。初学者身上不要说“一气”了，连“五行”中的“一行”都没有，所以要先从某一方面练起。

例如，劈拳属金。一般形意拳练劈拳，主要是取“金”的沉降、分割的属性，对应身体则先外练肩背、内养肺气。松肩出劲，打通手臂的经筋，练到手头沉重，掌力下落如斧劈物一般。这是对局部的、单一方面能力的锻炼和加强，其他四个方面暂时不考虑。

“金能生水”，然后开始练钻拳。钻拳属水，水能“润下”，对应身体则是在肩背练开之后，自然刺激到腰部，并顺路而下，打通腿部经筋。所以，钻拳外练腰腿、内养肾气。

依次类推，练过一轮五行拳之后，以横拳为收束，将五气逐渐抟聚为一气。然后才能练一气之起落、流行……

而孙氏劈拳，也属金，它直接练的就是一气之起落。因为经过无极、虚无含一气、太极、两仪、三才诸法的修炼之后，到了三体式，人体已经是“中和态”了。正如孙祖师书中所说：“三体式总是阴阳相合，阴阳相合总是上下内外合为一气……气以动而生物。”也就是说，你已经把自己的身体练成内家拳所希求的“体”了。这个“体”即“一气”，是后续所有拳法动作的“根本”。五行拳就是“根本”(“中和态”的人体)在应用方面的具象化、符号化。五行拳的拳式动作就是“根本”分别展现它可以如何变化。例如，练劈拳就是“一气”表现出起落上下之运用。

简单而言，当你能够按照孙氏拳的规矩完成五行拳拳架时，你的身体就已经是内家拳的“根本”了，后面你只要按照孙氏拳的原则、原理、规矩去运动就行了。而不是像一般形意拳的训练程序那样，初学者还未明白内家拳的“根本”为何物，需要通过原始五行拳的练习，一步步由外围向“根本”练进去，直到有一天恍然大悟——原来内家拳的“根本”就是我自己啊！

立意不同，思路有别，则方法虽同名而异路。很多学孙氏形意拳的人不懂这个差异。不在“无极－太极”的筑基功法上下足够的功夫，匆忙开了五行拳，等于是拿一气运用之法炼体筑基。以用为体，两边够不着。

第七节 重构三拳

前面以孙氏形意拳为例，简要介绍了其拳法体现“中和之理”的思路和方式。在此基础上，可以略微仰望一下当年孙禄堂老先生是如何从原始的三拳中提炼、提纯出了现在的孙氏三拳。

形意拳横走竖撞，八卦掌势如旋风，太极拳持中守定。这三个描述看上去谈的是用法，实际上，这是三拳终极形态才能表现出来的应用形式。所以在这个层面上，练与用无限接近统一。或者说，只有明白了最终我们要怎样使用身体，才能真正明白改造身体的目标、步骤和标准。

从这个角度讲，练法即用法，拳功一体，体用合一。如果不理解这点，所谓的练也只能起到类似练健美、练健身的作用。当然对身体健康也很好，但是缺乏应用层面的反馈信息，无法对练法进行微调，就难以取得最佳的锻炼效果，更难以致用。

那么，具体到拳法修炼中，如何把握练与用的关系呢？

一、要明白和掌握“松沉劲”

松沉，形象而直白地讲，就是将整个人的重量栽到对方身上。普通人无法理解，甚至无法想象这个概念，因为普通人只能感受到自己的力量，感受不到自己的重量，更别提把自己的重量放到其他人身上。

要感受到自己的重量，最基本的方法就是站无极桩。杨澄甫前辈曾提点后学："太极拳功夫纯熟之人，臂膊如绵裹铁，分量极沉。"按照这个指向，一直在松静的路线上坚持练下去，将无极桩站到周身都有如绵裹铁、分量极沉的感觉，特别是脊柱和骨盆也有这种清晰的沉重感，就算有所成就了（形意拳的明劲阶段也大致如此）。

将这种经过锻炼的、带有沉重感的骨骼，按照拳学之规矩重新组装起来，形成不同结构布局的"钢架子"，就是内家拳的初级拳架。

有了这个拳架才可以谈拳法，如同只有手里有把钢刀，才能精准表达出刀法的妙用。没有钢刀，拿个木刀、木棍，只能勉强说说刀法的大致路数。但拿个纸片或者一段绳子，那就很难表达出刀法了。

这种"骨节沉重"的功力感，没有练过纯粹松静路线的无极桩的人很难有所体会。无妨，我们直接把自己想象成一个铁球（丹田）或者一根铁柱子（中轴），大概也能找到几分整体沉重的质感。

松沉劲是内家拳的基本劲。这是三家共法。在这之后，形意拳、八卦掌、太极拳三家在拳法方面各有取舍。怎么取舍？

首先，所谓整个人（先把自己想象成整根铁柱子）栽到对方身上，这是一种不可控的"整撞"。一般只有我们自己突然失衡跌倒，这时又正好有个人出现在我们跌倒的轨迹上才会取得自己的全部体重栽在那个人身上的效果。正常情况下，双方只要还有一丁点儿自我保护的本能发挥作用，都很难取得最佳的冲击效果。

所以，我们要先把这种冲撞能力变得可控，也就是我自己这根铁柱子想倒就倒，想往哪个方向倒就往哪个方向倒，而且想恢复平衡就能恢复平衡。然后，锻炼到让它能够沿着十字线来回自然移动。如果你能做到无论前进后退还是左右横移，无论你做缓慢的移动还是做快速的移动，拳架都能自然保持松沉，松沉劲都稳定存在，那么就可算是形意拳入门了。

注意：不必刻意琢磨怎么把松沉劲"发出去"。你就是根大铁柱子，你往谁身上一倒，身体重量就砸在谁身上了。重量是铁柱子自身的属性，谁能把自身属性抛离本体？之所以有人总觉得"劲发不出去"，那是因为自身结构不过关，与对方一接触，自己的结构就散了，力量内耗掉了。这个道理如果理解不了，请再去看看关于“正和整”的论述。

当你走斜线（即米字交叉线）时还能做到这点，就算是形意拳的进阶。当你能带着这个松沉劲围绕一个圆心（敌方），在一段圆周上走出一个弧度——不需要太大，基本到45° 左右就是极限。这既能避开对方攻防俱强的正面区域，又保持着我方直冲的攻势。形意拳取的就是这个范畴。再大就会失去“形意直中求”的意义，变成迂回作战了。这时这根铁柱子沿着半径，瞄准圆心一撞，这个过程表现出来的就是“横走竖撞”。竖撞就是直线型冲撞，形意拳最纯熟。

这就是形意拳的取舍了。

八卦掌就难一些，它主动舍弃了形意拳那种贴近人体用力和击打的直线走法，选择全心全意地绕着对方走，然后取的是45° 弧背后的区间（图 7-1）。以对手的间架为参照物，八卦掌切入的是对方肘后到后脑的位置。那里是一般人的反应盲区。因为行程远、覆盖面大，所以八卦掌平时训练的轨迹是各种圈或弧。当你沿着一个圈走动，圈大、圈小随便走时仍能自然保持拳架的松沉劲，算是八卦掌入门了，但这还仅属于公转。

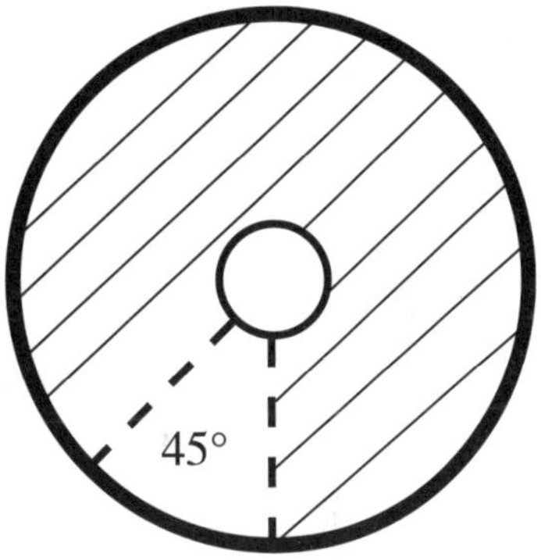

图 7-1 以左架（左戒备式）为例，阴影部分为八卦掌所取进攻区域（俯视图）

然后，加上自转，就是原地不动，自身的中轴转动，也带着这个松沉劲。这就是八卦掌的进阶。

最后，不管正转、反转，身上都有松沉劲，进而在公转和自转的同时再做正转、反转。这时就是旋风劲了。旋风劲不仅有外斥之力，同时含内吸之力，就是这种正、反转协调出来的。打个形象的比喻就是在铁柱子上焊刀片，然后旋转起来，沿弧线避开对方的正面防区，扎向对方侧后方，再“旋”（xuàn）进圆心。

这就是八卦掌的取舍了。

太极拳就更难了，就是一个中定。凭何能中定？须用松沉产生的不动之动。如同古代的重甲步兵，辅以大盾、拒马，结阵以待敌。只要敌人冲不动我方阵形，则敌之队形必然变形、破碎。在对方调整队形之际，我方再稍作移动，用坚厚的阵形挤压对方，则对方自溃。总的来说，我方不主动去远距离对冲，也不设法去迂回，就是“严阵以待”。

这就是太极拳的取舍。

以上三拳不同的应用思想和战术的根本就在“中”的强度和能力上。说直白点，就是自己桩架结构凝聚成的那根“铁柱子”够不够重、够不够硬、够不够灵活。

相比较而言，形意拳、八卦掌对“中”的要求没那么高，基本达到 60 分，最多 70 分、80 分就够用了。因为形意拳和八卦掌可以自己主动寻找或制造敌人的防御漏洞，还可以用一些具体技术补充不足。“中”只要能保证自己的间架在运动和碰撞中别散，就算达标。

而太极拳是以“我之不可胜”制人，所以太极拳所要求的“中”要达到 120 分。说白了，太极拳跟人比拼的不是别的东西，而是我的“中”比对手强得多的多。那么我就不可胜了。

如果达不到这个 120 分就跟别人用太极拳技术，认为无论什么对手来了只要化开对手我就赢了——那想得就太单纯了。形意拳、八卦掌里没有化劲吗？外家拳里还有个“顺手牵羊”呢，那么凭啥就只能你化人家？你的“中”不够强，达不到标准，在你没出手前就已经输了。当你想用技术处理太极拳的问题的时候，你在意识上已经输了。你已经承认功夫不过关，“中”不够强，必须拿其他的技术补。但是技术玩儿得再溜，也不是太极拳真正追求的东西。

如果你的“中”够强，能达到标准，不用接手你就已经赢了。这个“中”包含很多意思。其中，最基本的、技术层面的优势这就是姿态维持的稳定性。我们都知道，当你姿势正确时，你的各项技术发挥才最佳，而你姿态不佳时，技术是做不好的。太极拳的这个“中”就是把姿态维持的概念提炼后发挥到极致。你的“中”比对方稳定，则你的姿态相对于对方而言就是更优的。你就好比一个极为强壮的大块头，对方是个小瘦子。他站在你面前，姿态就无法保持稳定。你再稍微用点方法破坏一下对方的平衡，对方就倒了。这就是“中”的碰撞。

二、要加强内家拳基础劲力的培养和锻炼

所谓内家拳基础劲力，姑且限定在“松沉劲”和“结构劲”范畴，这样好理解一点。形意拳是典型的“前后结构劲”强，一般人也是“前后方向”的力量强。真碰上本力大的对手，形意拳法占不了太大优势。所以，形意拳要先横走、再竖撞。

用形意拳、八卦掌最后能赢人，其实多数是赢在横劲上。一般人的横劲都弱，所以站过桩、横劲强的人就占大优势。形意拳是先用横劲破势，后靠竖撞劲取胜。八卦掌则是在“横向结构劲”上下功夫。八卦掌的间架和走的圈其实是无数个类似阴爻、阳爻那样的“横劲”连缀而成的。相对而言，八卦掌玩法更精妙，变化无穷。

除了“前后劲”，还有个劲——上下劲。上下劲是内家拳的基本劲，甚至可以说是根本劲。太极拳能赢人，关键就在于这个上下劲。如果说横劲对一般人来说是强弱的问题，那么上下劲则是有无的问题。可以说，普通人的上下劲基本为零。而太极拳要把这个劲练成 120 分。只有练到 120 分才能有质变，扩大至全身，由单纯的上下劲变成通天彻地的大中轴。否则，单纯的上下劲也不过是六面劲之一罢了，形意拳、八卦掌也有。

上下劲天然与松沉劲相合，也可以说是对松沉劲的一种凝练和强化。

三、感知和运用重心的能力

一般人对重心没有感知。有运动经验的人会有意识地保持重心稳定，以维持身体平衡。而内家拳要求习练者感知自己的重心，并且要锻炼主动运用重心的能力。

形意拳表现得最直接，用人体总重心当“拳头”，直接去撞对方重心或中线。八卦掌比较“滑头”，总是在不停地公转和自转，使重心的位置不定、轨迹不明，让对方找不到、摸不准。而当抓住战机，即控住对方身体某个部分时，重心便突然加速旋转，由此产生“旋风劲”，切削或者摔跌对方。这个原

理类似于车床里的滚轴卷住了头发或手指，突然一下子把头皮撕下来或者把胳膊绞断。

太极拳对重心控制的要求则比形意拳和八卦掌更高。太极拳是先能以自己之“中”碰对手之“中”，听出对手“中”的强弱后再用自己重心的变化发放或控制对手。当对手主动进攻时还能空掉自己的“中”，藏起自己的“重心”，不让对手碰到。

下面是比较玄乎的东西了，仅供大家参考。太极拳讲神意，以神意制人。人的神意在平时是散乱外驰的，必须先将其聚合起来，使其与身体运动相合。但是人的身体分为多个部分、多个系统。神意关注一方，则难以兼顾其余。所以，要将神意与身体整体运动统合为一，必须使神意合于“中”。

只有“中”上出了实感、有了功夫，才能体会到神意果然能用。如果神意合不上“中”，那么就会与身体运动脱节或是被拘于某一局部，往往就变成“瞪眼吓唬人”了，何谈以神意制人？所以说，间架、松沉、基础劲、重心，再加上气脉、气血、周天、脏腑、神意等要素全部统合起来，才是一个完整的“中”的概念。

孙禄堂祖师是从原始的内家拳诸法门中把锻炼这些要素的功夫一一提炼出来，最后再归纳统一到一个“道理”上，即“中和”理论。所以说，孙氏武学的“中和理论”是在传统武学理论基础上，从五行、六合、浑圆、形整、整动、周天等概念中提炼出来的新思想、新理论。“中和”确实是一个更为凝练的武学概念，而不是从古代哲学思想中硬借过来的。

三拳有别，区别在取舍。而三拳可以合一，合一在理论。

第八章

太极拳

形意拳、八卦掌、太极拳三大内家拳中，如果从学术研究的角度而言，太极拳的境界最高。又加上太极拳传播最广、著述最丰，让人不敢轻易言之。

对于太极拳的认知，可谓是千差万别，见仁见智。而且，很多见解并不限于拳术领域，而是从养生、健身、祛病、防身拓展到了气功、丹道、禅修、兵法、易理、思想、文化、管理……

所以，本书把关于太极拳的介绍放在三拳中的最后，并将论题范围限定在拳学领域，仅探讨其拳理和训练方面的问题，仅用笔者师传的孙式太极拳做例证。专门用一章讲解“孙氏武学”的思想，为的就是避免与其他关于太极拳的见解、认知发生冲突。

以下笔者仅就自己所学之太极拳谈一点粗浅的看法，谨供大家参考。其他有更高明见解的朋友，各宗所学即可。

第一节　浅析太极拳的构成

太极拳，其实不是一个可以一言以蔽之的拳术概念。笔者接触过很多太极拳同好，通过跟他们交流发现一个现象：很多太极拳爱好者很容易被太极拳的表象和所谓的既有概念、定义所迷惑，在练习过程中，往往紧盯太极拳几个粗浅的标志性符号不放，而很少抓住太极拳的本质。

哪些算是太极拳的标志性符号呢？提起太极拳，一般人首先想到的下面几个印象：松松柔柔、慢慢悠悠不能用力；动作要抱球、划圈、走弧线；太极拳的较量方式就是推手，没有拳脚相加那种“野蛮”的技术；太极拳分为很多流派，每种流派有自己的风格。例如，陈式太极拳讲究缠丝，有炮锤，相对刚猛；杨式太极拳讲究神意气，动作松柔舒展，不猛烈；吴式太极拳讲究柔化，动作要小巧；等等。要学哪一派就得按照哪一派的风格练，不然就是不正宗。

很多太极拳爱好者把这些形式上的东西当作太极拳的精髓，甚至奉为经典。一些太极拳同好之间的争执也不过是基于这些概念之间的冲突而导致的。

那么，太极拳到底是什么？

一、太极拳是什么

这其实是个很大、很复杂的问题，应该进行细致的研究。分析一个细节就能写出一篇文章，回答一个问题可能就能出一本书。但是，在现实中，人们却往往习惯于简单化地理解太极拳。例如，身体不好，练太极拳后康复了，那么认为太极拳就是个健身功。或者去参加武术表演，报的是 ×× 式太极拳，那么认为太极拳就是个套路……

正因为太极拳流传极广，而练习太极拳的人习拳的诉求又多种多样，所以太极拳在现实中呈现出了各种各样的表象。这些复杂的表象掩盖了太极拳的本质。一代又一代的太极拳爱好者们就难免盲人摸象、管中窥豹，从而看不见太极拳的本相。

所以，我们在研究太极拳的时候还是要从太极拳本身的构成和作用入手，其他衍生出来的社会效应、交叉领域则不涉及。

太极拳，首先有个“拳”字，也就是说，它最早行于世间时就是一门拳术。拳术就是一种克敌制胜的技术。怎么打败敌人就是解决这个问题的方法。

所以，最原始、最淳朴的太极拳其实就是基于本派太极拳所汇集的各项技术元素，研究怎么应用、怎么克敌制胜。它首先遵循的是人类搏击的基本规律，而并不一定完全契合所谓的太极拳理，甚至还会出现很多与太极拳理相悖的技法，如主动攻击、以强压弱、以快打慢、以大力克小力……

说白了，能赢就是好（太极）拳！这个也许并不十分符合一般人对太极拳的印象。然而，在笔者寻访太极拳传承的时候发现，那些“古老”的、“民间”的、“乡村”的、“土味儿”十足的太极拳样本是拳脚膝肘、虎虎生风，擒拿跤绊、彪悍凶猛的，亦不吝于使用抠眼、撩阴、锁喉等狠毒招数。

而在大都市，追求太极理论的爱好者就非常讲究“听劲化劲”，追求“不丢不顶”“沾连黏随”，甚至很多人不承认带主动攻击动作和力量型动作的太极拳是“太极拳”。因为这样的太极拳不符合喜爱太极理论的朋友们对于“太极”二字的理解和心理预期。

这并不是个新鲜问题，就像武林传说中当年陈式太极拳刚进北京时，因为“缠丝劲力特刚强”而被很多人质疑：这到底算不算太极拳？也多亏了杨家承认陈家是师门，陈式太极拳才被大众所接受。

即使杨家也经历了这么一个从“土”拳到“新”拳的技术变迁的过程。传说班侯公始终坚持盘小架、有腾跃动作、发劲凌厉。健侯公则是坚持按小架练拳，但在传拳时已经逐步改为中架，兼顾技击与养生，更适合普通人练习。到了澄甫公就改为了更便于普通人掌握的大架，动作舒展大方，杨式太极拳由此流传天下。

那么，“土”拳与“新”拳这两种“太极拳”到底孰优孰劣？这种变化到底是进步还是退步呢？到底哪个才是真太极拳呢？这些问题至今还不断在太极拳爱好者中引发争论。

这些问题确实不好回答。它并不是二者对立的问题，实际是一个事物的两面——太极拳可以分为两部分去理解。一种可以称为“纯粹的”太极“拳”，即格斗技术；另一种就是太极功，即按照太极理论衍生出来的内功原理和炼体方法。

只是，太极拳的主要技术传承载体，甚至可以称作“课本”——“太极拳架”，也就是常见的太极拳“套路”，就有点尴尬了。好的一面是通过拳架实现了拳、功合一，提高了训练效率。不利的一面就是混淆了拳、功之别，练习者很难搞清楚自己练的到底是什么。但是这有它的历史成因，咱们只能面对这个现实，然后自己把它搞清楚。

这个其实也不难，太极拳里的每个动作，我们都从两个方面分析一下，也就明白了。如果是对敌，这个动作应该怎么用？攻防意义、变化路数如何？如果是练功，这个动作练的是哪些部位？有什么要求？如何起到强化自身的作用？

从这个角度讲，太极拳的确不能自学，必须有老师“拆讲”，其实也就是由老师把这两方面的问题给练习者剖析明白，让练习者更有针对性地进行训练。

功是体，拳是用。功可健身，拳可御敌。二者并非对立，而是一个事物的两面。至于实际中侧重哪一边，那就全看修习者个人的喜好和需求了。两者并无对错之分、优劣之别，而是两条发展路线。

在现实生活中，太极功确实是占据了主流，主导了我们对太极拳的认知。这是因为我们所能见到的太极拳的好处和妙处都是太极功带给我们的：松静圆柔，用意不用力，身心安静……太极功的流传与影响实在是太广了。

但其实太极功也并不轻松。太极功毕竟是为太极拳提供身体素质训练的，所以它追求的本质是强身，而不是一般意义上的健身和养生。

太极拳容易给人一种练起来轻松的感觉，一方面是缘于降低了要求，完全按照健身操的标准打太极拳，如常见公园里老人们练的健身太极拳。另一方面是因为相对于外家拳要窝腰、压腿、劈叉、负重的“外练法”而言，太极拳是在反复盘架中，借助调息催动气血慢慢把筋骨揉开、筋腱展开、经络打通的，一边练，一边滋养，痛苦较小，而且有小成之后会有舒适通畅之感，所以感觉上比较轻松。

但实际上，太极功同样包括了开关节、伸筋拔骨这些武术炼体的基本要求。在对躯干内部的大关节、小肌群，以及内膜、五脏的锻炼上，太极拳的要求更高、更细致入微。不仅如此，太极功还将人体的重心、中轴、经络、意识等“无形”要素纳入了训练范畴。

所以，从修身炼体这个角度来说，由太极拳发展到太极功是一个必然。毕竟，对于人体自身潜能的研究开发，对于传统哲学理趣的追求是无止境的。这种对人体身心两方面的提高和挑战有一种强大的吸引力，很少有人抵御得了。

太极拳早就有“体”和“用”之说。也就是说，太极拳本来就可以分为“功”和“拳”两部分。“功”在“胜己”，也就是改造自身的生理和心理，让自己更健壮、更强大。“拳”在“赢人”，即为了战胜对手。其实，任何一种拳法都可以分成这两部分，之所以把太极拳特别拿出来谈，是因为太极拳在体、用之别上分化、发展得更加精细、更加深入。拳、功几乎可以彼此独立发展了。这种分化可以视为太极拳的价值所在。

二、太极拳的拳技

根据笔者接触过的太极拳的经验来看，太极“拳”所包含的技术部分可细分为三大类。

第一大类是技击的通用技术，即拳打脚踢、头顶身撞、擒拿摔跌，也包含抠眼、撩阴等“黑手”，同时有一套相应的对抗拆解技术。这些通用的攻防技术其实是一门拳术的基础，虽然看上去很普通，没有过人之处，但是其重要性如同加减乘除之于数学。如果没有这些，则难以称其为“拳”。

第二大类是限于内家拳使用的技术。例如，整撞劲、丹田功、缠法等。这些技术，太极拳之外的形意拳、八卦掌，甚至一些介乎于内、外家之间的拳法也有，在拳种技术体系中所占比例有多有少。

第三大类才是属于太极拳自身的特色技术。例如，粘控技术，空打、化打技术、“中定”等。

这三大类技术，从纯学术角度来看，确实有难易、高低之分。要不王芗斋先生怎么会感慨“打人容易放人难，放人容易控人难”呢?

但是从自我修炼的角度来说，笔者以为要是打算练太极“拳”，就得全盘掌握这三大类技术，而且最好是从最基础的技击技术练起，拾级而上。否则，自以为所练功夫境界很高，如炼气啊、神意……结果却由于基础不扎实而难以致用。

三、太极拳的功法

对应着三类“拳技”，太极拳的“功”其实也可以分为三类。

第一类就是通用的身体素质训练。例如，柔韧性训练，包含伸筋、压腿、下腰等，古今中外都有要求；体能训练，包含长跑、蹲起……还有利用器械强化体能的训练，现代是“撸铁”，古代是玩杠子、石锁、大关刀等，其实目的都大同小异。

第二类是只有内家拳才会提出的身体素质训练要求。最具代表性的就是筋骨功，如站桩可改造自己骨架的传力结构；八段锦、易筋经以及盘拳架可让新的传力结构稳固且顺畅地动起来，丹田功可涵养气血、充实筋膜，给新建构的筋骨间架提供动力。还有一些专门强化内家拳“劲力”的训练，可以理解为内家层面的负重训练，比如抖大杆、抖皮条、揉石球，等等。

第三类则是专门服务于太极拳的特有技法的专项功法。

首先是要在静功上下大功夫，具体功法可以采用无极桩、静坐等。要追求太极拳的高境界就必须静功有成。静功的首要功效是涵养气血，气血充足了才能润养筋、骨、膜，筋、骨、膜厚实、坚韧了才可生成周身的掤劲。此外，身松、心静才能感知自己身体结构的内动，从而才能感知对方内结构的运动走向。

有了这个基础练习者才能慢慢放弃思想意识上的抡胳膊使腿、主动使劲的惯性，而把感知敌我之“势”放在第一位。太极拳胜人在于得机得势，而不是看谁先一拳闷在对手脸上。怎么得机得势？你得先感知到什么叫“机”、什么叫“势”才行。

其次是丹田内转功。有的太极拳支派保留了单练法，有的太极拳支派则将其藏在拳架里。这里说的丹田，其实是一种更精细化的“丹田”概念。

虽然内家拳都离不开对丹田球的锻炼和需求，但太极拳对丹田球的训练内容比其他内家拳的丹田功都更丰富，要求也更细致，涉及的方面也更多。太极拳的指导思想是“何处挨人何处发”，即要求周身各处皆可发人，而且是先化后发，所以太极拳修炼者的丹田必须练得比其他拳种的更灵活，练成“万向球”，进而发展成周身无处不丹田。

这个怎么理解呢？其实就像把自身练成“鬼工球”（象牙套球），一层一层，每层都是万向球，而丹田则是要由一个丹田球练成一个丹田点。这对练习者躯干内部的大关节、小肌群的要求就很高了，反过来说，对脊柱、骨盆、五脏六腑的锻炼效果也更显著。

其他内家拳虽然练到高境界也可以具备“周身皆可发人”的能力，但是实际能做到的不多，即便能做到，也多是靠几处大关节部位（如形意更多地体现在丹田腹打），而善用细微处发人还是要属太极拳。

最后是推手。现在有些朋友对此很不认同，也有不少朋友认为推手就是太极拳的“实战”，是用法。但笔者认为推手应该列入功法，而非用法。推手一是要双方互相有一定默契，即都默认遵守一定的规则，否则根本推不起来；二是它本来的目的是借对方施加的压力来体查、改进自己身上不合拳理之处，即把对方当成“负重训练”的工具，而不是为了把对方推出去而推出去。所以，它应该算是一个双人对练的功法。

首先，我们承认推手练出来的成果必然可以用到拳法技击里去，但是同时也应该认识到，单纯靠推手得到的一些能力，相对于实战能力还是有一定差距的。

其次，正是因为不把推手当作争胜负的手段，所以在练习过程中双方都可以耐心细致地“找东西”，对提高自身功夫的品质是极有好处的。

虽然其他内家拳也有推手训练，但是像太极拳推得这么细致、体察得这么精微的并不多见。只有太极拳是真正完全从劲、意上体察对方。而其他拳种，要么是混合着攻击技巧的变化使用，以“技”代“劲”；要么是听“力”而非听“劲”；要么就是完全变成了反应练习，谁手快谁就占便宜……这从太极拳的推手技法跟其他内家拳的显著区别上可见一斑，从搭手开始，立意就不同。故而推手也可以算作太极拳的特色技术。

为什么要把“体”“用”分得那么清楚呢？是为了练个明白。练太极拳，不是有个学生想学，正好有个老师想教，那么学生跟着老师一比划，就能学会了的。

要全盘掌握一门太极拳，“体”“用”的六项课程一项也不能少，而且要有明师指导，要有师兄弟做陪练（过去说练太极拳的人至少要有三个人作为陪练：一个不如习者的，一个跟习者水平差不多的，一个比习者略强一些的）。最关键的是要有充足的时间，一天至少有 4 小时以上的专门训练时间，至少坚持 3~6 年，而且绝对不能回避高强度的体能训练和对抗训练。

不求实战能力，只要强身健体（传统健身，超过常人的身体素质），那也得保证足够的训练时间和强度。时间上至少超过 1 小时，最好能达到 2 小时。功架上可以用中架或低架盘拳，也就是所谓的“走地盘架”。

如果只要健健康康、精力充沛（传统养生），那就得在太极内功（静功 + 丹田功）上下功夫。如果能正确练习太极功，就算只是盘高架，健身效果也是很明显的。当然，每天至少要练 30~40 分钟，否则效果会打折扣。掌握太极内功的好处是不受空间的限制，没条件盘架子的时候，在行走坐卧、等车乘车时都能练一练。这种练法对身体造成的负担小，一般不会产生运动损伤，而且在恢复精力方面效果特别好。

有朋友可能会问：不练内功，只练套路，有效果吗？当然有。选一个长套路，打慢点，或者多打几遍，争取把训练时间保持在 20 分钟以上。出出汗，伸伸筋，基本上也能取得健身操的效果了。虽然听着不提气，但是肯定比不运动要强。

请大家认清一点，练功从古至今就没有小投入、大产出一说。能达到付出和收获成正比就是好拳了。

真喜爱太极拳的朋友，请先看看自己除了工作、生活所占时间外，每天还能拿出多少时间练拳。能够投入多少时间进行有效的训练，才是决定最终练拳效果的关键。有的人动辄称自己练了多少年太极拳，其实就是每天上班之前或下班之后抽空儿打个套路，那成效能好到哪里去?

再看看，自己能找到什么样的老师和陪练。若要真练成像样的功夫，那就必须找正经的老师，去老师家里或者馆里学。若就是想学一套有太极拳味儿的健身操，在公园里找个会太极拳套路的大爷或大妈就行。甚至照着视频学也未尝不可。这也算是对“内家拳能不能自学”这个问题的一个回答吧。

最后看看，自己能练什么样的功法。太极拳功法体系庞杂，有些功法人人可练，练了就有效果，比如太极拳套路。有的功法下点功夫就能练到，比如筋骨、呼吸层面的内功。有的则真是考验悟性、底蕴，甚至福缘，内外因素不具备则看了也白看、练了也白练。例如，“神意”和行气的功夫——这不是故弄玄虚，真实客观存在，而且可以说是太极拳的主体内容之一。但是你一天忙到晚，精力严重透支，哪有多余的精、气、神去练功?

太极拳的拳理、功法不是什么“秘传”“绝学”，更不是什么“玄法”“神功”，而是扎扎实实、脚踏实地的东西。不必神话它们，而应该认真地去了解、分析和练习它们。

把以上要素和自己的现实生活条件做个比照，基本上就能推算出个人在太极拳上收获的回报了。这样学太极拳才能学个明明白白，不至于心理预期和实际结果落差过大，也不至于在将来某一天满心失落地吐槽太极拳是骗人的了。

第二节　关于太极拳的慢练

必须承认，慢练几乎成了太极拳的一种标志。这种标志性特点影响深远，又得到“养生光环”的加持，甚至已经开始影响整个内家拳“圈子”了。很多圈外人或者刚接触内家拳的人，都把慢练当作判别内家拳的第一标准，大有“不慢练不是内家拳”的势头。所以，我们在探讨太极拳的时候有必要把这个问题搞清楚。

毋庸置疑，慢练确实是太极拳的一个特色，也是太极拳明显区别于其他拳种的特点之一。但为什么太极拳要慢练，慢练的意义和价值何在呢？要回答这个问题，我们必须要明确太极拳的功理、功法特点。

太极拳（功）是对人体全身进行的一种整体性的锻炼。太极拳对习练者的价值，无论是在养生方面还是应用方面都在于此。

一、功理细致入微

相较于其他拳术，太极拳的功理将人体构成部分辨识、分析得更加精细，可以说是细致入微。

《方式》和本书前文都讲过，人体可以大致分为五大系统，进而分为筋、骨、皮、肉、脏、腑、气、血、神、意。这种人体认知水平足以辅助大部分内家拳的功法练习。参照这套理论，大家可以自己分析、判定很多内家功法的锻炼目标。

但在太极拳的“人体观”里，人被分得更加精细。例如，筋不光要分清经筋、筋膜，还要进一步细分。除了十二正经的经筋，经筋还有很多支脉、络脉的经筋等。筋膜还要分骨膜、肌膜、腔膜、脏腑之膜等。骨不仅要练关节、练骨壁，还要练髓。皮不仅要练表皮，连毛发都有训练内容。如此种种，划分极为细致，注重的方面很多。

其中，“神意”的培养和引导在太极拳体系中尤为重要。太极拳重神意，而这往往是其他拳种并不特别重视的方面，或达不到太极拳这样的重视程度。例如，形意拳也讲“神意”，但更偏重于“意”，更像是一种“精神力”的用法，即以意指挥劲力和气血的方法。至于练习者如何体认到“神”、如何养“神”炼“意”，则比较“顺其自然”。一般老师就是要求多站桩，有时间再打打坐。

而太极拳的“神意”更在养成方面有清晰的功法。太极拳是把“神意”视为人的一个组成部分，甚至可以说太极拳的内型结构体系是围绕“神意”这个核心搭建起来的。

如果说形意拳的内型侧重筋骨建构，八卦掌的内型讲究气脉建构，那么太极拳的内型则是“神意”建构。太极拳注重对“神意”的培养和应用，以“神意”在拳法中起主导作用，拳论中亦有“意气君来骨肉臣”之语。至于“神意”建构如何操作，咱们在后文讲到孙式太极拳时具体介绍。

综上，“太极”语境下的周身（整体）涵盖的是这么一整套（而非一个）非常精细的概念。正因为训练的子项目如此丰富，所以太极拳的慢不是为了慢而慢。与其说太极拳打得慢，不如说太极拳练得细。不管是站桩、单式还是盘架，练习者都需要细细地体认自身——从上面所谈的筋骨皮肉、脏腑内膜到气血“神意”的每一寸、每一分、每一毫的运动变化。这种精细运动要顾及的方面太多，所以快不起来。

二、“神意”统摄全身

太极拳的内动是一种以“神意”统摄全身每一个部位的运动模式。对于体内的各个层次、各个部位、种种细节的体认与锻炼的最终目的是让人体的所有组成部分，无论物质的还是精神的，不仅是体内各种有形的部位、器官，还有各种功能，都通过“内动”协调、整合起来，各安其位，各司其职，真正地协作运转起来，使人成为“真正的人”。

这么说似乎有点奇怪，不练太极拳还不是个“真正的人”了？这里不得不插入一条理论说明：从中医的角度或者内家拳理论来看，普通人（没有接触过内家拳概念或中医概念的人）在日常生活中，身体运作的层次或者效能是很低的。普通人对自身的器官运作没有实际的掌握和把控能力，都是随着身心的本能而运转，同时受自身先天的某些缺陷所制约。

举一个比较浅层次的例子，一个人坐着坐着身体就歪斜了。你告诉他，直起腰来！他直一下，一会儿又歪斜了，他自己还觉不出来，甚至还觉得这样挺舒服。懂中医或者传统武术的人一看就知道他脊柱周围的筋不够强，左右两边的肌肉力量也不均匀。一边的筋肉累了，就要蜷缩起来，节约能量，结果就导致躯干往这边歪。类似的有脖子往前探、驼背、内外八字脚，等等。他本人也知道这样不好，但是他自己真感觉不出来。这用拳学术语来说就是他的“神意”统摄不了他的身体。

从这个角度讲，一个人连自己的身体都做不了主，怎么能说是“真正的人”呢？但是普通人经过锻炼，真正把握住自身，进而可以操纵自身去做一些常人看起来有很大难度的运动（比如丹田内转、周天运转）。能做到这一点也就契合了太极的真意，也就成为了“真正的人”。

为了实现这一点，普通人不得不慢动、慢练，深深感知、细细调理。身体整体的大内动是由各个局部的小内动组成的。每一处的小内动都需要先感知到是哪些部位参与此项运动，再慢慢地、细细地磨合，就像调试机器一样，所以这个阶段的动作根本就快不起来。

太极拳的“慢”练不过是一种练功时的必然选择，而不是为了标新立异或者刻意标榜什么，更不是一般人理解的为了照顾老弱病残的练习者而专门放慢了打拳速度。

虽然慢练的功理和方法恰好适合此类人群锻炼强身，但是我们要知道，这不过是一种带有必然性的巧合。太极拳的理念是以人为本的，其功法体系是建立在其显微镜式的“人体观”基础上的。

太极拳的套路也有将人体各个系统的运转，以肢体动作的形式演化一遍的功用。可以说，太极拳是“反躬自省”的拳。哪里动作做不到位、交代不清楚，说明哪里的肢体或体内某个系统有不合适的地方。通过对动作的调整达到对肢体或体内系统的调理作用。

三、整体性的筋骨功夫

太极拳的筋骨功夫是贯通全身、细致入微的，可以说是一种整体性的伸筋、拔骨、腾膜。

内家拳都是从筋骨功夫入门的。太极拳对筋骨的要求更高一些，除了内家拳通用的要求，如要柔、韧、通等，关键还要贯通全身，无处不到。

锻炼筋骨的运动没有快的。比较直观的例子是瑜伽：缓慢匀速地做，做到极限了，还要停一会儿，让韧带适应一下，因为开关节、拉筋主要练的是筋膜、韧带。腾膜更需要借助呼吸之法。筋腱组织里面没有神经，不能像肌肉一样直接受大脑控制，快动猛拉是会受伤的。

太极拳的每个拳式，在初级阶段都要求以丹田为核心，向四正、四隅、上下舒展身躯。这可以理解为把身体置于一个球状框架内，身体进行的是球体涨缩式的筋骨训练。要做到这种全身性的伸筋、拔骨、腾膜，动作肯定快不起来。

故此，太极拳的慢是不得不慢，不慢就不足以锻炼到位，不足以达成修炼目的。然而，一旦练成之后则是该快就快，也能快，该慢就慢，也能慢。快慢完全看有无实际需要，而不是去迎合某种大众认知的“必须”或被当作某种“标志”。

第三节 孙式太极拳释疑

在正式介绍孙式太极拳的功法之前，还需要对几个关于孙式太极拳的常见问题进行说明，以帮助大家对孙式太极拳建立一个相对正确的第一印象。

一、孙式太极拳是不是“三拳合一”

有很多人认为孙氏武学的“三拳合一”是落在了孙式太极拳上。他们的理由是孙祖先学形意拳，后学八卦掌，最后才学太极拳，所以孙式太极拳肯定包含了形意拳和八卦掌的内容。

对此，正面的理解是认为孙式太极是孙祖融形意拳、八卦掌、太极拳于一炉的集大成之作。反面的看法则认为孙式太极拳不纯粹，是掺了形意拳、八卦掌的“杂拳”。甚至还有人认为，孙式太极拳不过是打慢了的形意拳。

笔者个人并不认可孙式太极拳是形意拳、八卦掌、太极拳合一之说，或孙式太极拳不过是形意拳的底子之论。孙式太极拳之所以是太极拳，是因为它本身确实是按照太极拳的道理编创的拳法。它完全符合《太极拳论》中“太极者，无极而生，动静之机，阴阳之母也。动之则分，静之则合。无过不及，随曲就伸。人刚我柔谓之走，我顺人背谓之粘。动急则急应，动缓则缓随。虽变化万端，而理唯一贯”的要求。

孙禄堂老先生是学风严谨之人，孙氏拳是学术严谨之拳。这点从孙祖的几本著作中可以看出，拳理清晰、明确、精湛。孙氏三拳是孙祖经过数十年苦修，悟透了形意拳、八卦掌、太极拳各自的拳理后总结出来的，是对三拳拳理的一种表达形式。也就是说，孙氏三拳是具象化的拳理，既不是套路，也不是招数。

上一章介绍过孙氏武学的“三拳合一”是三拳的拳理统合为一，即在“内家拳”这个大概念下形成了一套根本性原理。这个内家拳原理就是人体生存和运动之理，堪称人体之道。孙氏三拳的交集就在这里。

就练习者个人而言，“三拳合一”是功夫合一。“功夫”这个概念用现代词汇表达，大概可以解释为人体素质和运动功能。按部就班地修炼三拳就是一个功夫的自然融合的过程。

具体来说，当你练好了形意拳，便具备了形意拳所要求的身体素质和运动功能。然后，你带着形意拳锻炼出来的强大身体，以及形意拳形成的独特运动功能，进入八卦掌的修炼过程；把八卦掌要求的身体素质和身体功能炼到身上后再开始练太极拳……当三拳的功夫全部上身之后就自然实现了个人层面的“三拳合一”。

当然，在某些动作上，三拳或许有相似之处，但那是针对某些问题，三拳在处理上有相通之处，而不是真的完全一致或功能重合。所以说，孙氏武学保留三拳是因为需要用孙氏形意拳来体现形意拳的道理，用孙氏八卦掌来体现八卦掌的道理，用孙式太极拳来体现太极拳的道理。

练任何一种拳都要把这个拳的道理练到极致。不要想投机取巧，盘算着我练好了形意拳，转着圈打就是八卦掌，放慢了打就是太极拳。用这个思路学孙氏三拳是没有意义的。

参考孙禄堂祖师本人学艺的过程，他最初是形意拳有所成就，为了提高自己的拳术水平又学八卦掌，后为了彻底搞明白内家拳的道理才又去学太极拳。如果三拳实无分别，孙祖又何必再学八卦掌和太极拳？把宝贵的时间用来专修形意拳岂不更好？

从技法贯通、套路串编的角度来说也是如此。以孙祖的学识经历，将三拳统合到一个套路里或干脆编创一个新拳种很困难吗？在那个时期，这种操作几乎成为武术界的潮流。例如，张占魁先生创形意八卦掌，他的弟子赵道新先生创心会掌、裘稚和先生创螺旋拳等。同时期，还有形意太极拳、太极八卦拳、龙形太极拳（以太极拳为底版，融入形意拳和八卦掌技术的一种拳），等等。

为何孙祖执着于保存相对独立的三拳呢？因为三拳确有各自的作用和价值。综编无法代替专精。

二、练孙式太极拳需不需要站三体式

孙式太极拳遵循的是太极拳之理。太极拳拳理在于“夫太极者，法演先天，道肇生化焉。化生于一，是名太极。先天者，太极之一气；后天者，分而为阴阳，凡万物莫不由此（邢喜怀《太极拳道》）”。讲究的是太极一气，阴阳动静之道。故无极式、太极式才是孙式太极拳的根本，因为此二式演化无极生太极、太极分阴阳之理是符合太极拳拳理的，是对太极拳拳理的准确表达。

所以，孙式太极拳不是非站三体式不可，不是说绝对不可以站，而是没必要将三体式上升到孙式太极拳的根本式的程度。三体式表达的是“三才”的道理，这是形意拳技术体系的理论基石，故而三体式是形意拳不可或缺的基本功。所以说，“三体式是形意拳的总机关”。

而太极拳强调的是对太极阴阳之道的表达。三体式在这个理论框架下至多能起到表达演化过程中的某一个阶段的作用，并不能上升到总纲、总则、总式的高度。孙祖从未说过“三体式是太极拳的总机关”。故而，练习孙式太极拳不一定非要站三体式。同理，浑圆桩也是很好的功法，但对于孙式太极拳来说也不必非站浑圆桩不可。

三、练孙式太极拳是否可以“以武入道”

孙式太极拳被称为“合道之拳”，这个合道首先合的是人体自然之道。具体表现是孙式太极拳不以各种奇功妙术标榜，不以奇技淫巧示人，而是扎扎实实地以人体本身为本，根据易筋经、洗髓经的道理，把人的身体各项功能练至最佳状态。

所谓内功就是气血充盈、经络通畅、脏腑强健、筋骨强壮。所谓外动，就是人体各个系统、各项功能的运转合乎道理，各守其本，各安其道，各有秩序，不强作、强为，等等。

其次是合太极拳拳理。孙式太极拳的每一式都是对太极拳拳理的提炼、总结和具体表达。所以，孙式太极拳每一式称为“××学”而不是“××式”。孙式太极拳每一式、每一动都是道理和原则的具象化，相当于太极拳拳理中的基本单元，而不是单纯的外形动作。例如，懒扎衣一式练的是起落、进退、开合的原理，而不仅是手脚起落、伸缩、转动的一组动作。

孙式太极拳套路里，没有超出正常人身体运动方式的、反常规的动作，例如，扭转到极致或歪斜到极致等都是由常见、常用的动作构成的，练习者在正常运动的基础上，逐渐逼近自身运动能力的极限。这个要求与易筋经功法中的“到位”要求一致。通过在身体承受能力的临界点上的一丝丝增加，逐渐突破自身的极限。

所以，孙式太极拳始终坚持中庸之道，从平凡中见神奇。技合乎道，自有奇效，如同修行人只是修心，而不是求神通。以太极之道为根本，以合道的方式运转拳架，这是孙式太极拳的奥妙所在。

调整人体，使自身与拳架中蕴含的太极道理相契合，在“以身证道”的过程中返归本源。这才是孙式太极拳套路动作和要领的根本目的。所以，练习孙式太极拳的套路动作不要从“招法”的角度去思考。

孙式太极拳的拳架设定、动作转接只求对太极拳拳理做出最精准的表达，放弃了对“打人”的技巧、窍门的追求。对不符合太极拳拳理的技术元素绝不妥协，一律删减。故而孙式太极拳的套路动作非常质朴，没有花哨的地方，也没有可以借力偷懒或炫技的地方。

孙式太极拳的动作编排顺序乃至每一节动作的分配，使整个套路按照一定的节奏进行，这都是遵循一定的原理和原则的。故而，完整的孙式太极拳的套路锻炼效果最佳。

四、孙式太极拳是不是所谓的小架拳

太极拳给普通人的印象是舒展大方、气势磅礴，这可能是大架流传比较广，习练的人比较多的缘故。例如，陈式太极拳一路、二路流传广、习者多，而陈式太极拳小架则在内部流传，鲜为人知。而杨式太极拳世传多以杨澄甫先生定的大架为本，门内只有个别支派继承了小架，故不如大架流传广泛。

所以，一般人提起太极拳，脑子里的印象大多是大架拳。而评价太极拳时，也是以大架拳为衡量标准。与之对比，孙式太极拳给人的印象就是小架拳，言下之意就是动作不够舒展大方。

可能是因为小架拳的肢体动作幅度不够大，不太适合学拳初期对舒张筋骨经络的锻炼要求，给人一种不好练的印象。所以，孙式太极拳是小架拳，难练，不适合初学者，也就成了一般人对孙式太极拳的刻板印象。更有甚者认为孙式太极拳架子拘谨，容易练错，对身体有害，如不利于呼吸、不利于放松、容易练僵等。其实这都是对孙式太极拳不了解而导致的误解。

孙式太极拳肢体动作幅度看上去不大，是因为其并不以四肢的伸展为主，而是直指核心，这也是孙氏拳所有拳法的主要思路——抛弃所有枝叶，只抓主干。孙式太极拳拳架伸展的是躯干，对身体根节的动作要求非常高，躯干部的关节运动量很大。而习惯从梢节入手练拳的人往往意识不到这一点，还是以通常的梢节启动的习惯行拳，自然觉得非常拘谨，不舒展，而且很难上功。

孙式太极拳的所有动作都是由根节发动起来的，所以孙式太极拳动作的舒展程度完全取决于以下两点。

1. 躯干部位的运动能力

躯干部分的运动能力分为内外两层。

外动的舒展程度体现在架子虽小，但身体进退顾盼的活动范围大（在空间中身体运动鼓荡幅度大）。

内动的舒展程度体现在孙式太极拳的“发动机”主要是中轴和丹田点（不是丹田球）的协调运动。中轴和丹田点一动就会带动全身，筋骨、脏腑、内膜、皮肉层层摩擦运动。架子虽小，但动作转换时筋骨、皮肉、脏腑摩擦量大，内动幅度也大。

所以，孙式太极拳要练开躯干的“内空间”。向自身内部求空间，向关节内部求运动量。

2. 大关节的活动量和运动幅度

大关节主要指肩胛、髋骨、脊柱。

脊柱上又需要特别注意锻炼常人不大会动的腰椎、髂骶关节、尾椎。这些地方是太极拳功夫上身的关键。功夫要练到这些地方去，把关节练开。“开关节”与“活关节”的区别在本书第六章中有所论述。

孙式太极拳练对了，动作其实是极为舒展的，而且更为大气磅礴，不仅不拘谨，反而有着一种独特的威势。这是因为孙氏拳是根节运动，拳架盘起来后自然就产生了“身势”运动。一旦身上带有“势”，自然就形成了在空间内的鼓荡开合运动，从而显出威势。这是孙式太极拳特有的韵味。

从这个角度来说，孙式太极拳虽然动作都是普通人能做到的，但是锻炼强度并不低。若每个动作真能严格练到位、练标准，难度是很大的。

“身势”运动是普通的大架拳练习者不太容易体会到的。虽然很多太极拳练习者都知道“先求开展、后求紧凑”这个要求，但是大多数人学会了开展练法后就会一直沿着开展的思路练下去。若没有明师指点转关之法，可能一生都找不到“紧凑”的路径，因为认知里没有这个概念。

所以，孙式太极拳的拳架不应该用大架、小架的标准去考量，而是看练习者身体的根节是否能练到、练开、练出功夫。

第四节　孙式太极拳简述

澄清了世人对孙式太极拳的误解后就可以正式开始介绍孙式太极拳了。

一、孙式太极拳释名

笔者所学的孙式太极拳是由孙禄堂先生所创，又经过孙存周先生整理的。孙式太极拳的全称是“进退开合活步太极拳”。“进退开合活步”这六个字说的其实是孙式太极拳内动的基本模式。可谓是字字珠玑，无一字空言，所以本节就从释名开篇。

（一）开合

孙式太极拳在武林中又被称为开合太极拳，“开合手”是其标志性动作。所以，很多人认为此拳得名于“开合手”，或是认为孙式太极拳的核心奥秘就在于“开合手”这个动作。这种解释虽然不算错，但是一种比较浅显的理解。其实孙式太极拳的开合指的是统领整套孙式太极拳的开合心法，而不是单纯的、外形上的开合动作。

说开合是心法，有两个方面的含义：一是开合是内家拳的重要概念，练习者在行拳之前要在心中对这个概念有清晰的认识。二是开合是一种内家拳的身体内动模式。练习者行拳之时要在身上将其切实体现出来。

开合对习武之人而言并不陌生。无论哪个拳种都会有所提及。正因为“开合”概念比较普及，所以也比较容易被忽略或者被简单化理解。其实“开合”二字含义甚深，说它是传统武学的核心概念之一也不为过，所以孙禄堂祖师以“开合”概念统摄孙氏武学之太极拳一脉。

孙式太极拳的开合不仅仅是外形动作上的一开一合，也不仅仅是肩背内部的一开一合。

孙式太极的开合，首先是关节运动模式。太极拳运动也被称为关节运动，但是关节究竟是怎么运动的呢？普通人的关节有两种运动形式，即屈伸和旋转。唯有内家拳练习者的关节可以做出开合之动。这个要结合《方式》一书中提到的“内家拳的桩架结构是建立在关节的榫卯式连接之上的”来理解。桩架中的关节榫卯结构，如果能够随时“嵌入”，又随时“拔开”，这才叫开合。

其次，它是桩架运动模式。咱们前面说过，太极拳的身架至少可以分为内外两层。外层即四肢和脊柱，传统上称为“一身备五弓”。身架有束展之变，而五弓的末端，即手、脚、头、尾（尾椎）之间自然呈现出开合变化。这与人体自然结构的“根节抛射梢节”或“梢节牵动根节”等运动形式截然不同。

最后，它是“中”的基本运动模式之一。上一章我们说过，中是人体各个系统、各种拳学要素的集合体。但是作为一项运动，这个“中”要会动。

“中”怎么动呢？主要运动方式之一就是开合。“中”的开合不太好理解，可以先从它的外在表现中去体会。“中”做开合时，两肋会左右开合，脊柱和胸骨会前后开合，百会穴和会阴穴会上下开合。把这六个方向的开合组合起来就会发现这其实是体腔中央的空间在一胀一缩！

这个运动中包含了中气的一升一降、重心的一提一放、周天的一起一落、内劲的一鼓一荡……从而将呼吸吐纳、气血运行、劲力鼓荡、神意敛放等内家功法统摄于一个动作，使练习者的精神意识与各器官、各肢体的各项功能高度地协调统一起来，也就是孙祖说的“上下内外合为一气”。

可以说“开合”概念是对传统内家拳法所探索出的人体身心的最佳运行模式的具象化表达。内家拳的人体整体运动模式完全可以通过开合来表达。

所以，开合是太极拳的内动模式，是太极拳内劲的根源。

（二）进退

孙式太极拳的进退不是字面上的进退，不是指一步向前、一步后退，虽然套路中有些动作中是这么编排的，但这只是其外在的表现形式。

研习太极拳不是熟记套路动作就行，只知道个下一步往哪儿迈、手往哪儿摆是远远不够的。我们练拳应该深入体认蕴含在动作之中的拳学真义。我们需要明白，拳术动作不过是神意、脏腑、气血、筋骨等构成身心之要素协调运作的外在表现。透过这些表象去反推、体悟我们皮囊之内的肉、骨、筋、精、气、神相互作用的道理，从而真正把握我们的本体，从本源上强化我们自身。这才是练习太极拳的意义。

进退主要体现的是孙式太极拳的身法原则。简而言之，要以身带步，一动即躯干先动，而非迈步。身如水面行舟，进退自如，而不是靠双腿的摆动拖拽身体。进一步讲，它是身体与空间的呼应，是身体在空间中的“振荡”。常人的进、退是“二”，内家拳的进退是“一”。

如果能把两拍的进退做成一拍的进退，那我们的身法运动就可以在空间中形成“振荡”。这个听着玄虚，其实是很具体、很实诚的内家技法。静心、放松，按照拳法的规矩练习，功夫到了自然就能体认到。进退是如此，横移、旋转乃至俯仰闪翻、大摇大摆也都是如此。故而“进退”二字实际是内家身法运动的代表。

很多人认为自己身体或者说躯干会动便是会身法了，对此笔者不做评述，只举一例：有一位练太极拳多年的朋友始终琢磨不透孙式太极拳的拳架好在哪里——看起来既无圈缠之巧，又无运球之妙，横平竖直，可以说是最不像太极拳的太极拳，但碍于情面，他没有直说。有一次谈拳，说得高兴，他终于忍不住问笔者。笔者用手轻轻扶住他的手臂，让他试着先动身，身劲不到脚则不许动步，脚底劲不到手则不许抬手，结果他蓦然发现自己不会动了……爱好太极拳的朋友们不妨试一试这个小游戏，可知身法修炼之难。

（三）活步

由开合与进退之义可知，活步强调的也不仅仅是步法灵活轻便，而仍是身法之外延，关键在一“活”字。

“活”是全身灵活、内外通透，不硬，不滞，不死，不呆，不等，不停，运转不断；是全身一动无有不动，高度协调，互不妨碍；是筋骨柔顺，经络通畅，气血充盈，神意足满，全身生机勃发。

而“步”则是所有拳学动作的代称。在内家拳里，手是“假”的，是“花”；步是“真”的，是“根”。站桩站得推挽不动，还是在山脚处打转。行起步来桩架不散、桩劲不丢才算上了山。

活步其实是“活桩”。有桩了，桩活了，再行拳，才能叫盘架。要不然连自己师父都会跟别人说：“这个学生就是来跟我描个趟子。”

一路拳架盘下来，每一个动作都是活性的，全盘动作是一气贯通、无有停滞的。这样才能把拳练出生机来，才能收取洗练形神的功效，滋养练拳之人。

开合、进退、活步这六个字就像孙式太极拳的动作一样，初看平平无奇、清淡无味，貌似无人不知、老生常谈，实际却把孙式太极拳的“劲、身、步”三方面的特点阐述得清清楚楚。不过，后人若非深入拳中多年浸淫，确实难以体会其真义。

二、孙式太极拳之动静

太极拳体现的是太极阴阳的道理。太极是体，阴阳变化才是拳。但是阴阳是概念，到了操作层面则要有落到实处的东西。

在练习者身上，拳法的阴阳变化便是动静。动静的载体是拳架子。

（一）关于盘架子

盘架子一直是太极拳里最重要的训练手段之一。但是，很多人是因为师传或是传统如此才一遍遍坚持练习盘架子。很少有人思考一个问题：太极拳的盘架子到底是在干什么？我们甚至还可以把这个问题再引申一下：盘架子练法在太极拳的训练中为何处于如此重要的地位？这里涉及盘架子的本质问题。

现在大家都习惯称盘架子为练套路，这也是一种从俗的说法。其实，盘架子跟练套路在本质上是两回事。所以，盘架子过去称为行桩、行拳、盘拳等，跟练套路绝对不是一回事。

练套路就是熟悉动作，活动手脚，锻炼手眼身法步，也有锻炼体能和体力的作用。可盘架子不是干这个的。盘架子涉及的方面很多，锻炼意义很综合，又很深入——这是总结性的言语，大家肯定看得没意思。具体咱们不妨一点点分析。分析是分析，但不能把练身法、练步法、练劲力一项项列出来拆开讲——因为如果这样拆开讲，就失去了盘架子的真正意义了，就练滑了。

那怎么讲?

我们就从盘架子的正规练法来谈谈盘架子该怎么练。有人可能会说是一式接一式或者一势接一势，绵绵不绝，势如长河——太极拳的套路都有这种要求。这种解释对一般人来说也算说得过去。

不过这样理解还是把太极拳的盘架子理解俗了。太极拳盘架子，要真只求连贯，效率就太低了，也不可能超过站桩、单操等专项练法的效果，出不了什么功夫。

别家的盘架子心法，笔者不敢妄言。孙式太极拳的盘架子是指人体在动态和静态之间不断切换。请注意这两个关键词“动态”和“静态”。现在理解不了，请先把这两个词记在自己的头脑里。动态大家可能还好理解，盘架子肯定是要动的。那静态又是怎么回事呢？这就是孙式太极拳的特点之一：孙式太极拳强调静态的概念和作用。

（二）静态的概念和作用

虽然孙式太极拳的拳式套路演练起来是一式接一式地连绵不断。但是，动作与动作之间并非没有静态，否则就失了太极本意。孙式太极拳的每一式动作，懒扎衣也好，单鞭也罢，动作做到位（注意是“到位”）时就是其处于静态的时候。

如果要讲点玄的，那么就得说既名太极，则必须分阴阳，有一阴必有一阳。如果是朴实的解释，那么就是有一动必有一静，必须有节奏变化，不可能一直动下去。即使你有这个意愿，你的呼吸和身体的变化也跟不上。说得再具体点，《太极拳论》里说“动之则分，静之则合”，那么你的动作里有一开就必有一合，不能一直开下去或者一个劲儿地合下去。

在孙式太极拳里，动和静皆有其用。动有动的用处，静有静的妙处。这里特别提请大家注意：我们一直说的是动静变化，而不是动停变化。静是静态，不是停止、停顿。静态是非动态，是没有运动变化时的起始状态或预备状态，而不是处于“动不起来”的状态，为了区别于非动态，我们姑且称之为不动态，这么说有点绕，我们不妨打个比方。假设我们面前有个坐标轴，那么，停止态好比是负数，而动态是正数，静态则是坐标原点。坐标原点不是负数。

孙式太极拳的盘架子就是如此。由坐标原点演化出一个个不同的正数，然后回到原点，再演化数字，这样不断变化就是孙式太极拳盘架子的意思（其实各家拳术中所谓的开合变化、束展变化等的意义也近乎于此）。

所以，孙式太极拳首先要明了静态，就是拳学运动的那个原点，也就是“进退顾盼定”的“中定”。静态的价值好比坐标原点。零不是虚无，不是毫无意义。在数学上，它是个数字。在拳学上，它是一切具体姿势动作的出发点。这个出发点是有所预备和准备的。也就是说，处于静态时你的身体不能空空如也，不能散乱至回到普通人的状态，而是有东西蕴含在体内。

有人说，是不是静态就是蓄力状态，好比跑步时的起跑姿势一样？不是。起跑姿势相当于将动未动态，即处于 0 到 +1 的区间，哪怕它是 +0.1，或是 +0.000 000 000 1，也不是零。它已经形成一种极微小的动态了。静态就是自成一体的一种态，非动，亦非不动。这就是中定。

中定就是没有特定的方向，也不针对任何东西的存在状态。中定态其实是孙式太极拳的根本态，甚至夸张点说，是孙式太极拳的常态。中定态不是凝固静止的，而是活性的。中定态体现的是一种不可胜的状态，并非有意胜人，也不是针对谁，只是保持一岿然不动的状态。这就好比是一棵参天大树。它是活的，有生命力的，有弹性的。但是，你撼不动它，推不倒它，用力猛的话，自己还可能会摔倒。树的这种状态就是中定之态。练中定之力要参悟这个，以己之不可胜而胜人。

有人说，我埋根死木头桩子也推不动啊，这两者有啥区别？活树是可以自己“做主”的。它有自己深埋地下、吸收养料的根系，有富弹性又强壮的树干，以此来保持自己的中定，受力是以自己富弹性的树身受力，所以才会风吹百枝摇而屹立不倒。随着生长，它的中定之力会越来越强。

而木头桩子是“死”的，它的稳固性全看被埋得多深，是完全由“被动”产生的。最关键的是它会随着时间流逝而越来越衰朽，最终失去弹性。此时一旦受力过度，那就不光是倒了，而是可能被折断。所以，中定是学活树，而不是学死桩子。

而孙式太极拳的动态也不仅仅只是“动起来”而已。所谓“动态”是指身体内在产生一系列变化。这种变化是将身体导向正向的、充满生机的，所谓生生不息才是太极拳之动。

所谓的动必须是变。本质是变化，不是动胳膊和腿。这种变化不是随意的变，而是必须符合太极阴阳之理（即太极拳拳理、原则）的。孙式太极拳运转起来就是在体内演化太极理论的“无极－太极、动静阴阳、化生世间万物”的过程。

从孙式太极拳的无极学、太极学二式开始，身体就定下了无极态和太极态的规矩，接下来的一动必然就有了阴阳分化，在太极原理指导下，后面的各种“动”（盘架子）就是阴阳相摩相荡，自然演化出各种各样的姿态，即太极拳的各式动作。这是孙式太极拳盘架子的本质。

所以，孙式太极拳的盘架子一定是动静相合的。静态很重要，动态也不可简单滑过。式与式之间的变化过程也需要重点体悟。这个动静之间的生生不息才是太极拳。

第五节　孙式太极拳的无极式与太极式

本节以孙式太极拳的无极式和太极式为例，讲解孙式太极拳的原理如何体现在拳架之中。

一、无极式

孙式太极拳第一式是无极式。孙禄堂老先生著书时称其为“无极学”。我等后辈不敢称“学”，仍从俗称之为“无极式”。

（一）无极式的相关理论

无极式通常也被拿出来当作桩功单独练习，即无极桩。虽然说拳功不二，练拳盘架即动桩。但具体到练功实践上，二者不是完全没有区别的。桩功有桩功的语境，拳功也有拳功的语境。

一套完整的太极拳自然构成一个整体，就好比一篇优美的乐章有着自己的一套起承转合、抑扬顿挫的节奏。太极拳里的每一个动作都是这篇乐章里的音符，在这篇乐章里发挥着自己的作用。作为拳套里面的动作，式子和式子之间是不能割裂来看的（单操则是另外一回事，遵循另外的锻炼原理），否则这篇乐章就毁了。

所以，打一套完整的（编排合理，一般传统的太极拳套路都是这样的，因为经过了无数人多年的不断练习传承，编排不合理的则没有这种生命力）太极拳套路就如同享受了一场音乐会一样，有身心两方面的好处。

拳套中的无极式并不能完全等同于无极桩。无极式在拳套中另有其道理。是什么道理呢？

其一，拳套中的无极式是孙式太极拳的开始。在这一式，练习者开始进入练拳的状态，为了方便叙述，我们称之为太极拳态。

什么叫太极拳态？这就好比上课铃一响，学生就要进入学习状态，既不能想着玩耍，也不能盘算别的事，甚至不能想其他科目，否则学习效果就不好。这并不是单纯集中精力听课的意思，而是有一定的指向性，比如这堂课要学语文，那么全身心都要投入到语文课的“语境”中去。从上一课讲了什么、这节课要讲什么、以前的语文知识积累到参考的各种课外资料，乃至自己的触类旁通、各种心得都要运转起来，随时为这节语文课服务。这时学生便进入了“语文态”。

所谓的太极拳态也是如此。以无极式一站就好比上课铃响了，全身心都要调动起来，准备认真盘好这套拳架，上好这节太极拳课。无极式就是这个太极拳态的集中准备，你对太极拳的所有认识、所有积累、所有欲行而未行都在这一式里含而未发。

其二，孙式太极拳盘架子要在太极拳态下进行才有效果。太极拳套路是人体在太极拳态下的运转形式。

所谓的太极拳态就是在人体内模拟“无极→太极→阴阳动静→化生万物”的过程。故而，无极式在孙式太极拳中起到领起全篇的作用，它在整套拳中的原始立意就是让身心进入“混混沌沌，一元未生”的状态。

孙祖的《太极拳学》中描绘无极状态：“无极者，当人未练拳术之初，心无所思，意无所动，目无所视，手足无舞蹈，身体无动作，阴阳未判，清浊未分，浑浑噩噩，一气浑然者也。”此种状态是为了摒弃后天（日常生活）对人体的影响，摒弃人体对后天习性的依赖，使身心重新回到原初的一种状态，从而可以调理人的身心，显露人的真性真意，使身体内外统一、阴阳调和。

无极式在拳中代表无极状态，是身心应该具备的一种真实状态。无极式做得正确与否取决于身心是否达到无极状态。

其三，盘孙式太极拳架子是让我们学会用符合太极拳拳理的方式让身体运动起来，从而获得有益于身体的效果。

符合太极拳拳理的运动方式是什么样的？是一种相对更符合身体运动规律的运动方式。假设有一本关于身体正确运动的说明书，太极拳拳理指导下的运动方式更接近这本说明书的要求。

从人体运动方面讲，人是以直立状态生活的，是以直立状态做各种动作的。所以，如果想获得最佳的直立运动状态，我们首先要学会正确的直立站立方式，这也是在无极式中我们要体认的。所谓正确的站立，首先是真的、切实地站在地上。普通人不是站在地上的，是被脖颈“吊”起来的。日常生活中，颈项部位为了维持身体的直立平衡会用力过度，所以人的姿态往往显得头重脚轻。而且，因为不会正确控制自己的重心变化，常人的重心总是出现偏离，容易出现体态上的疾病。

平衡和均衡两大问题总是出现在人们身上，所以练习太极拳要从无极式开始。无极式从真正的站立入手，学会真正站在地上。什么是真正站在地上的感觉？我们可以打个比方：立定跳高摸高时，身体下蹲，重心沉下去，然后弹力从脚下升起，即将把身体推离地面的一瞬间（这个瞬间很关键）的腰、腿、脚的感觉就是真正站在地面上的感觉。

真正站在地面上的一瞬间，身体反而会觉得不平衡，一直处于摇晃欲倒的状态。这个状态可以被形象地描述为“沙地立杆”。此时我们不是靠身体不同部位的肌肉牵扯来保持平衡，而是靠对重心的准确把控来保持平衡，靠中轴的中正来维持身姿的端正。这两点是常人的两大弱项，却是太极拳要求的两个基本项，故而需要通过无极式锻炼出来。这是无极式为太极拳“开拳”所做的身体（身姿状态等）上、能力（重心调控能力等）上的调整和准备。

（二）无极式的练法

（1）身体自然正直站立，两手自然下垂，两脚分开为 90°。目光平视前方（图 8-1）。

（2）两肩自然松垂下来，不可有意用力下压。腋窝放松，不要夹紧。

（3）双手自然垂于身体两侧，中指大约对准自己的裤缝。

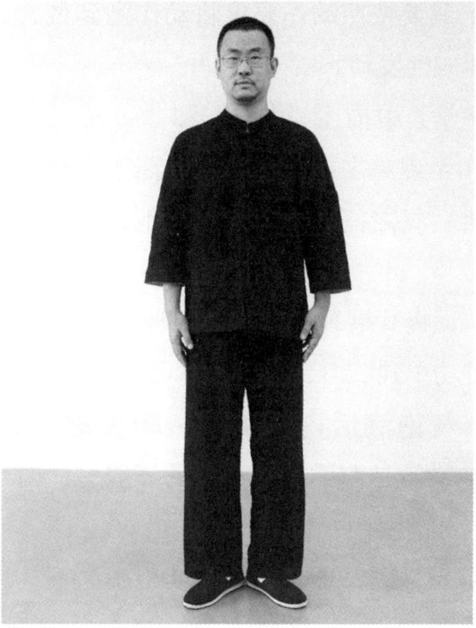

图 8-1 无极式

（4）两腿自然松垂立于地面。膝盖不完全伸直。两胯根自然放松，不要挺直。

（5）心法：放松，心静，自然，如孙禄堂老先生在《太极拳学》中云："心中空空洞洞，内无所思，外无所视。"

二、太极式

（一）太极式的相关理论

1. 太极式是一气显现的状态

所谓太极（一气显现），在拳学中的体现就是身体从无到有的状态，即从身心空空洞洞、浑浑噩噩到有了意念和动作。

这是身心在通过无极式之功用，摒除后天运动习惯的影响后重新开始发动（犹如从无极状态开始，由无极而太极，重新再演化出一个大千世界）。此时，不应再是梢节肢体的运用（这是常人的身体运动方式），而是直指人体之本源，即一气发动。只要按照动作要求将动作做到位，此时身体所感受到的状态就是太极态，即一气发动。

孙祖在《太极拳学》中描述“太极”和“一气”云：“太极者，在于无极之中，先求一至中和至虚灵之极点，其气之隐于内也，则为德；其气之现于外也，则为道。内外一气之流行，可以位天地，孕阴阳。故拳术之内劲，实为人身之基础。”

与无极式一样，太极式展现出的也是一种身心状态，而不仅是姿势外形。太极式也可以当作桩功单独练习，以使身体熟悉太极状态。

2. 太极式是一气饱满后内蕴阴阳，暗含虚实分化的身体状态

以左式为例，左式就是左手左脚在前的姿势，此时身体是暗含左虚右实的状态，身体有了内部的阴阳变化。

注意：虚实不等于强弱，虚不是弱，实也不是强。二者更不是简单的有力与无力之分，不是虚就无力、实就有力。打个比方，好比甲乙两支部队战斗力一样。但是进攻的时候要有所分工，甲部队负责吸引和牵制对方火力，乙部队负责进攻，那么甲为虚，乙为实。如果中途战况变化了，两者交换了任务，那么甲就变成了实，乙就变成了虚。

拳学上的虚实与兵法相通，含义很丰富。简而言之，虚实的本质在于动静之别，是动静不同的身体状态。虚，相对处于动态；实，相对处于静态。注意这都是相对而言的，不是绝对的。再说得浅显一点：左虚是为了下一步可以由左半身动起，而不是由右半身动起。

3. 从姿态本身来讲，无极式和太极式分别呈现为正身态和侧身态

这两个姿态是身体最基础的姿态。正（身）侧（身）是躯干运动在拳术应用方面变化的基础。也就是说，如果我们要在身法动作方面取一个“最大公约数”的话，几乎所有的拳法动作都可以纳入身法的正侧变化之中。

所以，要切实地掌握这两个姿态下的身体状态，尤其这两个姿态下身体的平衡和均衡能力。这是后面的太极拳动作做到位的基础保证。

4. 孙式太极拳的本质是流动的

孙式太极拳不是由一个静止姿势简单地换成另一个静止姿势。以无极式衔接太极式为例，无极式变成太极式的过程才是孙式太极拳。不是先站无极式，再转个身站太极式。两个定式相加并不是太极拳。

无极式转太极式的过程中，只要按照孙式太极拳的规矩和标准要求去做动作，身体就会自然产生很多变化，这是我们要认真体会的。这其中除了一气显现，身体动作方面需要细心体会的就是中轴运动以及丹田点的感触。这二者是重点。

所以说，孙式太极拳的功效就在于规范的原理和准则指导下规范的动作。只要练习者能按照规范做动作，在式与式之间演变时就会自然产生身体内部的动态变化。所以，这个式与式之间的变化过程能练得多细腻、体悟得多深，练习者就能从盘架子中得到多少好处。太极拳的醍醐味就在其中。

这个式与式之间的转换过程用时时长，从某种意义上来说也是一种功力的体现，一般情况下用时越长，练得越细腻。

所以，这个动静演变才是盘架子的关键。孙式太极拳不是由一个个定式构成的，也不是为了摆成某个定式而编创的。

5. 孙式太极拳套路从整体来看没有一式是重复的

在套路中，每一式要表达的含义和上下接续的内容并不相同，恰如赫拉克利特的名言："人不能两次踏进同一条河流。"所以，练习孙式太极拳务必诚心正意，身心投入，心意相合。将一套太极拳一气呵成、完完整整地打下来效果最好。中途不可间断或自作聪明地省去一些重复的动作。

太极拳套路的功用是调整身体的运转节奏，设置一些重复的动作是因为恰好身体运行到此时需要这些动作进行适当地调整。虽然动作外形是重复的，但体内的气血、神意等内在的运行状态不同。

这就如同人跑步。跑 5000 米的长跑，跑到 1000 米处和跑到 2500 米处，动作同样是跑步，但身体状态已然不同。

这既是不可轻忽重复动作的原因，也是尊重完整套路的道理。

当然，一些简化套路删除了重复动作，则不在此道理范畴之内。因为那相当于重新谱写了新的乐曲，自有自己的旋律节奏在，与老曲调不是同一个谱曲思路，不必套用。

（二）太极式的练法

（1）在无极式的基础上，以右脚跟为轴，身体微向左方转动。转到两脚夹角为 45° 时停止（图 8–2）。

图 8–2 太极式

（2）转到位时，双肩自然下垂，双手仍位于身体两侧，头转向左前方。全身放松，塌腰，小腹充实；舌顶上腭，内提会阴；呼吸自然，眼睛平视左斜前方。

（3）整个动作由中轴带动，不是腰胯带动，也不是身体如门板转动。孙祖的《太极拳学》云："头扭之时，要与心意、丹田、上下内外，如同一气旋转之意。"

（4）心法：心静身松。全身自然，动作自然。

对孙式太极拳的简单解说到此为止，仅供大家参考。不当之处请大家指正。

第九章

武术精神

本章名为“武术精神”，其实是想谈谈内家拳的“内炼”。恐怕有的朋友会问：这二者是怎么联系起来的呢？一说起“内炼”，想必很多朋友就会想到“打坐炼气”之类的内容，或者想到“内三合”之类的拳学术语……然而，“内炼”其实不是这个意思，或者确切地说不是这个层面的意思。

我们所说的“内炼”指的是精神层面的锻炼。相对应地，易筋经、站桩功等强化身体的功法则是物质层面的锻炼。“内炼”所包含的概念不仅仅有精气神的涵养，更重要的是人格的完善、道德的修养，以及整个精神层面的强大。“内炼”，即锻炼人的“内在”之义。

可能有的朋友又会想，说精气神的涵养也就罢了，但人格的完善、道德的修养跟拳术训练有何关系？跟内功修炼又有何联系？

孙禄堂先生在《论拳术内家外家之别》一文中曾记述宋世荣先生的教导：“……《中庸》极论‘中和’之功用。须知古人所言，皆有体用。拳术中亦重中和，亦重仁义。若不明此理，即练至捷如飞鸟，力举千钧，不过匹夫之勇，总不离夫外家。若练至中和，善讲仁义，动则以礼，见义必为，其人虽无百斤之力，即可谓之内家。迨养气功深，贯内外，评有无，至大至刚，直养无害，无处不有，无时不然。卷之放之，用广体微，昔人云：‘物物一太极，物物一阴阳。’吾人本具天地中和之气，非一太极乎？……”

孙禄堂先生记述自己的心得体会：“余敬聆之下，始知拳道即天道，天道即人道……由是推之，言语要和平，动作要自然。吾人立身涉世，处处皆是诚中形外，拳术何独不然。试观古来名将如关壮缪、岳忠武等，皆以识春秋大义，说礼乐而敦诗书，故千秋后使人生敬扬崇拜之心。若田开强、古冶子辈，不过得一勇士之名而已。盖一则内外一致，表里精粗无不到，一则客气乘之，自丧其所守，良可慨也。”孙禄堂先生又补充了一句宋先生的教诲：“拳术可以变化人之气质。”

这段文字直接道出了精神修养的本质与拳学修炼之间的关系。二者实为一体，不可二分。精神修养是拳术高境界的直接体现。这才是内家拳“内炼”的题中应有之义。

武的锻炼能被称为武道，其道的意义也是指这方面的作用。所以说，不是从形式上规定一些礼节、规矩就算武道，也不是说自己起个“××道”的名字就可以成为武道，更不是附庸风雅地了解一些国学知识就是武道了。

武者之气质是习武之人经过切实修炼，自身由内而外所释放出的一种精气神。它既是一种魅力、一种风度，也是一种生活态度、一种行为准则，更是一种特有的人生观、世界观、价值观。它是一种飞扬的人生沉淀后的发酵，不是刻意包装出来的表面功夫。它是举手投足间不经意流露出来的一种风采。这份自在洒脱才是武道修炼所结之果。

武人之风骨是在长期艰苦、严苛的修炼中锻造出来的。这种锻炼不仅是锻体、习技，更是指我们的精气神在厚重的历史、人文氛围中长期得到熏陶、沁润。特别是传统内家拳，其精神内核与中国传统文化血脉相连，对心性修炼有着不可替代的效果。

若是换了一种环境氛围就难以培养了。因为这不是靠着刻意灌输，或者靠着上几堂课、听几次讲座就可以形成的。习武不仅是锻炼肉体，也要振奋精神。即便技艺不高，至少应当胸中有志、腹中有胆，否则学武何用？

什么是武术精神？家师张烈先生认为：武术精神就是一种积极向上的、乐观正面的、正向的人生态度。他在授艺时常叮嘱笔者，不要光学技艺，更要注重武术精神的培养。

抽象概念不易理解。笔者想以恩师昔年的事迹为例，为大家提供几个探究武术精神的具体范例。张烈老师武学修养深厚，人格魅力惊人，见者无不为其所折服。为了再现他老人家的风采，以下行文仿传奇公案之风格，以求大家能更好地品鉴其中的韵味。

第一节 恩师昔年五事

一、故事之一：为何练武

家师姓张，名烈，自号“尔威”，一位真正的武者。他是一代内家武学大师孙存周先生的弟子，清末民初人称“虎头少保、天下第一手”的孙禄堂先生的徒孙。

孙氏父子的大名在武林界那可是如雷贯耳。张烈老师尽得孙门武学真传，少年时在京城武林界行走，成年后也试过“九河下梢”天津卫的江湖水深浅。曾在“文革”期间护厂，一个人、一根白蜡杆，止住一场武斗——几十个造反派，没一个敢跟他伸手的。

何等的威风!

不过老师更喜欢跟我们炫耀的是另一个身份——无线电高级工程师。老师说这个身份是被他师父孙存周先生“教”出来的。

老师自小顽劣，又有一身家传的少林武艺，三天两头打架惹事，家里人管不了。恰好老师的父亲与存周师爷是好友，想到孩子好武，索性给他找个师父管教，于是便将孩子托付给了存周师爷。

老师桀骜不驯，那时已是“打架王”，并不服管教。师爷教的是真传，练起功来单调枯燥，一个形意拳的基本桩功“三体式”就让老师站了三个月，此外并没教其他任何东西，就这样老师还老是被说站得不对。终于老师烦了，一日又被师爷纠了很多错后说：“师父，咱这个老是这么站着不动，打架有用吗？”

师爷被老师率直的性格逗乐了，朝他伸出一只手，带着乡音说了一句：“你试试不？”

老师是火爆性子，二话不说，前手一撩师爷的手，后脚上步从外门吃住师爷的前腿，一调身，身子就欺进来了。这招有名头，唤作“走马活携”，如果真被吃住了，那胳膊一横就是一个跟头。老师说这招他用得贼熟，打翻过不少人。

师爷那是什么身份的人物？！那是真高，都被吃到这份儿上了，还是不急不慌，就站在那里。等老师的动作全都摆到位了，就在最后要发力的时候师爷才伸出手来，用大拇指在老师的肩井穴摁了一下，老师当时就趴下了，半边身子都麻了，半天没缓过劲来。也就是这一下子，老师才真的服了师爷。

老师说，别的不论，就这掐时机的火候就说明师爷是真高！老师从此听师爷的话，先老老实实地站了一年多孙氏三体式。

不过与家里大人的愿望相违的是，老师练上形意拳后功夫突飞猛进，打架更得心应手了，仍在外面不断惹事。这情况被师爷知道了，师爷叫老师过去跟他“好好谈谈”。老师听了这话心里就发毛了，事前做好了各种心理准备，想象了很多师爷会怎样责骂他和惩罚他的情形。

而万万没有想到的是，师爷见到老师后没有责骂和惩罚他，只是看着他流下了眼泪。孙存周一代武学宗师，纵横江湖数十载，居然老泪纵横。老师当时就傻了。

然后师爷说了一句话，几十年过去了老师仍然铭记在心：“张烈啊，我教你武术，就是为了让你当个打手啊？我是为了让你‘行’！”

一个“行”字，道尽了老恩师的心声。

什么叫“行”？师爷曾手书一幅字送给老师：文能素手发科，武能舍身临阵。

无论做什么事都能拿得起、放得下，成为在各个方面都响当当的男子汉，这才是练武的目的，也是武者的精神。

从此老师洗心革面，专心学习，不仅在武术方面突飞猛进，在文化方面也取得了优异的成绩，考上了当时的重点大学——北京邮电学院。老师毕业后成为无线电高级工程师，参与了国产电子快门照相机的研制工作，1990 年因主持研制第 11 届亚运会国产飞艇专用热合设备而获“七五”立功奖章……

多年以后，当我们拜在老师的门下之时，老师也对我们说：“跟我练武，就是为了让你们‘行’！”

二、故事二：何为武者

当年孙存周师爷在武术圈内的迎来送往、交际应酬多是由老师代师献艺。北京四民武术社吴子珍前辈的弟子仍记得当年孙存周师爷来访时的情形：师爷“身边带着一个十四五岁的小孩儿，小个儿，留着个油光光的小分头，身板看上去挺瓷实……”。当年在为抗美援朝募捐义演时，也是由尚是少年的老师代师登台，那次老师一口气连跳了 20 多个孙氏小龙形，当时的太极拳家吴图南看后曾专门询问老师的师承，听说是孙存周先生的弟子时竖大拇指连连称赞：“好！有味儿！有味儿！……”

至于比武交手，老师也是行家里手，如家常便饭一般。老师曾笑言当年在京城已经打到无架可打，对方一听报号是“张烈”，立刻就罢手不斗了。闲谈时老师曾提起一件趣事：在“文革”期间，有一次去外地出差，曾与当地一位某名拳的好手比武，一个“崩拳”就解决了战斗。事后对手十分佩服，不仅在老师回程时专门送行，还以一包毛主席像章相赠……

虽然我们耳闻的不过是只言片语，但管中窥豹亦可知老师的武术功力之深，但老师并不常谈这些事。老师所津津乐道的是其他的东西。

诚然，老师为人所知是因为他的武术成就。但老师生平最满意的别人对他的评价是来自一部山东电视台为他录制的纪录片，片中称他为“玩家”张烈。老师最为得意的是这个“玩”字。

一个“玩”字确实精辟地道出了老师的神韵。老师兴趣广泛，武术之外在诸多方面都颇有建树。老师在工程师的本职工作上的成绩自不必说，对于音乐、舞蹈、体育活动等方面也颇有兴趣，身体力行之外还多钻研其理论，有很多自己的见解和学习的方式方法。

老师是国家二级举重运动员，大学期间也曾练过体操，能模仿苏联运动员做吊环十字。

老师得意的是60多岁了，会拉小提琴、弹琵琶、吹萨克斯、吹葫芦丝、玩弹弓、滑冰、游泳、跳踢踏舞，有时还去玩玩滑板和公路骑行，抽空还考了个小汽车的驾照……

此外，在中国古典文化方面，如诗词等，老师也颇有造诣。老师与《武林》杂志原主编劳坚有些交情，当年也曾许诺为《武林》写稿，因日常事务繁忙而长久未能成文，欠下“文债”，于是专为劳坚主编写下小词一首以表达歉意，词中有句赞美劳坚主编曰：“此人此人，玉韵琴心剑魂。”恩师文采，可见一斑。

老师会玩，能玩，敢玩。老师常言：人生一世，就是要对各种事物都产生兴趣，“敢”对各种事物产生兴趣。为什么“敢”？因为你练武，是个武者。这练武不是会打几下拳、踢几下腿，那是小技、末艺。武者也不是会几个套路，能打仨踹俩，那是粗人。

练武，是练武术的精神；武者，是能把握武术的精髓。什么是武术精神？什么是武术精髓？老师说：困难面前是我们，我们面前没困难。无论做什么，你练过武术，受过“武”的熏陶，就有大无畏的精神；你练过武术，受过“武”的磨炼，就有能把握事物根本的能力，是身、心两方面的强者。这样的你就能对各种事物都有兴趣，就敢对任何事物产生兴趣。因为有这个底气，所以不怕任何事，做任何事都能成功。

为人行事有这个气度才是真的武者，才敢称是“玩家”。

武者张烈，“玩家”张烈。

三、故事三：武者的人生哲学

老师完全不像一般人想象中的武学宗师那样古板，相反却性格诙谐，好玩好动，兴趣广泛。他的“玩”有门道，可不是随随便便一闹一乐呵儿，所以他才称得上“玩家”。

老师说：玩不能是瞎玩，要能“撅人”，这样玩得才有意思。什么叫“撅人”？大家都玩同一种东西，我就得有独门的绝活、本事，让你不得不服我，这叫“撅人”。比如老师问我：“你喜好什么？”

我想了想，总得说出点老师不会的，便回答：“我好集邮。”

老师点点头，转身就去书架上取下一个盒子，打开一看，里面居然是一本旧集邮册，集邮册里满是邮票。老师冲我一乐：“见过没，抗战之前的日本邮票……”

我摇摇头，满眼的艳羡，老师脸上的笑容更盛：“这就是‘撅人’。你好这个，可我有你没有的，不过我这算是欺负你，这是我父亲留下来的，他早年在日本留学……”

老师可是世家子弟，家学渊源。这可没辙，谁让老师的爷爷是沈阳总商会的会长啊……

20世纪90年代，我们一位师兄在深圳开工厂，正好老师退休了，就把老师请过去玩。一连一个星期，吃喝玩乐，老师玩得不亦乐乎。一周后，师兄才吞吞吐吐地露了点口风：工厂的机械在机电方面出了点问题，请了好多专家都没能解决，机械是进口的，把人家本厂的洋专家都请过来了，也没解决。实在没辙了，只好把老师请过去帮忙，没敢说是请老师解决问题来的，只说是请老师来深圳玩（这是怕万一老师也解决不了，面子上过不去）……

老师点点头，明白了。既然说是玩，老师还真就“玩”上了。白天继续在深圳玩，晚上给师兄解决问题，就这么边玩边琢磨，一个星期后，师兄的问题不仅解决了，老师还帮他设计了几个小配件，提高了机器的性能和效率。整个过程就好像那个著名的“剪短一米电线”的故事翻版——就是几个螺丝、螺母的问题。老师说：因为我没把它当成是机电的“问题”——我不是这种专业的教条心态——其实这就是玩啊，就是个游戏，我就是拿这个当个乐儿，这个问题就是一个有技巧的游戏，难倒了那么多土洋专家，既然我也玩上这个了，我就要玩得比他们好，想办法玩出花儿来，要“撅”他们！所以，才能发现了问题，解决了问题。

玩就是一种心态，玩出真本事、真成绩，才是真正的玩。

我当时若有所思地点点头，顺口问了一句，老师，您最近在玩什么？

“哦，前两天去天塔（天津市的天塔湖）那儿滑冰了。呵，人还不少，都是小年轻儿的。我一时兴起，就玩了几个技巧，要了几个花，正过瘾呢，背后就有人搭讪：滑得真好，大哥……我一回头，那位就一个抱歉：呦，对不起，大爷……”说到这，老师一脸的开心得意……

我也莞尔。

看来，玩不仅仅是一种面对问题时的心态，还是一种面对人生世事时的心态。

这就是真正武者的人生哲学：游戏人间，积极向上。

四、故事之四：武者的思想

张烈老师是个逸人，其武功及在武林中的故事颇有流传，为人们所津津乐道。但除此之外，老师在武林圈外的生活也是极为精彩和有趣的，展现出的是不同寻常的另一面。比如说，他曾教会一位师姐英语，从而改变了她的一生。这不是关键点，关键点是：老师一句英语都不会。那怎么教人英语？

话说这是 1993 年的事。这位师姐是老师单位里做后勤的临时工，没有学历，没有任何特长，更没有任何关系。老师看她可怜，对她说，做人要力求上进，你不能干一辈子临时工啊，要努力改变自己的生活。师姐十分受触动，也知道老师是极有本事的工程师，就表示要跟老师学习一技之长。

老师答应了。但是教她什么呢？她文化水平低，工程师的专业技术知识对她来说太难了，不可能学会。

老师一拍脑袋：嗨，学英语呗，这个是人就能学会，而且用处也很多……

于是，老师选了一个英语教学电视节目，帮师姐把节目录下来，让师姐天天做功课，跟读、抄写、背诵、默写，每日的跟读和背诵还要录好磁带给老师听，由老师检查。

师姐有时也会偷懒，会拿重复的磁带给老师听，她认为反正老师也听不懂，但是每次都被老师发现。几次后她就不敢了，一直认真学习，这样坚持了一年多时间就学成了。

过程就是如此简单，可这是电视教的，怎么能算老师教的？师姐说，还真算是老师教的。因为老师指点了师姐关键的学习思路。老师说，语法、词汇、发音什么的是个会说英语的就能教，所以随便找个电视教学片就可以跟学。但是怎么能掌握语言就有讲究了。英语也好，其他语言也好，本质就是个熟练工，要的就是多说、多听。你看一个婴儿，从来没有学过任何语法，但是由一开始会说一句话到会说十句话，最后能说出百句千句，靠的就是多说，熟能生巧，所以重点检查师姐的跟读和背诵功课，就是要求师姐重点掌握“说”的能力。

在今天的语言专业人士看来，这是简单的道理，然而从没接触过外语的老师在 90 年代便能自悟至此，实在令人惊诧。

老师的教育和监督成果显著。师姐学成英语后不久，恰好有一家不错的外企招聘会说英语的人，师姐就去应聘了。面试之前，师姐很紧张，就来找老师请教该怎么应对。老师的回答很简单：等到了面试考场，你就一句中国话不要说了，只说英语，该怎么回答就怎么回答就得了。师姐谨记而去。

师姐被录用了，一跃由临时工变成当时月收入 3 000 余元的白领。两年之后，积累了一定工作经验的师姐跳槽到另一家外资企业，月收入再度翻番……

然而，我还有一个疑问：老师当初是怎么发现师姐偷懒的呢？老师说，这还不简单，我只特意记住在某几个时间段有某几个音就可以了，根据这个来检查功课。只要有重复的就不对。

这真是意料之外，情理之中。

老师说，当然了，这也是武术之用啊。你以为武术就只是打拳踢腿，打仨踹俩吗？！错了！武术的关键是头脑，是锻炼人解决问题的思维和能力。克敌制胜是如此，你要能简洁、实用、有效地解决对手给你制造的难题。在日常生活中也一样，要能打破藩篱、突破局限，直接把握事物的本质，解决生活中的问题，这才是把握到了武术的精髓。

五、故事之五：何为武术

“少年任侠，打仨踹俩，一语不合，拔拳头就上。这不是武术。”老师抿了一口酒，先咂摸了一下滋味，然后淡淡地对我们说。

我们面面相觑，老师是什么人？以好斗闻名，也好打不平。1976 年唐山地震，天津地区受到波及，大家都住帐篷。有一家的小子，所谓天津混混，好勇斗狠，仗势欺负其他老弱住户，霸占他人物资。老师看不惯，一个崩拳过去打在他的肚子上，趁他吃痛弯腰，一把薅住他的头发，直接把他摁跪在了地上。那小子拼命挣扎，老师手上微一加力，再一瞪眼：“你动，你再动我弄死你信不？！”那狠劲气势一出来，那小子当时就萎了……

“然后，让他干嘛就干嘛。满地爬，学狗叫，都干了，从此再没脸出来欺负人……”老师笑道。

老师居然说这不是武术。那什么是武术？

“你们年轻人，都爱追漂亮女孩子吧？”老师眯了眯眼睛，见我们几个都低着头不回答，自顾说下去，“去舞会上邀女孩子跳舞，那漂亮女孩子为啥要跟你跳而不跟别人跳？因为跟你跳她能出风头，你能把她带起来，她能下腰，能在空中打旋子，能连着转圈子……别人玩不了这个，她行，她能出风头，所以她才爱跟你跳，为啥？她下腰，你得能下大步子托住她。她空中打旋子，你得能把她要起来、接得住。她转圈，你得能把她带起来。这靠啥？都要靠功夫，没点弓马腰力，能追女孩子吗？这是武术，明白了吗？”

我们晕了，这也是武术？！

“怎么不是？！”老师一瞪眼说，“武术就是生活，就是人生。武术是造就人的东西，是成就人的东西。学了半天武，练了半天武，能服务于你的生活，能使你的生活更美好，这才算你得着东西了！因为练武，你有比别人更强健的体魄、更坚定的意志。因为练武，你会更有生活智慧，别人看问题，掰树枝啊，揪树叶啊，而你能一下抓到问题的主干！因为练武，你比别人强，就会有比别人更好的生活质量、更美好的人生。这是武术！”

我们若有所思，默默点头。

“还有个事儿。”老师话锋一转，“前一段时间，天津音乐学院一位教授来找我，说他正在练书法，结果数月没有寸进。我就教了教他……”

老师您教人家书法？我们可没听说您会毛笔字。

“嗨，这有啥不能教的。书法其实跟武术是一个道理，这就好比练器械。所以，我就教了他一个法子：找一张纸，越长越好，铺开了，站好，就练写一横，这一横拉得越长越好，不许断，不许歪，一直控制着写下去，就这么练。这就是练手对毛笔的控制力，写完一横再写一竖。就这么练了一周，大有进步。

我们惊叹，纷纷撺掇老师现场示范一下这个方法。

老师也不推辞，随便铺开一张报纸，在纸面上留下了一个大大的“一”字。老师虽不工书法，但字如其人，一生武者气概，都显现在这随意的一横之中。笔势遒劲有力，笔意张扬，锋芒毕露。

追忆往事，涕泗横流。受教于张烈老师门下，此为笔者一生中最幸运之事。张烈老师从少年起即得孙存周老先生亲炙，不仅功夫登堂入室，其人格魅力、武者气质尤为令人钦佩，可谓高山仰止。

在日后追随老师学习的日子里，笔者通过老师的言传身教，渐渐真正明白了什么是武术精神，这是从张烈老师那里得到的最宝贵的教导。

武术精神于我们的意义何在？首先，我们要明白武术本来就不是脱离生活的东西，武术本就是服务于生活、应用于生活的，并且融于生活。

习武给我们带来的并不是影视剧中的那种“超能力”，而是人生道路的另一种走法。我们知道习武可以极大地提高人的体能，强健人的体魄，提高人的生命质量，但这不过是武术的一部分功用。习武，不仅会让身体状态不断向正向发展（健康、强壮），也会给精神世界带来正能量。精神世界的正能量不断积累、不断向正向发展，精神和肉体都会随之逐步强大，就会有益于人生，至少不会轻易被生活打败。

人一生之中总是会有各种各样的无奈和无力感。有时是畏于威权，有时是畏于金钱，有时是畏于疾病，有时是畏于其他社会压力……习武之后，随着身心的强大，你会感觉到并不是压力太强大，而是自己太软弱了。这种软弱不是别人强加给你的，而是你自己选择了甘于软弱、甘于退让。

关键时刻，拍案而起又怎样？！人有了身心两方面的强壮还有什么可畏惧的？！这就是武术精神的体现，让你有了正向选择的权利。

练武之后，随着自身的成长，还会发现很多以往忽视的东西。身体的成长，也会伴随心理的成熟，会承担起很多责任和义务，包括对家人的，对朋友的，乃至对社会的。“能力越大，责任越大”并不仅仅是一句台词。这并不是说让你天天去见义勇为或者杀富济贫才算有作为，而是成为一个真正成熟和有担当的人，并且有意愿、有能力去担当。成为一个真正的武者应当从这一步做起。而尤为重要的是我们要明白武术它不仅仅是一门搏击术，它是成就人的东西，是让人能实现自己的人生价值的东西。

孙存周师爷通过武术教导张烈老师，成就了一位高级工程师，更成就了一位人生中的强者，这就是武术的更大价值的体现。

行文至此，不由得想起张烈老师的一首自况诗，很适合作为本节结尾：

一生不胆怯，佛心不言谢。

有话照直说，就是我张烈！

第二节　武道修身

这一节主要是想谈谈习武之人应有的精神追求。仅想“练点功夫”的朋友，可能会觉得没啥用处。但是如果想在习武方面有更多追求的朋友，还是留意一下本节内容比较好，这对于以后的进步、提高和深入是有帮助的，至少在思维方式和思考方式方面能给大家打开一扇门。

想学内家拳者甚众，但坚持到底者寥寥。所以，我们不妨先问自己的本心一个问题：我们练内家拳到底是为了什么？

这个问题看似与拳术的技术体系无关。但究其本质来说，却是任何一位想长期坚持下去的朋友，或是只想体会一下内家拳修炼的真实一面的朋友，都绕不过去的一个问题。这个问题可能很多朋友都没有真正想过。

也许有的朋友自以为有明确的目的，比如为了强身健体，或是为了调理身体不适、亚健康状态，或是为了养生长寿，等等。这些确实也是内家拳的功用，但别的运动方式也可以实现。

如果我们要每天坚持练内家拳，一年、数年、数十年地坚持下去，就绝不能用一个这么简单的理由打发自己了。这样一个“低端”目的，不值得让我们这样付出光阴。我们不可能这么糊弄自己的本心。打个比方，你可以说自己上学的目的很明确，就是为了认字、识数。你甚至可以在认字、识数之后就退学。但是，学校肯定不会认为只教学生认字、识数就算达成目的了，因为教学的本质是育人。

什么叫育人？一是要培养生存的能力，二是要培养健全的人格。认字、识数只是育人的外在手段，不管个人的初衷、目的如何，学校的功用、课程的设计都是为了完成“教导学生如何做人”这个目的，是一种全盘的学识教育。

内家拳的体系究其本质也是一门学术，跟学校的课程一样是为了帮助练习者成为更优秀的人，培养练习者具备一种学识修养。所以，无论你最初的目的多么简单，在你学习一种成体系的内家拳的时候，你所接受到的信息其实是内家拳的教育体系。

我们不能简单地把内家拳视为一种拳术或一种体育活动。虽然这么想不一定会影响你达成练拳的原始目的，但是只从这么低的层面理解内家拳，必然不能全面、深入地理解内家拳，而且必然会影响学习效果。

那么，什么是内家拳的教育体系呢？内家拳是如何育人的呢？内家拳不仅仅是一些搏击术、健身功法的组合，它还有着更深刻的传统文化内涵。而我们传统文化的精髓首重对人格的培养。这些在现代依然具有很强活力的文化元素都通过内家拳训练体系被传承了下来。所以，内家拳本质是一种“修身”之法。

所谓修身就是修养身心，自我升华。大家不要觉得这是在刻意地上纲上线。只是站个桩、打个拳而已，何必要拔得这么高？我可没想过什么“修身”。我们上学时不能说我就学语文、算数就行了。认识常用字、掌握了九九乘法表就够用了。语文是文学的第一步，算数是数学的第一步。这两门课程是学术体系的入门基础知识，也是未来进入更高学术领域的阶梯，后面还有丰富多彩的知识宝库等待你的探索，仅仅满足于迈出第一步就够了吗？

退一步说，就算我们仅仅从实用效果的角度出发，起码也要在认字和识数的基础上更进一步，即具备一定的语言表达能力和数理逻辑思维能力吧？所谓取法乎上，得乎其中。你的认知水平、立意高一点，总是不吃亏的。

练内家拳也是如此，当你接受“练拳其实是一个修身的问题”的时候就具备了接受“拳学教育”的可能。

我国自古就有文武两道。如同文之一道，它的外在表现是能识文断字、看书写作。武之一道的外在表现就是锻炼身心、格斗搏杀。习文不能仅仅停留于认识几个字、能看懂书。通过对书籍的研读、对知识的思考，能够认识自身、认识世界，能够修身养性、自我升华。这是文之道。

武之道也是同样的，只是方式手段有所不同，但结果都一样。先贤曾训诫后人云："夫习拳艺者，对己者十之七八，对人者，仅十之二三耳。"习武是对自身的锻炼，对自身的锻炼也就是一个强化自我认识的过程，通过自身的不断磨炼而获得身体和心灵的双重提高，进而由对己之一身的认知发展为对自然、世界的认知。

我们传统文化讲究的是"天人合一"，"天是一大人，人是一小天"。如果仅仅从字面推论，这看起来像是空谈。但是，实际上这确实是我国传统人文修养中要研习者自己去实际修证的内容。想要真正掌握传统文化，不能光看古书典籍，必须经过自身的实践体悟，加以印证，才能真正知晓这些道理的本意。内家拳就是这样的修证方式之一。

第三节　内炼的修证法门

所谓内炼，其本质是对人的精神世界的强化，是自我人格的升华和完善，是优势思维的建立。能如此，才算是对精神世界的锻炼，才算是掌握了完整的内家拳。所以说，内炼并不是简单地炼内气、修内劲，而是指精神世界的锻炼。

但是肉体好练而精神难修，这涉及一个绕不开的问题：精神世界怎么锻炼？下面，我们就介绍一下内炼在实际操作层面的修证法门。

一、建立意识对身体的自主性

我们知道，内家拳对身体的锻炼主要依靠身体的自我调节功能，也就是我们所说的身体良能。而自我调节的实现要依靠身体的自主性，也就是自身意识能主导身体。

大家可能会觉得我自己的身体还自主不了吗？咱们可以做个小实验。你就保持现在的身体姿势，然后告诉身体：别动了，不许动，哪里都不许动。然后，你定个心理预期，比如 10 分钟。然后，你看看身体能遵从意识的这个指令多长时间……

通过这个小实验，大家可以发现，身体其实有不少自己的“想法”，它并不是完全听从意识的指挥。有的时候，它还要反过来影响意识呢！例如，你坐在电脑桌旁边的时候，一般是用右手点鼠标，这样时间长了，你的躯干会不由自主地往左偏，有时候还会用左肘撑住桌面，用左手托住头。在旁人看来，你这时的脊柱 – 骨盆是歪曲的状态，但是你自己（意识）却觉得很舒服。旁人给你矫正过来，你反而会觉得累，不一会儿你就又恢复到往左偏的状态了。

内家拳的练习是以自我感受、自我感知为基本的入门手段，这是为了激活个人意识的主体感觉（自己对自己的身体做主）。所用的方法其实也简单，就是我们在“桩功简论”一章讲过的放松。放松能消除日常生活中的一些不良习惯对身体的影响。消除了外在影响才能使身体表达真实感受的信号明显起来，大脑根据这些信号对身体进行调节，通过这个过程我们才能获得真正的意识对身体的“自主权”。

在这个过程中，我们强调一切靠自身来完成，不能依赖外在的力量，也就是不能依靠某种技巧或某种窍门一下就把身体调整到位了。例如，站桩时，有的时候你的体能足够，时间也足裕，可就是不想站了，身体开始乱动、乱扭，进而影响你的意识，诱导你的意识产生各种放弃的理由：“今天状态可能不好，要不今天歇歇？明天继续！”“我是不是还有个事没办？要不先看一眼手机……”“我有本书还剩几页没看完，要不先去看看？”

你的意识一迷糊、一放松，就会随着身体走了，你就下桩，休息去了。其实何止是站桩，每个人可能都有很多的理想、创意、计划想要实现，可就是这么一闪念，功夫就荒废了。这时任何外力、任何姿势的调整都没有用，你就得跟自己的身体商量：“你到底有啥大不了的事要去办？”“咱把今天的计划完成了行不行？”“再坚持五分钟行不行？”

只有真正的“自己（自主）”，才能控制那个时时刻刻受内外因素诱惑、干扰的自己。内炼就是完全靠松、靠静、靠自然、靠自身的体悟培养一种真正的身心自控能力。个人意识对身体的自主性的建立过程就是通过对自身的了解来感悟、学习、印证内家拳功理的过程。

如果说禅师是参话头，那么我们武者就是参自己。

二、内察内证，善养炼心

内察内证就是观察自己的内部，同时根据内家心法调出内家拳需要的身体结构。这些我们在前文中都谈到了。

内察内证的练法实际上是明晰一个新的修炼主体，也就是我们的“心”。这可以暂时理解为精神，或者更简单地理解为意识。

普通人进行体育运动一般是很随意的，比如有的人一边跑步一边听歌，或者一边打球一边聊天。比较专注的人是集中精力关注自己的动作，对标教练讲的标准，让动作做得规范、到位。总体来说，身体运动是第一位的，意识训练是第二位的。内家拳是将“精神体”（意识）专门作为一个相对独立的修炼对象。

一方面，相对于物质身体，“精神体”是居于对等地位的。例如，形意拳就是外炼形体，内修神意，两者同等重要。在功法设计和具体修炼过程中也强调身心的互相促进、双重提高（精神和身体），要保持身心互相协调。

因为身体直观可见，人自然对身体感觉、身体变化更敏感，所以内家拳为了矫枉过正，在心法、功法中更重视精神的锻炼，强调精神对身体的作用更为重要，而不是将精神作为身体运动的从属成分。这在内家拳的心法中可以看出来，无极桩功法甚至刻意减少对身体的要求，而集中培养练习者的精神对身体的感知能力和控制能力。

另一方面，内察内证有很具体的精神修炼方法，不是纯理论的推导。

简要来说，第一步是注重精神内守，强调静心专一，也就是所谓的“存心”“养心”之道，使精神不散失、不外驰，于专一中得到涵养，保持良好状态。

第二步是“以身行气”。通过特定的身体动作（桩架或功架）调动气血运行，再通过气血流注疏通经络，使身心舒畅，给心神创造一个更好的修养环境，使其得到充分放松、滋养。

第三步是“以心行气”。通过内在神意引导气血运行，再通过气血的运行驱动身体内动，完成各种功架，进一步强化身体。

在这个过程中，我们调动意识主动地去体会、觉察、感知我们自身的生命内在活动、内在状况和内在变化。这些活动、状况和变化包括我们身体各个部位、器官、身体组织的运动变化，还有气血的运动变化、经络状况和循行运动，乃至神意本身的状况和变化等。

在这个过程中，自身意识自然就占据了内家拳运动的主体地位，身体变为被观察、被调整的客体。精神、意识的重要性就自然突显出来了。

从较低层次来说，我们也是在“炼心”，虽然达不到佛道两家那么高的境界，但是也能对自己的意识、情绪具备相当的觉察、控制能力。这对于我们处理一般生活中遇到的问题已经能起到相当大的调节作用了。

三、自我证悟，自我升华

内家拳是道理拳。内家拳修证的本质是先明理，然后再通过自身来印证它。由拳理、功理印证自身的道理，再由自身道理印证世间万物的道理。

其实，坚持练习内家拳多年的朋友应该能感觉到，学习内家拳的传统功法时多少要懂一点中医医理。松紧、虚实、空有，基本的辩证法也要懂一点。传统的一气化生、无极和太极、阴阳学说也得懂一点。这些不过是入门的要求而已。

而真正去修证形意拳、太极拳、八卦掌，其中蕴含的道理更丰富。每前进一步，你都得在自己身上修出实际的功夫，得到实际的验证之后才能进行下一步。

所以，内家拳钻研的其实就是我们“自身”的道理，也就是所谓的“性命”之理。我国传统文化的精髓在于“人”，可以说都是“性命”之学。不仅佛道讲“性命”之说，儒家也讲“尽性知命”，医家也讲“上品养命，中品养性，下品治病”。

内家拳是通过对自身的锻炼，参悟性命之理，达成自我证悟、自我修养之目的，进一步在证悟和修养之中达成身心的自我提升、自我升华这才是内家拳修证的根本目的。能取得这样的效果才算没白练了内家拳。否则花了那么多时间和精力，筋骨脏腑没有强健，精神状态没有改善，思想认识没有提高，那不成了瞎耽误功夫了吗？

四、对于精神层面的修炼

（一）拓展自身知识面，加深自己的认识

内家拳的功理主要是对人体身心构成及运作规律的阐述。内家拳的拳理主要是对技击中双方身心相互作用规律的研究。学习内家拳，首先要了解这些知识，其次，不能仅仅是从思想上认识、理解，而且要能切实做到，还要在实践中反复印证，最终消化吸收这些知识，形成自己的观点和见解。

最后这点很重要，练内家拳最后一定要有自己的观点和见解。这不是靠多背几本拳谱或者猜想而随意发表一些观点或评论，而是必须经过反复的学习和实践，从自己的身体上体认到拳学中的各种道理后再进行深刻的思考，之后进行正确的阐释。

这也就是老辈说的："你最后得练你自己的拳。"这也可以说是一种"知行合一"。

（二）培养更强大的思维模式

习拳学理可以有效地锻炼我们的思维能力，拓展我们的思维方式。即便只是练习最基础的内家桩法——无极桩，其心法也要求至少具备文人般的情怀、哲学家般的逻辑思辨、理科生般的计算推导能力，并且你得把这几种思维模式融合在一起，才能理解无极桩到底要练习者干什么。

所以，不管你学的专业是什么，原先固有的思维模式是什么，内家拳都会给你的思想带来相当大的改变。张烈老师称之为"武术思想"，笔者认为，这应该是一种"强者 + 智者"的思维模式。

当我们能够以一种"强者 + 智者"的心态调整我们看待事物的角度、观点、视野等之后，我们处理工作、生活中的事情的心境必然会更加超然，方法也必然会更加明智。

（三）开启智慧

这一步是基于前两者的再提高。修炼内家拳，肉体和精神是要同步提高的。随着身体的不断开发，你对外、对内的感知能力、控制能力都会不断提高。同时，精神领域的能力也在不断拓展。当这种提高的量变积累到一定程度就能形成质变，即由一般功法层面的意识训练上升到“智慧”层次。

到了这个阶段，自己会明白一些道理，也许是武术上的，也许是其他领域的。这些道理不是前人、老师或者拳谱灌输给你的，纯粹是自己在与自己相处、与他人相处、与世界（社会和自然）相处的过程中体会或发现的。

这些道理有大有小、有深有浅，但是总的来说都会带给你一种“越活越明白”的感觉。随之而来的是自己的言行会遵循着自己领悟或印证出来的道理发生改变，从而使自己与自己、与他人、与世界相处得更加融洽、顺畅。由此，我们就收获了一个更好的“我”。这个过程就是自我证悟、自我升华。

以上这些才是内家拳修炼的意义所在，也可以说是内家拳的“心髓”。希望大家在练功和生活中能多多体悟、多方印证。

第四节　内家拳修证是自我认知不断深化的过程

上一节中说内家拳的修证是一个自身逐步提升的过程。这个过程不可避免地伴随着对自身的不断审视和探索，我们会逐步将对自身的粗浅认识上升到深切的了解。这个认知改变是建立在如下的理论和实践的基础之上的。

一、对自身的重新体认和审视

1. 对自我的回归和重视

这是针对普通人的认知习惯来说的。常人的意识总是向外投射的，关注他人、关注其他事物，唯独忽视了自己。尤其是成年人，动辄就是“忘我工作”“废寝忘食”……而我们练功要求首先就是把注意力收回来，关注自己。

还是以无极桩功法举例：你得时时感受自己身上的感觉、状态、变化。不要人站在那里，心却不知道飞到哪里去了。还是那句话，你就权当自己是个禅僧，一心一意参自己。

2. 练功时对自身要有整体性、全方位的认知和感受

我们在《方式》一书中曾经讲过，内家拳将人体视为一个整体，是一个大系统，由筋骨皮肉、脏腑经络、神意等子系统构成，相互之间互相支持、互相联系，不可分割。故而，我们对自身的认识要有整体性，不能割裂地去一个个做局部认知。

这个建议，一方面是针对一些武术理论文章带给练习者的片面观点。例如，有的一味强调筋骨，认为武术就是练筋骨，其他的都是虚无缥缈的、不靠谱的。有的则推崇气，认为得了气就自然神功可成。还有的只注重炼神意，觉得练筋骨、炼气都上不了台面……对此，我们要求大家不管现在体认到多少，至少在认识上要知道自己是由多个系统构成的，我们学习的课程也是针对多个系统展开的。要全面、系统地进行学习和训练，不要盲人摸象。

另一方面，则是针对常人的感知习惯。一般人对拳术的理解往往局限于自身的认知习惯。例如，咱们的双手是最灵活的，所以一般人学拳时往往先关注双手。就说站桩吧，一般是先看老师的手是什么形态，摆在哪里。然后，用自己的双手模仿，比如抱球、合十，觉得这就是学拳、练功了。有这样的认知习惯的人碰上如无极桩这种根本就不需要双手有动作的功法就会觉得无所适从。手不动，怎么叫练拳呢？推而广之，学八卦走转时就只关注脚，学内功时就死抠某个穴位、某条经络。

当然，一般人都是这么过来的，这是个过程，我们可以理解。但是我们不希望本书的读者还受限于这种思维模式。我们建议大家至少练拳的意识一动就得先关注自己的骨盆、脊柱在哪里，位置对不对。以后还得会体察整体的间架配置是否得当、周身的气脉通不通畅、神意调配是否妥当……当然，某些体认需要练功层次深入后才会涉及，但是从修炼内家拳之初起咱们就应该有这样的意识。

3. 要认真关注自己的生命状态

我们身体的各大系统相互之间的联系是处于运动态的，这种互相协作的生命活动构成了活生生的我们，所以千万不要把练习桩架、功架的自己当成一个固定不变的“标本”，更不要把学习内家拳当成去老师那里“拷贝”一个外形模板回来。

我们需要体认乃至培育的是一个活生生的自我，一个各大系统都在发挥作用的自我，一个处于生命活动中的自我。这才是练功的本质，是我们练功时所要抓住的根本。老师所传授的要领和外形要求等只不过是一粒“种子”，这粒“种子”的生根发芽、开花结果要靠我们自己的正确体认和修证。

因此，我们必须以自我认知、内向体察、自我把握为方法，真实、真切地去了解自己的生命活动状态。通过内家拳的各种功法，不断促进身心“二次发育”。同时，在这个过程中切实地认识自身，抓住自我的本质，并且不断优化自我，达到形（精）气神的统一。

二、不断体会自身与世界的关系

通过对自身的不断体认，认识的加深，我们会逐渐产生一种自身是一个小世界（或称小天地）的感觉，这不是臆想出来的，而是真实的感受。

首先，我们可以感受到自身与世界是可以互相印证的，体会到所谓“天是一大人，人是一小天”。自身变化可以与天地变化相感受、相呼应。

其次，我们可以感受到自身切实地存在于世界之中，这是一种既真且实的感觉，我们会感受到自己的种种行为对世界的影响，也会感受到世界对我的影响，并把握住这些感受。

我们可以举一个非常初级、实际的例子：我们在桩功中求取的第一个劲力松沉劲就是借助重力得到的，本质是自身对于重力的利用。

再次，我们可以感受到自身与世界建立起的联系，是互相作用、互有反馈的。这个概念说起来比较虚，如果系统学习内家拳，达到桩功中比较深入的“静”的程度时会有所体会，到了双人对练阶段，在揉手、散手中，通过对手的帮助和对抗，在二人的相互作用中比较容易体会到。这个阶段的东西在意拳中表述为“与大气相呼应”“与宇宙起应和”。

最后，可以感受到我们自身与世界本是一个整体。这是一种境界，我们就不做过多描述了。

这都是通过内家拳的修身功夫可以逐步体悟到的东西，不仅是从道理上认识到这些，而且会从自身上体会到这些。

以上这些感受是需要长期坚持练习才可能体会到的。当然，听上去会感觉比较玄虚。这里也就只是姑且言之，仅供大家参考。

第五节　内炼心法

本节将一些内家拳修证时需要应用的心法向大家强调一下，希望大家在实践之中能多加理解。

一、内家拳对事物是一种直觉认识

在练习内家拳时，我们是通过“心”去感受万物的，这里的“心”是知觉、感受、思考、意识的综合概念，是人的认知功能的代表。在练习时，尤为重要的是要认知自己的本心，即认知自心。

人之所以为人，关键在于自己的心。对自己内心世界的探索和认知、反省和思索是内家拳修证的非常重要的一步。能做到这一点才是真正认知自我。

“心”的感受是一种直觉认知的方式，不依赖世间既有的概念、定义和理论，不是靠分析思考，也不是靠逻辑和推理判断。它是一种直接的和出于直觉的认知，直指事物的整体、本质和本体。

这是一种独特的思维方式，也是我们在内家拳修炼中需要不断体悟、追求和运用的。例如，我们在研究劲、气、意的时候就特别需要这种思维和认知方式。有时候，老师高兴了，做一个劲或者出一个意，特别漂亮。那一瞬间，你抓住了就是抓住了。抓不住的话，你就是让老师再做一遍，他自己都未必能做出那个感觉了。

二、注重实践，做到知行合一

在内家拳中，“知道”和“做到”应当是一体的。我们的理论与认知、所学与所得应该是在实践中获得、在实践中做到、在实践中印证的。如此方为真知。仅仅是思想上知道，不能用于实践或者未经实践检验则仍不是真的知道，是一种虚幻的认知。

三、以“天人合一”为目标

人与自然是一个整体，运行于同一个道理之下（如传统的无极而太极、太极生两仪之说）。

人与自然“以一气相通，以一理相通”，即所谓“天人一理”。朱子曰：“天人一物，内外一理。”

人与自然界是互相对应的，人既是自然界中的生物，同时又是自然界的某种具象化的体现。

人是万物之灵。传统文化中有“天地人为三才”之说，天地为阴阳，人则代表灵性，阴阳与灵性合为三才。以形意拳为例，形意拳中的基本式——三体式就是这个思想的体现，故三体式又名三才式。

我们通过修己身而体悟世间道理，最后追求的就是人与自然的整体和谐统一。

四、涵养道德

涵养道德并不是狭义地要求大家“做好事，不做坏事”。当然，如果大家这么理解，并且能多做好事也不错。

拳学修养中的“道德”指的是更高一层的意思：我们要认知世界规律，然后按照规律去修炼身心、陶冶情操，自我提升精神境界。正所谓“道者，天地之祖、万物之宗也。”“德者，道之用也，二者一也。人合于道，则德”。

这个实践起来，我们可以从“尽量时刻保持心情愉悦、心神宁静、心态平和”做起。进而使精神保持宁静、稳定，处于中和之态，不受七情六欲的影响。再进一步，尽量消除外界对自己的影响，消除欲望对自己的影响。再进一步，恢复质朴的本性真心，久之即能体悟真正的道德。这就是《道德经》所云：“道生之，德畜之，物形之，势成之。是以万物莫不尊道而贵德。道之尊，德之贵，夫莫之命而常自然。”

方法写出来简单，实践起来则不易，希望大家在练习内家拳时能多加体悟、善加把握。

五、修养身心

注意是修养，不是休养。修养即修证、涵养之意。对身心的修养仍不外“松、静”二字，即身松、心静。尤其在当下，基于现实的种种影响，在实践中我们更为强调对心的修养，所以相对“松”而言，更为强调“静”。

儒家修养功夫讲究“静、敬”二字，亦主“静”。佛道二家炼心亦是要求练静功。此三家主张虽有别，但功夫却是趋于一致的。由此可见静功对于养心的重要性。

在练习内家拳时，我们可以重点体会以下方面来印证此法门：内家拳养心以静，以之修身炼气、涵养精神。遵循着“心气为一，心气不二”的道理，朱熹云：“心者，气之精爽，心之为物，至虚至灵，神妙不测，常为一身之主宰。”蒋信云：“心亦是气，虚灵知觉乃气之至精者耳。”所以说，养心亦是炼气，“内炼”与内家拳修炼一脉相通的道理就在于此。

往广义上讲，天地万物也是一气（此据“气一元论”之说），心亦是气。故养心就能与天地之气沟通，这就是养心亦是炼气的又一层道理。

而若从狭义上讲，养心即炼气，暗合内家拳“内三合：精气神合一”之理，也就是拳术中所讲的炼精化气、炼气化神、炼神还虚的理论的实践操作。故静心的功法，实修者不可不多加重视。

六、保持充满正能量的心态

练习内家拳时要保持充满正能量的心态，思想上要积极向上，不能受日常生活里任何负能量的影响。

练习内家拳必须以充满正能量的心态投入每天的练功和生活，必须抛弃一切负面的思想，如自我怀疑、懒惰、抱怨、勉为其难、各种家长里短、各种飞短流长等都要放下，不可受其影响！对待日常生活中遇到的各种问题的观点、看法也要充满正能量。要正向看待问题、正向思考问题、正向对待事情、正向处理事情。

无论是练功还是生活都要这样，最后自身才会取得正向的发展。这个绝不是鸡汤，而是一个实实在在的练功方法。

练拳不能有投机的心态、不能有怀疑的心态、不能有懈怠的心态，要是你自己都觉得自己不行，那绝没有祖师爷“托梦传功”的好事。先得自信自强，然后锻炼起来才能有成效。

本章内容就是希望大家把习拳练功视为一种修行。修行，就意味着预备投入一定的时间、精力，预备长期坚持，不断探索、思考和实践，不断体悟与浸淫。要全身心投入，方能取得良好的效果。

中国内家拳是值得我们如此投入的。

武，是我国文化传统之一。就像前文提到的，我国自古以来就是文武两道并行（虽然很多时候并不能文武两道并重）。文武两道是精神和肉体两方面修养的学问，都是为了认识大千世界，更好地积累自己的一生。

千百年的传承已经深入了我们民族的血脉、精神和文化之中。最浅显的，我们都爱看功夫电影，都爱读武侠小说。所谓“千古文人侠客梦”，为什么？因为“武”字背后的含义并不仅仅是打打杀杀，“武”的背后就是“文”，有道、有理、有情、有义，所以才会有“文人侠客梦”，才对文人有千古的吸引力。

这是千年的文化传承。

国术被称为“武道”，它所蕴含的内容必然包括某些具有普适性的规律。这些规律既可以用在武术范畴，也可以应用在社会生活的方方面面。人们不仅可以取其格斗技术，也可以品其韵味、玩其理趣，更可以健身养身、陶冶性情，等等。这皆是道之所用，个人各取所需可也。

有幸结缘内家拳，希望大家练拳不仅仅是为了学到一门技术。如果能通过本书促使大家产生自我提升的意愿，无论是为了健康的身体，还是更好的生活，则不负我们彼此的一番努力！

第十章

拳学杂感

本章记录了一些平日习拳、课徒时的所见所得、所思所想，不成体系，姑且名之曰“杂感”，仅供大家一笑。

第一节　杂感 25 条

第 1 条　练拳当遵循“自然而然，玩而求之”的原则。当有“有心练功，无意成就”的心态。刻意去求反而难以成就真正的功夫。

第 2 条　内家劲不是靠发力法“发”出来的，而是自身具备，自然就有的。

第 3 条　内家拳尚养练。入门先站无极桩以涵养气血，以气血滋润筋骨。如此，内家坦途就此被蹚开。

第 4 条　养练的“养”不是刻意的养，不是吃大补之物才叫养。反躬自省、体察自身、校正偏差、中正静定，则不养而养。

第 5 条　练内家拳就不能基于普通人的身体状况来思考问题。内家拳是“人体改造工程”，内家功态是常人做不到的身体状态。

现在很多人思考内家拳的问题时，总是基于普通人就能摆出来的姿势或者能做到的动作来揣测内家的功架、拳架。这如同老百姓猜皇帝天天是吃饺子还是吃肉饼。

第 6 条　内家拳的所谓“功夫”“功力”，不是你自身原有能力的数量级增加。

例如，你以前只能举 10 千克，练练以后能举 50 千克了，或者原来俯卧撑只能一次做 10 个，练练以后能做 50 个了。不是这种数量级叠加，而是新能力的获得。

这就像原来只会走而不会跑，现在会跑了，或者原来只会跑而不会飞，现在会飞了这样神奇的、难以想象的能力。

第 7 条　放松是什么？松是能力，不是技术。好比人能睡着觉，这是能力，不是技术。你醒着是一种身体状态，睡着了也是一种身体状态。这二者都不是靠技术达到的。

松也是如此，身体的日常紧张态是一种状态，与之对应的“松开”也是一种状态。你就告诉身体“我要松”就行了。

无极桩入门就是静下心来给身体一个放松指令就完了。这跟睡觉一样，告诉身体，我要睡觉就完了。

站好桩，然后心思安定，不怀疑，不多想杂七杂八的东西，就告诉身体，我要松静。这时身体就会松一分，虽然一般自己感觉不到。然后，这样保持站到下桩，最少也有四五分松。虽然也可能自我感受不是很明显，但坚持练习，日涨一分。三个月就会有比较可观的效果，半年到一年就可能发生质变。这时你就会发现：这就是松，这才是内家拳正统的练法。

靠技术实现放松，只能让人从心理上获得安慰，这种松都是假的。可能初期觉得效果类似，到中高期就难以提高了。这就好比吃安眠药睡着是容易些，但想摆脱对安眠药的依赖就难了。总有一天，你会发现无外力可借了。

第 8 条　要学着跟自己的身体说话。

例如，站无极桩，为什么很多人松不下来、找不到沉？因为他们的意识是向外投射的，是想找某个特定动作、找到某个特定姿势，认为只要找到这些，人就松了。这样永远不能真松下来。

只有静下心来，向自身体内求，跟自己的身体对话，指导各个部位放松下来，听到自己身体的反馈才能真正步入内家拳之门。

第 9 条　修身，修身前面是“正心诚意”。要先把注意力集中起来，然后投射到“自身”，感觉到自身，才能起修。

第 10 条　人体本来有自愈能力，站桩给身体自愈力提供了一个好的环境，使其更有效率。所以，站桩对很多慢性病、亚健康状态有一定效果，并不是因为站桩额外加持了什么。

第 11 条　真有心锻炼，大家可以问自己几个问题：

（1）我练功的具体目的是什么？未来目标是什么？想达到什么效果？

（2）我练的是什么？如果是站桩，什么叫站桩？构成站桩的基本元素有哪些？

（3）功法起作用的原理是什么？是作用在哪些元素上？

（4）我练的这个功法的阶段性成果的标准是什么？

每个问题都搞清楚后，练起来会比较切实和踏实。从第一个问题开始，一点点搞清楚。尤其不要小看第一个问题，它划定了你的练功范围。

有朋友说，很多修道之人也站桩。所以，你先搞清楚你想干什么，你是练拳、练气功还是修丹道？这些都有各自的范畴。

武、医、道的入门手段相通，这就造成获取信息的各种路线相混，各种功景也都混着说了。外行最容易犯的毛病就是把听起来相同的名词认成一个东西。其实不是。任何有效的功法必然是有清晰的设计脉络、理论和蓝图的，同时这也界定了自己的适用范围。天下没有大包大揽的功法。

第 12 条　武功、丹功中间还可以加个气功，这些都有相似的外在表现，但是不同的设计思想和理论产生了不同结果。

例如，你为什么站桩？你站桩的目的是什么？根据目的的不同，你练的这个功法可以叫站桩，但思路一变就叫气功了。你为练拳而站桩，就不涉及或者说没必要涉及气功的东西。同样，为练气功而站桩，就没必要涉及练拳的东西。因为气功其实是后来出现的一个概念，太多功法归到气功里了。我们可以粗略地说，养身健身的功法就是气功。这其实还暗含一个概念，就是不涉及炼体。所以，气功里除了很多传统健身功，还有很多功法来自武功体系。气功里还有一些丹道的基础功法等，来源很杂。

但是，功法层次基本是位于丹道和武功之间的。之所以能独立成为一类，就是因为有一个很大的特点：普通人能练。相对武功来说，气功不涉及炼体的强度。相对修行来说，气功对炼心之类的要求也比较低。通过这个比较，就可以把武功和气功分开。因为练拳不可能不炼体，即使是想通过练拳来健身也必然会涉及炼体。

总之，从实践角度讲，为了避免混乱，应该多关注功法的本质，多发现不同点，少搞一些“大一统”。尤其现在各种功法理论和资料满天飞的时候，你不知道人家的设计思路、理论和蓝图，直接“大一统”了，其实对实践没有好处。

第 13 条　在实践阶段，所谓的“功法是一家”就是一句空话。

与其说各种功法相通，不如说相异更大。例如，从武功入手，最后可以练到丹道上去。这从理论上说是可以，但也只是理论上罢了。真能做到的人不是没有，但确实是少之又少，以九牛一毛、凤毛麟角形容毫不为过。

第 14 条　当看到有人某个功法练得非常好，有种种功景出现时，不要轻易得出“某某功法可以练出这个”的结论，更不可引申出“我也要练出这个”或者“我也可以练出这个”的结论。

首先，你要搞清楚人家练了多少年了，练到了什么程度。简单而言，就是人家到底在几年级，你在几年级。

其次，人家到现在为止，练功的目的是什么？追求的是什么？跟你一样吗？

再次，人家的练功指导思想是什么？跟你一样吗？

最后，人家练功的底蕴、积淀是什么？你有吗？

总之，到一定时候，人家练得不是某某功而是某种境界。别随意类比参考。境界是让你追求的，甚至是让你仰望的，不是你拿过来就“练”的。

第 15 条　我们为何总是强调功法的“设计思想、系统、蓝图”这些概念？

任何一个功法想稳定地出效果，必然不是因为单独一个功法（某某神功）的能力。虽然你接触到的可能是单一功法，但是它背后一定有一个体系支持。这也是为何传统功法特别讲究师承、传承的原因。

不是说你拜了师父、认了师门就如何如何了，而是你有师承、有传承就代表你学到的东西多半是系统的，是有体系支持的。

古人再不懂所谓的“科学”思维，通过几代人甚至十几代人实践试错，再多的坎儿，生磨也磨平了。

第 16 条　何谓拳意？禅家说：不离“这个”。拳家也说：不离“这个”。“这个”即拳意。拳意就是习拳之初心，即拳之本心。

有人说，不要讲虚的，拳就是打人的东西。也有人说，你说的那个境界太低，所谓“止戈为武”，拳乃不争之道、神武不杀……这些可以说皆是拳用，但皆不是拳意。

若真论拳意，必须直问拳之本心，剖开那些浮华的表面，看清拳的本来面目。拳是因什么而成为拳的？拳的本身即为成就“人”。拳是落实在人身上的。拳之本心就是己之本心。

习拳是对心的锻炼，是要做自己的主。能主宰自己，当是我们习拳的初心。习拳时的自律、自制就是一种自心的修炼——认清自己心中的所求所欲，认清自己真的想要做什么，如何才能成就自己。不为外物外事所惑才是做自己的主。

第 17 条 什么是练拳？当初老师讲：“文能素手发科，武能舍身临阵。”这就是练拳。“别当打手，我是为了让你行。”这就是练拳。

以前不理解，现在明白了，练拳就是练正能量，练积极的生活态度。能坚持练拳，让身心都往正向走就对了。再往上，能成就自己就是练好了。

练拳是一种生活方式，是融入生活的。如果身心都强大了，生活中就充满了积极的东西。不离“这个”就是这个意思。拳意就是正能量的东西。正向的东西就是字面的意思。永远用正能量的东西滋养自己。

第 18 条 内家拳不是一门纯技术，而是包含着多重含义：

（1）技击，养生；

（2）健身，强身；

（3）自律，自修；

（4）文化，韵味；

（5）自我激励，自我肯定，自我挖潜；

（6）传承。

几代人的记忆，几代人的思想，几代人的成就……几代人都把自己作为一种拳的载体，从几百年前一直传下来……

这是一份沉重。

第 19 条 我们讲内家拳的人体观，剖析人体构成（五大系统），研究内家拳概念下这些系统如何协调运作，开发人体潜力和能力，并不是说“这些就是科学，就是绝对真理”。

我们是想建立一个理解内家拳的思想方法：

内家拳是如何梳理身体各部分之间的关系的？

先有什么，再讲什么，哪些如何为哪些服务？

哪个是主线，其余的部分如何串接在主线上？

这些原理、思路才是关键。用这些原理，你可以建立起一个理论脉络，进而搭建起一个知识树。理解了这个理论思想，哪怕以后你接触到了更新的理论和更前沿的研究成果，你也能顺利地把它们吸收到自己的体系内，然后让这个理论体系与时俱进。而不是纠结于这个理论这么讲、那个理论那么说，我到底该听哪个呢？

第 20 条　最好的指导思想永远是体系化的，单独立一个新名词或是独特想法是没有太大意义的。

第 21 条　练拳首先是能保证活得质量好（少有病痛困扰），其次是能按照养生需要真的去践行。

武功高低并不决定寿命长短。能否做到按照养生的标准去生活才能决定寿命长短。所以，过去有个说法：活得长的都不能打，能打的活得都不长。这话虽然太绝对，但也反映出这么一种现象。那么，是活得长的功夫好还是能打的功夫好？其实都好，因为各自按照各自的追求都实践了自己的“功夫”。

内家拳不是绝对的拳技，不是只为打而服务的。它内涵丰富，给我们提供了多种选择的可能性。你可以选它这个方面，也可以选它那个方面，然后达成自己的成就。

有位老前辈，练拳，也长寿。但笔者认为老人家本来就属于长寿类型，不见得长寿一定就归功于练拳。

笔者为何说那位老前辈是天生长寿呢？因为那位老前辈不是真的懂得养生长寿的道理，因而也没有按照养生长寿的道理亲自去践行，所以，因为擅养生而得以长寿的这个逻辑链条在老前辈身上建立不起来。

笔者曾看到一则新闻，施瓦辛格参加某个活动，有人从背后踹了他一脚，结果施瓦辛格没事，那人反而倒地了。当时施瓦辛格 73 岁了，还有这样的体格。这事能说明健美绝对等于养生吗？

我练拳了，所以得以养生。这就跟“我练拳了，所以能打”一样的简单粗暴。

练拳了，可能能养生，也可能能打，可能不能养生，也可能不能打。岂不是全凭运气？这是因为你不是按照清晰的理论指导、功法匹配来练，最后当然得不出想要的结果。在这个过程中，作为主体的人完全是被动的，就是我练的拳是啥样，我就是啥样。

但是有一条：你练了，你的基础体格就可能不错，也可能靠着这个基础体格而能长寿或是能打。这其实跟施瓦辛格练健美一样，基础体格好。他 70 多岁了体格还很健壮，而这不是真的懂该怎么养生，并亲自实践而得来的结果。能自动产生这个结果固然好，但我们既然说是研究内家拳，还是要追求理论和实践相对照、相结合。

现实中我了解到，很多老前辈功夫好，但走得也难受。有好几位前辈因腹泻而去世，过去管这叫“散功”。也有好几位前辈寿数不算太高，70 多岁就去世了。还有几位前辈是晚年伤了腰，结果一年内人就没了。也有因生活不如意、不顺心而郁郁而终的。但是，我也知道好多前辈无病无灾，一笑而逝，也有世事练达，无牵无挂，得享高寿的。

所以，真要说功夫，无论长寿还是能打，能做到哪点都是功夫。说道理，哪个都有道理。这都是道。但更重要的是这都是“生活”，练拳并不脱离生活。能把自己的生活过好就是道，就是拳。

有位老先生 82 岁去世，据其弟子说，老先生平时尽量抽时间练一些功法来养护自己，不是不懂养生，而是晚年著述太多，太耗精力，不然还能多活好多年。

所以说，练拳不能决定寿命长短。你能按照什么方式去生活才是决定因素。曾有位前辈英年早逝，被人讽刺说“养生专家也没养生”。笔者觉得也许这位前辈未必不懂养生道理，只是他可能困于世俗，未能做到养生。

笔者的观点是把拳中符合养生之道的东西提炼出来，把符合技击之道的东西也提炼出来。然后，使自己目的明确，按照自己的目的去做就行了。而不是单纯地觉得自己练拳了就一定会怎样。也就是说，我们学拳、练拳、研究拳是需要透过拳的外表去研究它的内核构成，而不是直接拿来就用，最终结果则听天由命。

内家拳理和拳功正好是介于医家和丹家之间，也是符合性命之学道理的。所以，它是具有这个基因的，至于能不能达成养生的目标，那完全看能不能真的做到道理要求的东西。

我们先认真练功，然后追求高质量生活。至于寿命则取决于多种元素集合的作用结果。这是最现实也是最踏实的目标。但不能听天由命，而是要认真研究实践，看看是不是真能做到养生长寿。内家拳是提供了这种可能性的。

把自己的生活处理好，为人处事做好，也是练拳的一部分。这点也是很重要的。

第 22 条　练内家拳其实是为了了解自身、认识自身、掌握自身、应用自身、自我完善、自我升华、自我提升，是为了生活得更好。内家拳的种种难练、难得、难求、难成其实都是为了这些服务的。它并不只是一门格斗技术，还是一种自我修养的方式手段和生活方式。

第 23 条　凡事能保持正向积极的心态就是练功。不出现负面情绪，任何事情都能妥善正确处理和对待，也是练功。做事能专心专注，不分心，不懈怠，能认真对待事情也是练功。能把生活、工作、练功都安排好，能坚持按照既定的时间表进推更是练功。该工作、生活时工作、生活，该练功时就能迅速进入状态，不为琐事所扰亦是练功。

身心互相影响。不要想到练功就只是身体的练习，修心也很重要，甚至更重要。

第 24 条　关于内家拳的“秘诀”。

有些朋友在学习内家拳时沉迷于一些“秘诀”“秘传”。这些东西未必是假的。其实好东西、好方法不告诉你，不就是“秘诀”吗？

随着时代发展，人们思想开放，信息交流日益发达，一些过去秘而不宣的东西，现在很容易就找到了。很多有师承的朋友也乐于与人交流一些师门的要点。这本来是好事。但是，如果以为自己掌握了很多这样的“秘诀”就是得到真传了，那就是大错特错了。这些“秘诀”只有在有师传的前提下才是真传，否则就不是，甚至反而有害。

这么说并不是要宣扬什么神秘主义——有师父加持，而是说这些“秘诀”都是基于一定体系的，必须在一定体系内“工作”才能起作用。脱离它所在的特定体系就没啥作用，甚至还可能起反作用。

也就是说，当你羡慕某个“秘诀”、某种功法时，最好能得到它的整个体系的资料。搞清楚设立这个功法“秘诀”的目的、服务对象是什么，后再判断这个东西是否适合自己、是否有必要练习。这个能简单化，不能“一刀切”。

例如，某位朋友好研究“丹田功”，他简单地认为内家拳“丹田”为本，便收集各种丹田功法、丹田“秘诀”，以为广参百家，研究好丹田，练好多家的丹田功就可大功告成了。是不是很多朋友认为这个思路没问题？其实问题大了。

首先，是否需要练丹田功，在不同的内家拳体系里要求是不同的。我们就以三大内家拳为例，在这三拳里丹田功的重要性是依次递减的：形意拳需要练；八卦掌则练亦可，不练亦可；太极拳就本身立意而言，应该是周身一个大丹田。所以，很多太极拳流派反对练腹部的小丹田。但与之对应的也有很多太极拳流派主张先从小丹田练起。这都是有道理的。还是那句话，要看整个体系是怎么设计的。

丹田说到底并不是什么万能的宝物，绝非得之即得天下。首先，丹田归根到底还是实现一定目的的工具和手段。当你的目的发生改变时，则这个工具是否还需要、是否还有用就会发生改变。

其次，达成同样目的的工具和手段并不唯一。丹田固然是比较通用的手段，但是也有很多别的解决办法。有的拳种并不强调丹田，而是另有一套训练逻辑。

再次，因为丹田本身是个复合概念，是多个概念的集合体，所以每家对这个复合概念的“配比”其实是不同的。各种丹田功真正锻炼出来的东西是不一样的。可能你原本练的是 A 类拳法，需要 A 类丹田功。但从别处学来的是 B 类丹田功，跟 A 类拳法并不匹配，或许有点效果，但是肯定不如“原装”的丹田功匹配度高。

所以，先要搞清楚自己所学拳法的整个逻辑体系，再根据自己所学的系统需求来安排自己所需要练的功法，不要盲从。

炼气与周天也是内家拳练习者所津津乐道的方面，也有很多练习者更关心各种行气法门或周天法门，如你们家的是这么转气，他们家的是那么导引，各种方法不一而足。其实与丹田功一样，各种行气法门也是都有服务于自己体系目标的原则的，也是为了达成各种不同目的而设立的，所以不能混用。

尤其很多朋友痴迷于尝试各种号称有特异效果的运气、行气法门，尤其是那些号称“秘传”的功法，以为如此就能获得高超的功力。这里再提醒大家一点，种种运气法门也许固然有效，但是大多没有告诉大家如何“得气”。也就是说，运气、行气是在有“气”之后才能行的功法，如何才能有“气”这一步非常关键。无气空运，不仅无益，甚至还有害。

第 25 条　所谓的功夫是指练习者浸淫在练功这件事上的时间、精力，集中力和练习强度共同产生的成果。

也就是说，你投入的时间不够，比如每天就只有 1 小时，那么，正常情况下，肯定比不过人每天练 2 小时的，更别提精力投入不足，锻炼时三心二意，不能专心于练功本身，同时畏惧练习一些难度大、强度大的功法了。集中力不够，每天认真思考研究练功的时间不足，则容易走神。努力程度不够，则容易三天打鱼，两天晒网。练习强度不够，则不能满足一定的训练时间和训练量。没有正确合理的练功计划或者不能执行练功计划，锻炼也不能达到一定的程度和水平。以上这些都会导致我们练不出功夫。

最后说点题外话，笔者写这本书的目的是为同好提供一个关于内家拳整体的系统论、认识论和方法论，不是想教哪一家、哪一派的拳。但是总有些朋友用学一招半式的思想来解读本书，老想从里面挖点孙家的绝招、宋家的内功……这样看本书则毫无意义。就好比我装配出一辆宝马车，我的希望是大家把整车开回去，为此我还写了本说明书。结果有的朋友把方向盘掰下来，一溜烟就跑了。回去他还跟人炫耀：“看见了吗？宝马车的方向盘，刚从新车上掰下来的！”你拿个方向盘能当车开吗？

都云作者痴，谁解其中味？

第二节 “松”之解析

《方式》一书推出后，有书友问能不能再深入讲讲“松”，而且表示，不想听到玄虚的回答。

这是个好问题！自从传统武术出现于互联网上，传统武术爱好者在全国范围开展交流以来，内家拳的“松”就是一个经常被拿出来讨论的乃至争论的问题。它虽然属于基础性问题，却引发过无数拨论战。

既然我们主要是讨论“松”，那么，那些反“松”的言论我们姑且不提。但是，即便是在支持“松”的各种论述中，对于“松”的见解也是众说纷纭、莫衷一是。为何会如此？因为“松”本身就是基于个人感觉的描述，它是个难以具象化的东西，不像“紧”，“紧”至少可以用负重量来作为标准。举起的重量越大，肯定肌纤维收缩的做功就越大。这个非常直观，常人很好理解。而“松”似乎没有一个具体的衡量标准。甚至可以说，作为内家武学术语的“松”，连各门各派能够达成共识的普适性定义都没有。

所以，初学者基本上搞不清楚教内家拳的老师讲的“松”到底是个什么东西，也搞不清与日常活动中说的“放松”有什么区别，更加难以判断自己松得到底对不对、程度够不够。结果，内家拳理论中的基础概念“松”就成了初学者眼中玄之又玄的东西。

究其原因，现在常见的各种关于“松”的论述过于集中于中高级层面的内容。在对于“松”的过程、效果的描述里，缺乏对入门阶段的方式、方法和手段的介绍。这也是传统武术理论建构中普遍性的弊病，这也不难理解，哪位高人愿意在为本门著书立说的时候只写点加减乘除层次的东西呢？

但是初学者最需要的恰恰是入门阶段的引导：什么叫“松”？怎么判断自己是否“松”了？怎么区分“松”的程度？……这些入门的东西给初学者掰开、揉碎地说透了，走上正途之后，后面的东西一切都好说。说白了就是怎么将拳谱、拳论上那些比较虚的描述性词汇落到实处，能让人看得见、摸得着，最好还要给出一个衡量标准，比如我“松”到某一程度后能得到什么成果。这样就不“玄之又玄”了。

这点要求难吗？说难，也不难。说难是因为要改变练习者的固有认识太难了。说不难是在于只要练习者破除了头脑中的束缚，根据内家武学的技术逻辑稳步推进，则很多看上去很难的东西会像推导公式一样势如破竹、迎刃而解。

笔者以前在网上发帖子的时候讲过，“松”这个概念是要分层级认识的。例如，可以将“松”分为 1~100 层级。虽然就是这么回事，但可能有些朋友会认为这样分夸张，为免惊世骇俗，我们姑且从善如流，将“松”分为 1~10 个层级。

这是一个很重要的概念。为何要反复强调这点？因为很多人都认为“松”是一个简单概念，只有“松”和没“松”两种状态。这样一来，你可以讲“松”，我也可以讲“松”。你可以认为你“松”了，我也可以认为我“松”了。我把我对“松”的理解直接等同于你的“松”的概念。所以，误解就来了——很多运动都要求“松”，如体操、跑步、瑜伽、舞蹈、现代搏击等，为何它们的“松”没有你们练内家拳的那么“神秘”？！

这就是日常认知和专门概念之间的区别。

首先，内家武学中的“松”是通过系统训练才能获得的一种能力。它不同于一般人日常休息中的“松”。这类似于芭蕾舞演员的“软功”，那种柔软不是一般人能做到的。一般人的柔软是肌肉不绷劲的，而芭蕾舞演员的柔软是韧带的极限拉伸、肌肉高效率的运动和爆发。

其次，内家武学上的“松”是分多个层级的，某种意义上甚至可以视为功力进境的“刻度表”。

这即使是以“现代”“科学”的角度来分析也是如此。我们知道有“深度放松”之说，相对的也就有“浅度放松”。所以，大家应该可以达成共识：“松”是有不同程度之别的。正因为“松”的程度不同，所以练内家拳才有了不同的功效表现。有的人“松”了有效，有的人“松”了没效。更有的人打心底就不相信“松”，所以练一辈子也练不出内家拳的功力。

内家拳的“松”不光只有静、柔的一面，也有猛烈爆发的一面。这个咱们在这里就不展开说了，只是先把一个事实摆在这里。这是为了避免有些朋友看到后心底会涌起不可遏制的冲动，想针对“放松了怎么使劲？”“放松了怎么还能打人？”等问题展开一场理论大辩论。其实，放松了有放松出劲的方法，放松了有放松了打人的办法。这些技术是在我们的现实世界客观存在的，有传承，可直观，经得起检验，不需要各位再在理论层面去推导其合理性。所以，咱们只需静下心来研究何为“松”、如何“松”即可。

现在，我们再回过头来看看内家拳所要求的“松”可划分为 10 个层级的问题。在这个分级方法中，从第 6 级之后就是比较高级的放松程度了，在我们初级层面的研究中姑且不去讨论。我们先来看看 1~5 级分别对应什么样的“松”。这样比较有利于我们建立一个对“松”的认知框架。

一、第一级的“松”

这个等级的“松”对应的是未经过任何训练的普通人。普通人在日常生活状态下，如参加各种社会活动（工作、学习、社交）、干家务活等，都是不“松”的。

与之对应的，身体疲劳后需要休息。怎么休息？睡觉！当你躺在床上，准备进入睡眠状态时，你身体所做的第一件事就是放松。这个不需要你用意识去控制，你一想休息，身体自然就放松。我们可以称这种放松为第一层级的“松”。这个阶段的“松”的效果只能称为“解乏”，即基本能够缓解白天劳作造成的疲劳。

想迈出第一步，体认第一层级的“松”的朋友可以先体会：下班后→回到家→往床上一躺→打算稍微睡一会儿的身心状态。不要认为这个太初级、太简单，数数也要从一、二、三开始数起不是？

这个状态体会不难，保持不易，因为一般人很容易就真睡着了。我们要求保持意识要清醒，而身体包括大脑“停止”的放松状态，这就有一定难度了。

二、第二级的“松”

这比上一级更深入一步——睡眠。这里的睡眠指的是深度睡眠。这时连自觉意识都停止了（脑细胞可以得到充分休息），此时人体的肌肉是最放松的。但是因为意识也“休息”了，所以普通人反而体会不到这种状态，只能通过睡醒之后的精力充沛程度来判断自己是否进入了深度睡眠。

不过，内家拳的入门法——静功类功法就是为了在清醒状态下引导身体尽可能地接近这个状态，从而起到缓解疲劳、恢复精力的效果，所以静功往往被当作“养生功”。

要想体认这个层级的“松”的状态，可以在一宿酣眠之后刚刚醒来时的那种慵懒状态里多沉浸一会儿，多关注“脑子里还来不及想任何事情，身体也没有任何动作意识”时的状态。虽然这种感觉很容易一闪即逝，但是多体会几次总能把握一二。这对于加深对“松”的体认和理解是很有帮助的。

三、第三级的“松”

从这个层级开始，严格来说，所有我们谈到的“松”就不是普通人概念里的“松”了而是需要“学习、练习”的“松”，这是一种对普通人来说自己达不到，需要采取一定途径去获得的新能力。

这种“松”，不练内家拳的人可以借助外力来体认，比如中医的按摩、艾灸、针灸等。这个阶段的“松”，除了肌肉放松，还伴随着肌腱筋膜的舒张和气血的加速循环，所以恢复精力的效果更好（反过来说，这也是中医按摩、艾灸、针灸能起效果的原理之一）。

对内家拳练习者来说，“松”到这个程度就会出现热、胀、通等“功感”。只有“松”到这个程度才会对身体的暗疾、慢性病、亚健康状态产生一定程度的“治疗”效果。武道通医，这也是原因之一。

四、第四级的“松”

这个阶段的“松”大概相当于瑜伽修炼有得的程度。即使身体保持一定的姿势，肌肉也能深度放松。最关键的是心境能够进入相对宁静的状态。

参观过寺观的朋友可以回想在深秋的光影交错中走在寺观后院时享受到的那种宁静的感觉，如北京白云观的后院；或见到比较宏伟的宗教造像时瞬间身心受到冲击时的震撼感，如雍和宫内那尊高大的佛像。虽然这种体验还比较浅显，但这种身心受到影响时的亲身感觉对于理解精神层面锻炼的概念是很有帮助的。

在这种“松”的状态下，练习者能真正进入内家拳的“养练”阶段，也就是在静养状态中锻炼，在锻炼中保持静养的恢复效果，两者协调统一。总体上讲是养大于练，所以精力补充大于消耗。这时人体的筋骨、脏腑、筋络才能具备内家拳所需要的“强健”。

五、第五级的“松”

有了对前几种松态的体认才能理解这个层级的“松”。从这个阶段开始正式进入了内家拳修炼的范畴。

这个阶段的“松”其实是对前四个层级“松”的统摄以及提高，其典型范例就是内家武学所说的桩态。在普通人看来，练习者应该是“紧”的，至少是一个正在用力的姿态，比如抱球、抱树、推山、托物等。但实际上，练习者知道自己的肌肉处于放松状态、血脉处于通畅状态、心境处于平和状态，所以其桩架内部其实是松的。只有到了这个状态，才能取得“固本培元，强筋壮骨”的功效，也只有到了这个状态才算是一只脚迈进了内家拳的门槛。也是到了这个阶段才正式建立起内家拳的“松－身心得到锻炼－身心得到强化－身体能力得到提高”的锻炼模式。

以上是对 1~5 层级的“松”的感知和效果的简单解析，也算是帮大家建立起何谓“松”、如何“松”才算是练功的逻辑框架。

最后再总结一下：一是内家拳的“松”不是凭空出现的，也不是一种理论设定。“松”既是一种修炼的有效手段，也是一种“更优化的身心状态”的原因，如佛法说“有舍才有得”，内家拳可以说是有“松”方有“得”。

我们不是为了松而松，而是真正松下来之后，身心必然会产生某种有益的变化。“松”的程度越深入，这种变化或者说好处越明显。因此，在内家拳修炼过程中衡量“松”的对错与否也是看能否获得松后的“真实受用”，而不是抓着一个“松”字，看谁的理论新颖、比谁的功法多样。说句笑话，自身的筋骨、气血、脏腑、经络、意境没有发生真实的改善、优化，你就是说能拿着大顶“松”也不是真松。

二是本文前面所列的 5 个层级的“松”的难度不大，找准了、拿住了就会产生不同程度的良性效果。即使练习者不学拳式用法，就凭这些功效也能收获祛病、健身、强身的效果。

如果想尝试一下，请在起步之前记住：“松”很重要，但“松”不是一切，只是手段和前提。“松”对了，只是入门，后面还有一级级台阶要走。“松”有层次、有路径、有困难、有方法、有检验标准。知之者当笃行之，不知者当请教明师高友。须知武学是以身证道的实修法，不是拳论解读、拳谱考据，不是由字面意思解读字面意思的文字游戏。“松”之后的身心良性变化才是习武之人所求的“道果”，才是可以转化为内家拳威力的“功力”。

以上是笔者对“松”的一点切身体验和粗浅思考，愿收抛砖引玉之效。

第三节 起式收式，熊经鸟伸

起式与收式是练习内家拳时最容易被忽略的动作，尤其在练习形意拳和八卦掌时。太极拳有一些流派和老师会强调起式，因为需要从起式中体认很多太极拳的道理，这是从太极拳的运动模式角度强调起式的意义。但是强调收式练习的不多，最多说一句：收式好好做，否则功夫不敛上身，今天就白练了。但是，功夫怎么“敛”上身？怎么就白练了呢？

我们在第一天学拳时，老师就认真教了起式和收式动作，尤其强调了收式动作。老师说，好好练，这里面藏的好东西多。后来，随着我们学习的深入，老师又强调：起式和收式合起来就是一套完整的内功法。没时间正经练功时，多练几遍起式和收式，就算没耽误这一天。再后来，笔者寻明师、访高友，多方学习和比对各家功法，对起式和收式的体悟更加深入和系统了。这时深深觉得起式和收式确实是应该被重点强调的功法，意义重大。老师所说字字珠玉，诚不我欺。

首先，抛开一些神秘的说辞，从拳法设计的角度来讲，起式和收式可以视为让练习者快速建立起“内家拳运动模式”概念的工具。内家拳的运动无不从起式而始，从收式而终。

我们练拳之始，必然从起式开始做动作。这就意味着我们从这时开始就要抛开常人的身体习惯，用内家拳的标准去做动作。那么，我们就会面临一个问题——这个“第一个”动作该怎么做才符合内家拳的标准和要求。

从外在说，有身体如何从静态开始启动、四肢与躯干如何协调配合、重心的控制等。例如，起式要注意手起身落、手落身起。从内在说，有劲力如何产生、精神如何领起、气血如何激活等。这些都是由规范的起式动作初步教给我们的，而且内家拳涉及的各种要求基本都提纲挈领地包含在起式之中。

锻炼完后怎么收功才能使锻炼效果最大化，从而使本次锻炼得到提高、升华，就是收式要解决的问题。

前面提到的收式做不好几乎等于白练，其实指的就是这方面的问题。说是白练，其实这说法有些夸张了。不做收式并不等于肢体层面的筋骨运动没有收效，而是整个运动没有跟气血、精神等内里、内在运动最终呼应、结合，也就没有将运动效果彻底融入内动之中。收式就是这方面的专项功法。

其次，从实际锻炼的角度讲，起式和收式高度浓缩了拳术的整个运动机制，外动、内动都包括，所以才有了起式和收式合练等同一套内功的说法。

内家拳说到底锻炼的是身体的运动能力，而身体的运动无非是上下、左右、前后、转动等几种运动模式，其轨迹亦不出横、纵、直、圆等形式。这些运动模式在起式和收式中都提炼过了。起式和收式中很多动作是在原地不动状态下做的，此时外动空间不足，这就强制要求身体强化内动能力。故而，可以说起式和收式内包含了拳术的整套运动机制。

在实际应用中，那些强调练习起式的老师们也多是应用起式的这个价值。

最后，有人说，内家拳就是内功拳。内家拳的内功一直被视为很神秘的东西。各家也都有各家的内功功法和内功体系，各有特色。

如何能体会到内功的真义呢？这是难倒诸多练习者的一点。现实中亦不乏多年练功而不知内功为何意的。

内家拳的内功功法，种类繁多，也有特色，更有共通点：内功是一种特殊的运动，只不过运动的主体是我们体内一些深层次的东西。既然是运动，必然要遵循一些共通的运动模式。而起式和收式其实就是内家拳内功的开始，想练的朋友不妨以此入手。

起式和收式其实暗合古传的熊经鸟伸之法。熊经鸟伸作为内功源头之一，历来为人们所重视，今人和前人对之也有颇多解读，都各有道理，这里就不一一列举了。仅结合起式和收式，说一下本门的看法。本门认为，熊经鸟伸的主旨反映的是筋骨肢体运动与经络气血运动的呼应关系。熊和鸟各有其运动特点。熊取其人立（图 10–1），展现的是筋骨经络纵向舒展的状态。鸟取其张翼（图 10–2），展现的是筋骨经络横向舒展的转态。故熊经鸟伸都是针对筋骨经络的锻炼，取的是熊鸟的动态。熊是晃身，摇晃身体；鸟是振翼，振动身体。这都是气血开合鼓荡之法。熊经鸟伸的动作特异之处在起式和收式中都有展现。

图 10–1 熊人立

图 10–2 鸟张翼

总的来说，起式和收式的动作设计是对身体日常习惯的无序（不符合拳理）动作做了最大程度的限制，对梢节动作进行了最大程度的限制，直接激发身体根节的动作，刺激最深层次的部位。不仅能运动肢体，刺激内膜，同时能鼓荡气血，调理呼吸，甚至还涉及了神意部分。

起式和收式限制了肢体的外在牵动式运动，使身体的各种运动都从内里催发出来，使练习者体会到气血、呼吸对运动的催动和鼓动作用。以内催外，以外助内，强化内在的主导地位。所以，起式和收式同时有通周天之意义。

无论起式还是收式都重视下蹲起立这个基本动作。这代表了身体的上下运动，也是身体最基本的涨缩运动，是广义的开合运动。

收式时先缓缓下蹲，同时双手下按，合于丹田，此时静心凝神、敛气入骨、气归丹田。蹲至极低处时静守一会儿，有周身紧抱之感，然后，缓缓起身。在起身过程中身体左右转动。这其实是中轴拧转，有活动奇经八脉、梳理周天的功效，其中暗含小周天运转和中脉周天运转等，左右转动则是带脉周天运转。腰胯扭动有舒活全身筋骨之用。在此过程中，双眼向斜上看出，领神，同时以泄心火。起身，起到头时再极力拔身，将全身筋骨再舒张开一层，将气贯注全身，然后放松，颠脚数次（不少于三次），震松全身，将郁结之处和郁结之气全都震开，收功完毕。

第四节 初心莫忘

本节在此跟大家谈谈以下三个问题：

（1）练内家拳的目的与初心。为何而练？练内家拳于我们来说到底算是怎么回事？

（2）练功与生活。如何合理安排练功时间。如何把生活和练功安排好，最好能互相促进，而不是互相影响，自加压力。

（3）关于内家拳的“学习”“锻炼”这个事本身的问题。

这三个问题，其实是围绕着“我们怎么看待练习内家拳这个事”产生的，而这三个问题的本质其实就是为什么要练内家拳。要想理清楚这个问题，我们就要问问自己练内家拳的目的与初心。

本书读者大多应该都爱好内家拳，我们都是同好。有一点我想我们大家是共通的：影响我们在内家拳道路上前进的最大障碍就是如何坚持练下去。

正因为如此，才提醒大家有必要把“我为什么要练内家拳”这个问题想清楚。搞清楚这个问题，对于日后大家的坚持练习或深入发展都很有意义。这个问题搞不清，很多朋友恐怕就要止步于某个阶段了。这实在让人觉得可惜。

“为何练拳”是大家在漫漫学习之路上不断前行的第一驱动力。我们的每一次选择、每一步行动都是由于这个本源在内里驱使。所以，如果在这个问题上稀里糊涂，确实是影响我们的学习效果。可能有的朋友会觉得可笑，这个问题怎么可能稀里糊涂呢？我为啥练拳自己还不知道？

以我的一些粗浅经验看来，当你反观内心，一路细究下去，可能这个问题的实际答案跟你自己目前所想的区别很大，差距也很大。

所以，现在让我们认真审视一下这个问题——我为什么要练内家拳？这个问题其实可以分为两部分。

一、“我”是谁

这是一个厘清自我定位的问题。从社会学角度看，“我”可能是学生、公务员、上班族、商务工作者等各行各业的人。但有一点是统一的——我们并不是职业选手。

我们可能就是喜欢内家拳，或是喜欢传统文化，或是内家功法的受益者，所以我们应该明确一点，那就是我们是“业余人士”。这并不算是妄自菲薄。用张烈老师的话讲，业余人士也不是那么容易当好的，因为这种业余人士的标准有点不太一样。

张烈老师当年给我们的标准——这个关注家师博客的朋友应该知道——就是“眼高手低”。这不是一个贬义词，相反还是有些“高标准”的。

家师的意思是你可以练得不如专业的，但是对于理论和技术标准的认知绝对不可以太次，否则达不到“眼高”。反过来，眼界高了，想要达到或维持这种理论程度，“手低”也不会低到哪里去，也是要达到一个基础标准的，否则，眼界也高不起来，因为缺乏自身的真实体认和印证。

一般来讲，“眼高”要达到 80~90 分，“手低”不能低于 60 分。按照这个标准，我们研究内家功理的态度和实践程度虽然不敢跟高水平相比，但是至少应该向基础标准看齐。再低就连“业余”也算不上了。

业余不等于降低标准。业余也要有一个端正的态度、认真的态度，是要达到一个基本的标准程度的。这是我们对自己的定位。所以做一名合格的“业余人士”，首先要尽好自己的职责，扮演好自己的社会角色，即做好自己的工作，过好自己的生活。

在此基础上，再盘点一下自己还有多少业余时间？还有多少富余精力？

然后从中安排自己的训练计划。时间和精力富裕则可以练得系统、全面一点，时间不足则应择要摘略、抓住重点。

不管怎么说，既然决定练就要对自己所选择的功法进行细致的研究、实践，自己锻炼要能够明白其中的道理、规矩、方法，与同好交流要能够讲清“因为……所以……”，能够演示出“一、二、三、四”。千万不可练了两三年，还是一问三不知，不知道所以然，那可就真是空耗了。

这是对自己负责，也是对所学的知识负责。

二、“我”为什么要练内家拳

这是事关自己初心的问题。能看清自己的初心，进而坚持自己的初心，就是能有所收获和不断进取的基础。

以前讨论这个问题的时候，大家的答案主要集中在以下几种：为了身体健康；为了提升自信；为了修身养性；喜好传统文化；喜好内家拳法；甚至还有是借内家桩法给参禅修丹打基础，这也不必讳言。

当然，无论出于哪种目的，这些想法都是很好的（想干坏事的人不会费这么大劲来练内家拳，也练不了内家拳；真能练下去也会熄了干坏事的心）。

但是我们仍想提醒大家：我们的初心固然是从这几个方面出发的，但是如果大家的初心仅仅只是停留在这种对内家功法的认知的程度，恐怕是难以支持大家继续进取的。如果只是抱持这种程度的愿景，我们未必一定要选择练内家拳，因为还有很多可替代的手段：欲求养生，可以跑步、做体操，也可以练瑜伽；欲求技击，可以学拳击、散打、摔跤，见效更快；欲求修身，可以博览群书，参修践行；欲求参禅悟道，各家皆有入门功法，也不缺一套拳。

所以，一旦出现困难险阻，或者仅仅是所习所得不符合自己所想所求，那么就很容易生出退转心，放弃或者转投它处了。那么，内家功法的醍醐三昧也就必然会与大家失之交臂了。

我们必须认清：内家拳的魅力并不在于某种特殊技术或技艺，也不在于一两种特殊的功效。吸引我们学内家拳的缘由也不应该浮于表面。说到底，吸引我们的还是内家拳所修直指“人”之根本的缘故。

人之一身，有形者为体，无形者为神。体者，发肤筋骨、脏腑、气血之总成。神者，魂魄、意志、性情、心念之集合。

人终其一生，无时无刻不在追寻着生命的意义和价值，追求着自身的升华和提高。而人的一切行为创作无不由心神发愿生念，由身体去执行。所以，中国古代各学派无不从修身功夫做起。修身功夫是传统文化中自我提高、自我升华、自我实现的根本手段。

内家拳外练形体、内修神意。有文字承载其理论，有数理明定其规范，有医道襄助其内修，有兵法指导其外用，有儒释道学说点化其灵明，可以说是中国各家传统学术集成的一个缩影。可以说，我们修炼内家拳其实就是亲身实证中国的传统文化、传承中国的传统文化。我们练习内家拳本来就是一个实证学（理）、修（身）、证（道）的过程。

内家拳之根本，是为了胜己。它代表人对自身生命的探索，对本身奥秘的发掘。此言听上去玄虚，但当我们沉浸进去，亲身体验时即可自证自知。

我们练功就是炼体，是锻炼实践与理论相印证、相契合的过程，是以自身实修印证理论的过程。这个过程不就是以自身为洪炉、以大道至理为槌砧来冶炼和锻造自身吗？这种锻炼方式所产生的兴味与收获哪里是其他运动可以比拟的呢？

诚然，这种训练耗时长，对修炼者的知识水平、心性、悟性要求高也是显而易见的。那么，大家就更得想清楚自己学习内家拳的根本初心是什么。只有你对生命质量有追求、对精神境界有追求、对传统文化中的哲思有追求，才有必要选择内家拳。也只有具备一定的意志力和执行力才有可能完成未来的训练内容，真正掌握内家拳，为自己的生活服务，甚至为自己的生命（追求生命的意义与价值）服务。否则，极有可能是流于空谈，空耗时光而已。

笔者的老师常爱说一句话：“人为万物之灵，天生有向道之心。”大家的种种初心其实都是这种“大追求”所激起的涟漪，在我们明白了这种“大追求”后，明白自己的初心是发自于这种“大追求”后，仍可以自己的初心为初心。但所求所想已经发生了质变，如此才能取得更好的成果。

明白了这种“大追求”之后，对于是否坚持深入学习、深入追求才能做出符合自己需要的答案。至于如何协调练功与生活，也应有了答案。

道理其实很简单：练功本来源于生活，因为练功所求来自生命所需，而生命即生活；练功又融于生活，因为练功本就是生活的一部分，是一种生活方式。

练内家拳并不是要把自己变成一个身怀绝技、孤芳自赏的人，而是学会更好地处理琐事，更有智慧、快乐地生活，也就是所谓的“红尘里面好修行”。

可以说，练功即生活，生活中处处是练功。与生活相契合的才是真正的内家功法。

愿大家都学有所得、习有所成。

结束语

桃李春风一杯酒，江湖夜雨十年灯。

不知不觉中，自己在内家拳这个“玄奇”的领域里已经兜兜转转了近 20 年了。内家拳是改变人的身心器质的奇术。此生得入内家门墙，实乃三生之幸事，故生虽九死而无悔之心。然而学习内家拳的过程实在是太艰难了。回首前尘，真可谓“不如意事常八九，可与人言无二三”。

其实内家拳本身并不难学，难的是它的传承方式太难为后来人了。

首先，理论晦涩难明。大家可以看到，内家拳的典籍恍若天书，义理深奥，难以理解，表述方式更是多用文言文、歌谣等形式。其中，某些关键概念还大量借鉴丹道和禅修的术语、隐语，导致其内蕴的功理、功法看上去更像是谜语、偈子，需要人们去猜测，甚至用自己去试错。

其次，传承体系不全。现在我们能接触到的内家拳老师都是经历过多次社会动荡的幸存者。他们中每个人能继承下来一部分功法和技术就已经是难能可贵了，我们不能奢望从一位老师那里就可看到一门拳法的全貌。

笔者还算是比较幸运的，至少见到了三五门比较完整的内家拳法。其中，一位老师是家传，师爷教的是亲儿子，所以不藏私、东西全；一位老师，因师爷是其父至交，“文革”时期在他家住了多年，师徒情同父子，所以得了功法拳械的全盘传授；还有一位老师是武痴，七岁开蒙，钻研内家拳法一甲子，倾尽家资访师问友，功夫和人品得到了门中几位老师、师叔的认可，五六位大师合授其艺，功夫掌握得比较全面。只是某一支的师爷走得早，笔者的老师掌握了这门拳法的大概，但是没来得及精雕细刻，所以只敢算半部拳法。

正是因为笔者见识过了这些比较完整的内家拳，才深感“体系”的可贵。成体系的教学方法的效果真是一年能顶旁人三年，三年能顶十年。可以说，体系完整，则拳法威力倍增，反之，效果微乎其微。所以不论是《方式》一书还是本书，其实都是试图在告诉读者，内家拳的完整的训练体系是个什么样子。

最后，自身定位不清。内家拳的内涵是比较丰富的。也可能是因为太丰富了，以致内家拳始终搞不清自己的定位。是养生术？是技击术？是陶冶性情的艺术？是祛病去疾的医术？是修禅问玄的道术？似乎什么都沾点边，但又似乎什么都不突出。定位不准，发展目标就不清，导致练习者也很茫然。

这些年笔者见过很多爱好者，开始自称是为了强身健体而学内家拳，想着学个站桩、学个套路就够了。但是练着练着便开始被内家拳前辈的英雄事迹所吸引，觉得自己也许是个不为人知的武学奇才，开始做起了高手梦。学了几手拆招就想跟人去比试，结果吃了亏。不反思自己三天打鱼，两天晒网，而是觉得自己上了大当，师门上下、历代祖师都是骗子……

又或者练习静功、桩功，身上有了些内感，便觉得自己是“神仙种子”，又不肯真的拜明师、守戒律，而是从网上下载气功书籍、宗教帖子，走上了无师自修之路……

这些问题不解决，内家拳发展的路肯定会越走越窄。不信的话，大家可以看看现实情况：随着信息技术的发展，以往门派内部秘而不宣的各种拳谱秘诀在网上一搜即得。过去要远涉千里去寻访的明师高友，现在通过手机视频、网络课程就能一睹其功架拳式。对于拳术上的疑问，师徒之间、同门之间、同好之间可以通过各种社交软件随时提问，即时回答，实时讨论……还有很多老师、前辈、同道在各种资讯平台上公开拳诀功法、分享心得体会、热心指导后学。各位内家拳爱好者参加各种各样的内家拳网络教学课程，勤问苦练，参学百家。但是结果还是有很多网友们高喊看不懂、想不通、学不会……

我们可以看到，确实有很多真正的明师真诚地运用网络对自己所继承的拳法进行了讲解、诠释、传播，对此我们深表敬佩。但可惜的是有些老先生可能囿于门派之见，阐释所学总免不了围绕“某氏”或“某式”拳而作一家之言。我们经常可以看到，同一拳种的同一问题会出现不同支脉之间观点相左、见解相斥的现象，导致后学者无所适从。

与此同时，还有一批内家拳爱好者以“我注六经”的豪气在没有传承、网上自学，或是浅尝辄止、一知半解的情况下，大胆地从自己的见识和视角出发，开始对内家拳进行“解读”。说实话，这类“解读”大部分流于肤浅、失之片面，既不系统，又无条理，多是出于臆测、堆砌名词而已。结果导致内家拳还没有剥去“古”的外壳就又罩上了一层“新”的面纱。

那么，如何突破横亘在内家拳的传播者和求学者之间的高墙呢？

以笔者浅见，当务之急是要建立一套与现代人的认知体系顺畅对接的内家拳理论体系。作为内家拳继承者，应该研究“90后”“00后”以至更年轻的内家拳爱好者的接受习惯，针对他们受过高等教育、习惯新时代的知识传播方式和语言特点，先提供一种“科普级”的理论，在古老的学说与新生代之间架起一道桥梁。先保证学术的传承不要断档。

基于这种理论的定位就是“科普”，所以它不必有多高深或是讲多少精髓。它只要能把内家拳的最基本概念、最基础理论和最常见问题讲清楚、说明白，让练习者能够尽快理解内家拳，然后专注于练习，而不是常年的打机锋、参话头就可以了。

这种理论应该是什么样子的呢？

它至少要让一个刚刚对内家拳产生兴趣的普通人听后觉得：嗯，这个说法我能听懂。往后看看，这套理论逻辑上基本是自洽的，理解起来似乎也不困难。于是他想，我要不练一练试试？然后，练了一段时间发现：还真能练出点东西来！要不我再多学一点……

可能正是这种“简单”的要求，反而使得这样的理论的提出颇有难度。或许传统内家拳孤据理论高峰太久了吧，似乎不提“炼虚合道”、不谈“破碎虚空”就不足以彰显其神妙，反而使得这种平实的基础理论“千呼万唤不出来”。

要完成这种理论，真的需要有志于继承、传播内家拳的人拿出认真的态度、拿出做学问的态度、拿出搞课题研究的态度去直面这个问题、研究这个问题、解答这个问题。如此才能让内家拳在这个新时代传续下去，让它的发展能跟上时代的步伐。

我们并不奢求凭一己之力、一代之功就能完成内家拳的基础理论体系建设。这一伟业势必有赖于众多同道的共同努力，并且可能需要花费几代人的时间才能完成。但是，我们至少可以先提出这个设想，然后为这个未来必然会诞生的理论体系进行一些先期探索，并力争构建起一个初级的框架、一个雏形。

即使我们没有取得成功，哪怕我们今天提出的理论、假设经过实践后证明全部是错的，全部被推翻！但是从中获得的经验和教训也能够成为后来者前行的基石。

不管结果如何，开启这个尝试就足以让我们为之自豪了。只有一代一代的内家拳继承者薪火相传、不懈努力，内家拳这一传统文化孕育的璀璨明珠才能在这个新时代中继续绽放光芒。

只要敢于尝试，总是有希望的。在本书结尾，我们想提一个倡议：今后，让我们以学术研究的思维方式来解析内家拳。

请大家注意：这个倡议绝不是说要把内家拳搞得多么高、精、尖，最后搞成一种自我封闭式的、小圈子里的、小众的玩意儿，也不必像高校或科研机构那样搞专业研究，普通的内家拳练习者也没有那种条件。

我们只是希望内家拳练习者在思考拳学问题和阐发自己思考成果的时候，能够尽量“学术化”一点。例如，按照“提出问题、分析问题、解决问题”这种初级、基础的研究思路来指导内家拳的学习和实践，这对任何一个接受过现代教育的人来说应该都不是难事。

具体来说，我们不妨从以下几个方面开始尝试：

一、树立一种端正、严谨的“学术”态度

说实话，笔者学拳之初也深受内家拳历代前辈的传奇故事的影响和吸引。例如，郭云深祖师打遍天下的半步崩拳，杨露禅先生寒暑不侵、鸟雀难飞的神奇内功，王芗斋先生的搭手飞人……

当时我们练拳的指导思想和研究范本尽是这些“人间奇迹”，有点像现代人根据神话和演义来分析历史事件和人物。结果可想而知，那就是“做最美的梦，挨最毒的打”。

好在笔者追随的老师没有渲染这一套。他们的理论都很平实，“物理说服”的能力也很强。在一次又一次接受了他们“唯物主义铁拳”的洗礼之后，我们一票师兄弟们都踏踏实实地开始琢磨自己该怎么练拳了。后来自己出去跟武林同道交流印证，再后来还收了徒弟，更感受到内家拳是一门学术，不是方术。那些传说故事、江湖萍聚，佐酒尚可，论道和授业之时是万万不可作为倚仗的。

所以，在研究内家拳的时候应该杜绝以下行为：

戏谈——陶醉于师门长辈的战绩传说，或将无凭无据的传奇故事、武林传说当作自己某些技术观点的论据。动辄就用我们门派的谁谁谁当年打过谁谁谁，得出“我练的拳比你们都高明”的结论。更有甚者，还在老故事的基础上“打补丁”，丰富细节，弥补漏洞，从而误导后人。

空谈——背拳谱、谈玄理、抠字眼，对拳学理论进行“说文解字”式的解读，言之无物。

臆断——凭空断言“我觉得某拳是怎样的”或者“我认为某个技术是怎么回事”。

杜撰——自我创造一套似是而非的武术理论，创造一些只有自己能听懂的“名词术语”，在自我编造的语境中自说自话。

我们建议在对内家拳进行理论研究或者探讨实践问题的时候，有一说一，有二说二。哪些东西是自己练出来的，哪些是自己看师长做过的，哪些是自己道听途说的，应该说清楚。咱们不排斥对一些问题进行大胆假设或推论，但是应该在提出这些假设或推论之后积极去实践体认。不能把未经检验的假设和推论当成下一步研究的依据。

如果我们用学术研究的心态解读内家拳，那么当同道之间有分歧、有争议时，我们可以归因于某种研究不够深入，或是某种观点不够细致，或者某种解决问题的方案还比较粗糙。这些都是基于纯粹的学术角度、有论据的判断和有益的争论，而不是简单地将双方拉入对错之争、真假之争，强说某某之论才是唯一标准答案，甚至上升到派别之争、正宗之争，乃至发展到誓不两立的地步。这都是毫无意义、浪费时间的行为。

同时，如果大家能用学术研究的心态来解读内家拳，那么每解决一个问题，我们就能收获一个具体的学术成果。这些成果积累起来后内家拳的现代训练体系就有了基本的构成元素。假以时日，我们就有望把原始的内家拳从一门技艺真正上升为一门学术。

二、对内家拳的古典理论进行梳理和注解

旧有的内家拳思维方式脱胎于传统的知识体系（如阴阳五行学说等），并受到旧的社会活动方式的影响。

接触过传统内家拳的传承方式的朋友可能有所体会：传统内家拳的理论体系主要是建立在部分传统哲学思想、部分中医和修行界术语，以及文言文语境之上的。例如，气一元论、无极生太极、阴阳五行、丹田周天等。这些概念和理论不管是对当时的人还是现代人而言都是有一定难度的。而老一辈的教授方式往往还要在这套本已晦涩难明的理论上再进行加密、乱序、切割，使后学者更难以明了自己练习的目标和原理。

而受此氛围影响，内家拳练习者的思维方式及其衍生出来的思考工具、锻炼方法就难免带有一定的江湖色彩、派系之风。甚至部分人还存有本门拳法不容置疑、拒绝平等交流、抵制学术创新等心态。这自然也就使内家拳难以契合现代人的知识体系，更难以适应信息时代的知识传播形式和大众学习习惯。

在内家拳古典理论中，“无极、一气、太极、阴阳、五行、八卦”这些概念并非虚指。它们既是内家拳功法理论体系的主干，又是描述内家拳练习过程中某些身体内部的变化或某种专项技术的特定符号。它们确实有效地记录和表述了一些用现代语言难以精准表达的武学概念和现象。尤其在阐述内家拳的哲学指导思想和解读高境界功法技术时，这些理论是不可或缺的。

我们要解决的问题应当是将这些内家拳思维中的精华提炼出来，再用现代人能听懂、能理解的表达方式讲述出来。同时，充分利用当代各种学科知识、研究工具、传播工具大爆发的趋势，将内家拳先贤们的真知灼见转变为现代人可以理解和接受的具体修炼方法，把古拳论、古拳谱、古拳法变成现

代人学习内家拳的课程或资料库。

当今各门各派其实都有一批受过高等教育的传人。如果大家能用学校所学的现代思维来研究内家拳，那么一方面可以留住内家拳既有的研究成果，让原传的东西、有效的技术别变味、别走样、别丢失。另一方面，可以对接新一代的内家拳爱好者们，将内家拳的训练体系变得更加便于理解、便于操作，从而尽可能多地培养出高质量的内家拳传承者、爱好者。

三、对内家拳的丰富内容进行分解归纳、分类研究、专项推广

时代在不断发展，社会在不断进步，人们的生活节奏在加快，生活方式也在不断变化……现代人对拳学的追求，门派弟子能具体承担的传承责任，已经发生了巨大的改变。即使是内家拳本身也已经与清末民初时有很大不同了。随着社会的发展，拳学所承载的意义也早就不仅仅限于拳法本身了。

以太极拳为例，当初太极拳初进京城时是因为露禅公依靠实战打出了“杨无敌”的名号，才立足于京师，进而广泛传播开来。但到后来出现了“打打太极拳”“太极拳好”时，就绝对不是因为太极拳实战能力强悍了。这就是拳术在现代社会中价值意义的改变造成的结果，也是社会生活节奏变化、知识传播方式变化、学习的方式变化产生的结果。

所以，对当代内家拳练习者，并且有志于成为研究者的人来说，有必要帮助自己所学的内家拳找准在现代社会的定位，帮助自己的师门找到适宜的受众群。

要做到这一点，我们需要先对自己的所学进行剖析，筛选出真实、有效的东西，再进行分门别类的归纳整理，使之形成相对独立的子体系。例如，对于无极桩等静养类功法，我们重点研究其养生的原理、方法和效果，不盲目夸大其作用，更不必刻意跨领域，比如搞个“无极桩在技击中的应用方法”之类的课题就殊无必要。同理，对于揉手、散手等技击性质的功法，我们就把它们拿到训练场上去，重点研究其克敌制胜的方法和效果，但也不用搞

“十二形散手的养生意义”之类的话题以体现形意拳的全面性。

总之，不搞大包大揽。把内家拳名下的一个个子体系厘清，把养生、强身、技击等方面的专项练法、理论、功效等一步步整理清楚、解读明白，形成规范化、系统化、专业化的功法和理论体系。

这样我们今后才能将合适的功法传给合适的人，让合适的人找到合适的功法。如此内家拳才能为大众所广泛接受。当然，我们的这种观点肯定有人不认同。很多人认为拳术就是为了“打”。练内家拳的人要是追求强身健体，为什么不去跑步、游泳、推举哑铃？笔者认为，内家拳的格斗功能确实应该保留。笔者自己也与同门、弟子常年研究和实践这方面的课题。但是，我们也必须认识到，技击只是内家拳功用的一部分。只强调它技击的一面，看似抓住了拳术本质，其实是把内家拳给看“小”了。这种片面认识至少丢掉了内家拳一多半的学术价值。

从本书中关于易筋、洗髓、站桩等功法的论述可知，众多爱好者选择内家拳来强身健体是有道理的。内家拳的某些功用确实是跑步、游泳之类的运动难以达到的。所以，我们要客观地看待内家拳的各方面内容，尊重各类爱好者的不同选择。无论是为了技击，还是为了养生，或者为了矫正身姿，甚至单纯地想从文化内涵来学习内家拳，都是在扩大内家拳继承者的队伍，增加内家拳群体的人口基数。这对传承来说是很有意义的，非常可贵。

四、建立一个普通内家拳爱好者能达到的“60 分”标准

很多时候，现代人习拳难就难在师父们是在按照“一代宗师”的标准训练弟子。看过很多内家同道回忆自己练拳时的感受，往往都是师父要求如何严格，徒弟练得如何痛苦。即使如此，仍是不能达标，内家真是难练啊……

师父们的这种高标准、严要求的出发点当然是好的，然而这种教法门槛高、运动量大、占用徒弟时间和精力多。普通爱好者在这个训练框架下还没有取得成就就被熬走了、累跑了。在当今社会，年轻人的求学、工作、生活压力越来越大，这种教法很难适应社会的发展。

同时，老师父们还普遍存在一种不重视入门功法的情绪。很多老师父讲起高境界的东西、“最上一着”则滔滔不绝。但是如果求学者问及入门的东西，他们就没兴趣了，可能敷衍一句：“这就是基本功，你找我某某徒弟去学吧。”这种思想会导致初级阶段的功法体系不完善、不细致，缺乏配套的衡量评判体系，整个教学体系表现为一种“V”字形结构。

而现代社会人们恰恰需要的是金字塔形结构的体系。大多数人需要的是“够用就好”的知识或技术，而打算成为一代宗师的毕竟是极少数人。所以，在当今社会，一种厚实的初、中级阶段的技术知识体系，同时保留着未来提升的接续端口才是最符合当下大众需求的。

所以，我们提出了一个“60分的内家拳”理念。这个“60分”并不是“偷工减料、删节版、凑合”的意思，而是表示“达标、合格、基本能用”的意思。

首先，能达到“60分”就意味着内家拳的大部分内容已经能理解、掌握、运用了。

其次，能达到“60分”就证明你所学的都是符合内家拳原则和标准的。以后再提高就是在这个基础上的精益求精，而不是在“我练的东西是不是内家拳”这个层面上质疑所学了。

再次，这个标准并不低。这个“60分”可不是小学时周围同学都是100分，你考个98分都不好意思跟人打招呼的那种。这个“60分”是大学时代的60分，意味着这门课过关了，不用补考，不影响拿毕业证。这其实并非那么容易拿到，需要练习者付出接近专业级别的努力。

最后，这个“60分”代表着为师者已经对“教学内容及衡量标准”有了精准把握。这需要老师对内家拳有非常深入的研究，体现的是其对体系内的知识总量和教学次序的把握。也就是我们常说的老师没有一桶水，怎么敢说给学生半桶水？

所以，对于一般的爱好者而言掌握“60分”就足够了。这样可以引导初学者更加重视基础知识，练习基础技术，从而尽快掌握一个初级的功法体系框架，先达到“够用”，让其充分享受内家拳带来的种种益处。然后，再鼓励其中一部分人向70分、80分、90分迈进。

笔者写的两本书也是本着这个思想选择内容、组织文字的。效果如何，不敢妄测。一片冰心，天地可鉴。

如果广大内家拳同好接受了这个设想，能参与进来，经过大家集体努力，通过几年，最多十几年的尝试、探索，应该就可以让内家拳呈献给世人的内容更真实、更有说服力、更有可操作性、更符合现代人的学习习惯，从而为内家拳赢得更多的爱好者、练习者，也为内家拳的复兴培植一片丰厚的土壤。

后　记

本书之立意绝非为哪门哪派树碑立传，而是希望通过整理传统内家拳中一些共性元素，为内家武学理论的现代化构建一个体系框架，或者至少为构建这样一个框架打一个基础。

多年来，笔者不揣浅陋，一直试图将内家拳的原始教学内容“翻译”成现代人可以理解的表达方式，并且尝试对内家拳的功法体系和技术在逻辑上进行初步梳理，使现代人能够接近、读懂、理解内家拳先贤们的学术成就和治学思想。

必须承认，传统武术中的拳理、名词、概念解析归纳起来并非易事。本书所做的各种解读，只能是基于我们目前继承、认知和实践的水平，难免有管中窥豹、挂一漏万之处。我们能够承诺的就是坚决不说那些云山雾罩、不着实地的“玄理”，也坚决不搞那种考据式的寻章摘句、咬文嚼字；力求每一个观点、每一条概念都以真正的自身体悟为佐证，聚沙成塔，集腋成裘，逐步呈现出一个现代人能理解、能操作、能验证的内家武学体系的大致轮廓。

不管这个目标最终能否实现，本书的面世至少代表着我们进行了大胆的尝试。后来之事，则有待后来之人修正补充、发展完善。

唯愿本书成为引玉之砖、垫脚之石。

刘杨

2022 年秋

武学名家典籍丛书

杨澄甫武学辑注 《太极拳使用法》《太极拳体用全书》	杨澄甫　著 邵奇青　校注
孙禄堂武学集注 《形意拳学》《八卦拳学》《太极拳学》 《八卦剑学》《拳意述真》	孙禄堂　著 孙婉容　校注
陈微明武学辑注 《太极拳术》《太极剑》《太极答问》	陈微明　著 二水居士　校注
薛颠武学辑注 《形意拳术讲义上编》《形意拳术讲义下编》 《象形拳法真诠》《灵空禅师点穴秘诀》	薛　颠　著 王银辉　校注
陈鑫陈氏太极拳图说（配光盘）	陈　鑫　著　陈东山　陈晓龙　陈向武　校注
李存义武学辑注 《岳氏意拳五行精义》 《岳氏意拳十二形精义》《三十六剑谱》	李存义　著 阎伯群　李洪钟　校注
董英杰太极拳释义	董英杰　著　杨志英　校注
刘殿琛形意拳术抉微	刘殿琛　著　王银辉　校注
李剑秋形意拳术	李剑秋　著　王银辉　校注
许禹生武学辑注 《太极拳势图解》 《陈氏太极拳第五路·少林十二式》	许禹生　著 唐才良　校注
张占魁形意武术教科书	张占魁　著　王银辉　吴占良　校注
王茂斋太极功	季培刚　辑校
太极拳正宗	杜元化　著　王海洲　点校
太极拳图谱（光绪戊申陈鑫抄本）	陈鑫　著　王海洲　藏
陈金鳌传陈式太极拳暨手抄陈鑫老谱	陈金鳌　编著　陈凤英　收藏 吴颖锋　薛奇英　点校
黄元秀武学辑录 《太极要义》《武当剑法大要》 《武术丛谈续编》	黄元秀　编著 崔虎刚　点校

武学古籍新注丛书

王宗岳太极拳论	李亦畬 著 二水居士 校注
太极功源流支派论	宋书铭 著 二水居士 校注
太极法说	二水居士 校注
手战之道	赵 晔 沈一贯 唐顺之 何良臣 戚继光 黄百家 黄宗羲 著 王小兵 校注
李氏太极拳谱	［清］李亦畬 著

百家功夫丛书

张策传杨班侯太极拳108式（配光盘）	张喆 著 韩宝顺 整理
河南心意六合拳（配光盘）	李洳波 李建鹏 著
形意八卦拳	贾保寿 著 武大伟 整理
王映海传戴氏心意拳精要（配光盘）	王映海 口述 王喜成 主编
张鸿庆传形意拳练用法释秘	邵义会 著
华岳心意六合八法拳	张长信 著
戴氏心意拳功理秘技	王 毅 编著
传统吴氏太极拳入门诀要（配光盘）	张全亮 著
吴式太极拳八法（配光盘）	张全亮 马永兰 著
拳疗百病——39式杨氏养生太极拳（配光盘）	戈金刚 戈美葳 著
非视觉太极——太极拳劲意图解	万周迎 著
轻敲太极门——太极拳理法与势法	万周迎 著
冯志强混元太极拳48式	冯志强 编著 冯秀芳 冯秀茜 助编
刘晚苍传内家功夫与手抄老谱	刘晚苍 刘光鼎 刘培俊 著
赵堡太极拳拳理拳法秘笈	王海洲 著
京东程式八卦掌	奎恩凤 著
功夫架——太极拳实用训练	朱利尧 著
道宗九宫八卦拳	杨树藩 著
三十七式太极拳劲意直指	张耀忠 张 林 厉 勇 著
说手——太极拳静思录（全四卷）	赵泽仁 张 云 著
太极拳心法体用——验证与释秘	宋保年 杨 光 编著
宋氏形意拳及内功四经精解	车润田 著 车铭君 车 强 编著
陈式太极拳第二路——炮捶	顾留馨 著
孙式太极拳心解：三十年道功修习体悟	张大辉 著
王文魁传程氏八卦掌精要	王雪松 编著
吴式太极拳三十七式诠真	王培生 著
鞭杆拳技法与健身	毛明春 毛子木 著
龙形八卦掌	邵义会 著

民间武学藏本丛书

守洞尘技	崔虎刚　校注
通背拳	崔虎刚　校注
心一拳术	李泰慧　著　崔虎刚　校注
少林论郭氏八翻拳	崔虎刚　校注
拳谱志三	崔虎刚　点校
少林秘诀	崔虎刚　校注
拳法总论	崔虎刚　点校
少林拳法总论	崔虎刚　点校
母子拳	崔虎刚　点校
绘像罗汉短打	升霄道人　编著　崔虎刚　点校
六合拳谱	崔虎刚　点校
单打粗论	崔虎刚　点校

拳道薪传丛书

三爷刘晚苍——刘晚苍武功传习录	刘源正　季培刚　编著
乐传太极与行功	乐　匋　原著　钟海明　马若愚　编著
慰苍先生金仁霖太极传心录	金仁霖　著
中道皇皇——梅墨生太极拳理念与心法	梅墨生　著
杨振基传太极拳内功心法	胡贯涛　著
卢式心意拳传习录	余　江　编著
习练太极拳之见闻与体悟	陈惠良　著
廉让堂太极拳传谱精解	李志红等　编著
武当叶氏太极拳	叶绍东　何基洪　蔡光復　著
无极桩阐微	蔡光復　蔡　昀　著
功夫上手——传统内功太极拳拳学笔记	陈耀庭　著　霍用灵　整理
会练会养得真功	邵义会　著
八极心法——传统八极拳，现代研修法	徐　纪　著
犹忆武林人未远 ——民国武林忆旧及安慰武学遗录	安　慰　著　阎子龙　田永涛　整理
推手践习录	王子鹏　著
刘纬祥形意拳雏释	马清藻　著　马道远　马彦彦　整理
大道太极：太极拳道修诀要	黄震寰　著

老谱辨析丛书

马国兴释读杨氏老谱三十二目	马国兴　注释　崔虎刚　整理
马国兴释读太极拳论	马国兴　注释　崔虎刚　整理
马国兴释读浑元剑经	马国兴　注释　崔虎刚　整理
陈氏太极老谱讲义	马国兴　注释　崔虎刚　整理

国术档案系列

太极往事	季培刚　著

功夫探索丛书

内家拳的正确打开方式	刘　杨　著
借力——太极拳劲力图解	戴君强　著
武学内劲入门实操指导	刘永文　著
武术的科学：实战取胜的秘密	〔日〕吉福康郎　著　宋卓时　译
格斗技的科学：以弱胜强的秘密	〔日〕吉福康郎　著　宋卓时　译
借势：武术之秘	沈　诚　著
太极拳肌肉解剖图解	〔西〕伊莎贝尔·罗梅罗·阿　尔比奥尔等　著　刘旭彩　胡志华　译
内家拳几何学：三维空间里的劲与意	庞　超　著
内家醍醐	刘　杨　著

格斗大师系列

伊米大师以色列格斗术	〔以〕伊米·利希滕费尔德，伊亚·雅尼洛夫　著　汤方勇　译
拳王格斗：爆炸式重拳与侵略性防守	〔美〕杰克·邓普西　著　史旭光　译

格斗技图解系列

泰拳入门技术图解	〔德〕克里斯托夫·德尔普　著　滕　达　译
巴西柔术技术图解	〔巴西〕亚历山大·派瓦　著　薄　达　译
健身拳击训练指南	〔加拿大〕安迪·杜马斯，杰米·杜马斯　著　赵　彧　孙智典　译
武术格斗解剖学图谱	〔美〕诺曼·林克，莉莉·周　著　常一川　译